한국 고대문화의 기원

발해연안 문명

STB특별기획 역사특강4
한국고대문화의 기원 **발해연안문명**

발행일	2015년 2월 6일 초판 1쇄
지은이	이형구
발행처	상생출판
주소	대전시 중구 중앙로 79번길 68-6
전화	070-8644-3156
팩스	0505-116-9308
홈페이지	www.sangsaengbooks.co.kr
출판등록	2005년 3월 11일(175호)

ISBN 978-89-94295-97-8
    978-89-94295-27-5 (세트)

한국
고대문화의
기원

발해연안 문명

이형구 지음

상생출판

머리글

　필자는 늘 자료들을 가방 안에 넣어 들고 다니는 버릇이 있습니다. 이 버릇은 무슨 강의가 있는 특별한 날도 마찬가지입니다. 마음이 허전해서 그런지 아니면 학문하는 게 외로워서 그런지 아니면 이 자료들이 가장 믿을 만한 '동지同知'라고 생각해서인지 항상 가까이 들고 다니기를 좋아합니다. 필자가 이렇게 자료들을 들고 다니는 이유는 강의나 토론을 하면서 필자가 말하는 이론과 학설을 증거해 줄 수 있는 것은 이러한 자료들 밖에 없다고 생각하기 때문입니다. 필자가 말하는 이론들을 증명해 줄 수 있는 관련 자료들을 가지고 있어야만 제 자신이 든든합니다. 저는 사람들에게 내 말(이론理論)을 믿게 해줄 수 있는 것은 제가 가진 자료들 밖에 없다고 생각합니다. 자료는 역사를 복원하는 힘(력力)이기 때문입니다. 어떤 때는 일필단기一匹單騎로, 어떤 때는 천군만마千軍萬馬의 힘을 발휘합니다. 지금 여러분들에게 여기에서 이야기를 하려고 하는 것도 전부 자료를 바탕으로 한 이야기들이지 제 자신이 꾸며낸 이야기가 아닙니다.

　『논어論語』 「술이述而」 편에 보면, 공자孔子(B.C.551~479)가 제자들에게 글을 쓰는 자세에 대해 말씀하시기를 "술이부작述而不作 신이호고信而好古"라고 했습니다. 내가 (춘추春秋나 논어를) 저술하기는 했으나 이는 오직 옛 일이나 성인의 말씀을 정리해서 기술했을 뿐이지 내가

지어내지는 않았다. 그리고 옛 성인의 말씀을 믿고 옛 일에 대해서 늘 가까이 하라고 했습니다. 여기서 편명을 「술이述而」라고 하여 따로 설정한 것처럼 특별히 '술이부작 정신'에 대해서 강조하였는데, 그 큰 뜻은 억지로 창작하지 않았다, 내가 만든 것은 아니다, 나는 옛 일을 전해 줄 뿐이다, 말하자면 역사는 자기가 꾸며낸 이야기가 아니라는 것입니다. 『논어』는 유학의 대표적인 경전입니다. 그래서 공자께서는 "나는 있었던 이야기를 기술할 뿐이지 내가 꾸며낸 이야기를 쓰는 게 아니다"라고 천명했습니다.

공자 사후인 기원전 5-4세기에 활동한 묵자墨子는 『묵자墨子』 「경주耕柱」 편에서 "지금 옛 것을 계승은 하면서 창작해내지 않는다는 것은 옛 것을 계승하기를 좋아하지 않으면서 만들어내기만 하는 자와 다를 것이 없다"고 하였습니다. 이어서 묵자는 "옛날의 훌륭한 것은 곧, 계승하고 지금 훌륭한 것은 감히 주장할 것은 주장해야 한다"고 하였습니다.

한편, 그리스의 역사학자 헤로도토스(Herodotos, B.C.485~425)는 그의 명저 『히스토리Historiai』를 저술하는데, "이 책을 통해 내가 취하고 있는 원칙은 각각의 사람이 말하는 바를 들은 그대로 서술하는 것이다"라고 역사 서술에 있어서 사람들이 말하는 바를 들은 그대로 기록하는 것을 원칙으로 한다고 헤로도토스는 분명히 밝히고 있습니다.

한漢나라 때의 사관史官인 사마천司馬遷(B.C.145~86)도 그랬습니다. 『논어』가 쓰여진 후 400년 뒤에 사마천이 『사기史記』를 씁니다. 사마천의 『사기』는 헤로도토스의 '히스토리'보다 좀 늦게 나왔지만 그보다 더 유명한 역사책입니다. 사마천은 「태사공자서太史公自序」에서 "내가 지금 쓴 이 역사 이야기는 예로부터 전해오는 이야기를 기술한 것을 모아서 엮었을 뿐이지 결코 내가 꾸며낸 이야기가 아니다(여소위술고사余所謂述故事 정제기세전整齊其世傳 비소위작야非所謂作也)"라고 천명하였습니다. 사마천의 『사기』를 공자의 『춘추春秋』와는 비교할 수 없지만 춘추필법春秋筆法을 그대로 따르고 있습니다. 사마천은 『사기』를 쓰면서 역사적 기록은 자신이 꾸며낸 이야기가 아니라 기왕에 있었던 사실들을 적어서 모아 놓은 것이 바로 '태사공서太史公書(『사기史記』의 초명)'라고 하였습니다.

필자가 쓴 저술이나 논고도 말이 저술이지 저작은 언감생심焉敢生心이고 그저 앞서간 선학들의 경험(연구성과)들을 모아서 분석하고 고증하고 제 생각을 조금 기술한 것입니다.

국가가 발행하는 고등학교 『국사』 교과서에는 1978년도 판 '신석기 문화'에 "서기전 4000여년부터 시베리아·몽고 지역의 신석기 문화와 같은 계통인 빗살무늬토기 제작인들이 들어오기 시작하였다"고 서술하였고, 1982년도 판에서도 "빗살무늬토기를 만들어 쓰던 사람들은 시베리아·몽고 지역의 신석기 문화를 폭넓게 받아들이면서 각지에 문화를 발전시켰다"고 서술하였습니다.

그리고 1978년도 고등학교 『국사』 교과서 '청동기 문화'에는 "우리나라의 청동기는 아연이 함유된 것도 있는 점과 장식으로 스키토 시베리언 계통의 동물문양을 즐겨 쓴 점으로 보아, 중국의 영향을 받았다고 보기보다는 북방계통의 것을 받아들인 것으로 보인다"고 하면서 "신석기시대 사람들이 그대로 농사기술을 익혀서 청동기시대로 넘어온 것이 아니라 농경을 하는 종족이 우리나라에 들어와서 청동기시대가 시작되었다"고 서술하였습니다. 1982년도 『국사』 교과서에도 이와 비슷한 내용으로 서술되었습니다.

우리 민족이 구석기시대가 끝나면서 인류가 시베리아·몽고지역에서 한반도에 들어와 신석기시대가 시작되었다고 주장하고, 또 신석기시대가 끝나면 청동기를 가진 종족이 북방에서 들어와 그동안 한반도에 살았던 신석기인을 몰아내고 한반도의 새로운 주인이 되었다고 수록되어 있었습니다. 신석기시대의 인류나 문화가 시베리아·몽고 지역에서 들어왔고, 이어서 청동기시대에도 청동기를 가진 종족이 북방 시베리아로부터 우리나라에 들어와서 청동기시대가 시작되었다고 서술하였습니다. 마치 우리나라의 신석기시대와 청동기시대의 인류와 문화가 시베리아·몽고에서 들어왔다고 하는 '시베리아·몽고 기원설'로 중고등학교 『국사』 국정교과서에 게재하여 수십 년 동안 국민들에게 교육해 왔습니다.

그러나 발해연안渤海沿岸에서는 기원전 6000~5000년 전의 신석기시대를 대표하는 빗살무늬토기와 옥결玉玦이 출토되고 있습니다. 이보다 늦은 시베리아의 신석기 문화가 발해연안의 신석기 문화보다 빠르다는 것은 성립될 수 없습니다. 그뿐만 아니라 당시 인류들이 북방 시베리아로부터 이주해 왔다는 것도 잘못된 가설이라는 것도 증명되었습니다. 그래서 1990년 이후에 간행된 중·고등학교 국정 『국사』 교과서에서는 '시베리아·몽고 기원설'이 삭제削除되었습니다.

삭제 전의 중·고등학교 『국사』 국정 교과서 집필자들은 우리나라 청동기 문화를 '스키토-시베리아Scytho-Siberia 계통'으로 서술하였는데, 필자는 고등학교 『국사』 교과서에 수록된 우리나라 청동기 문화의 기원 문제에 대해서 누차 의문을 제기해 왔었습니다. 그 대표적인 논문으로는 국사편찬위원회에서 간행한 『한국사』 13 '한국의 고고학 Ⅱ' 특집에 수록된 2편의 논문입니다. 하나는 「청동기 문화의 비교Ⅱ(중국과의 비교)-동경銅鏡을 중심으로 본 우리나라 청동기의 기원-」입니다. 다른 한 편은 「청동기 문화의 비교Ⅰ(동북아와의 비교)-동경銅鏡을 중심으로 한 중국 중원中原 지방과 시베리아와의 관계-」라는 청동기 관계 논문입니다. 이 두 편의 논문이 발표됨으로써 고등학교 『국사』 교과서에 수록된 우리나라 청동기 문화의 '스키토-시베리아Scytho-Siberia 기원설'을 바로 잡는 계기가 되었습니다. 마침내 1990년 이후 고등학교 『국사』 교과서에서 '시베리아 몽고 기원설'은 삭제되었습니다.

필자는 우리나라 청동기의 화학분석에 관한 논문을 발표하면서 일부 잘못된 화학성분 분석자료 때문에 우리나라 청동기가 시베리아 청동기와 같은 계통으로 보는 것은 재고再考되어야 하고 오히려 발해연안의 옛 청동기의 성분 분석을 비교 연구한 결과 은주殷周 청동기의 주조기술과 밀접한 관계가 있다는 것을 주장했습니다.

한 학자가 평생을 바쳐 자신의 피와 땀 그리고 자력으로 기존 학계의 '시베리아 기원설'을 뒤엎어 교과서에서 삭제시켜 우리의 민족 문화의 기원을 새로운 시각에서 다시 찾아내게 한 '혁명적革命的인 변화變化'를 일구어 낸 업적과 학문은 어떤 형태로든 폄훼貶毀되어서는 안 된다고 생각합니다. 특히 정부나 공공기관이 국내학자의 순수한 연구열정과 학문 업적들을 존중하지 않으면 중국의 '동북공정東北工程'에 학문적으로 적절하게 대응하기가 어려울 것입니다. 외국학자, 특히 중국학자들과의 원활한 학문 교류를 위해서는 먼저 국내 학자들과의 학문적 교류가 가장 시급하다고 생각합니다.

　일례로, 국사편찬위원회에서 2007년에 발간한 『한국사』 제3권 「청동기 문화」 편에는 국내를 대표하는 논문들이 실려 있습니다. 그 중에 청동기의 화학성분 분석 문제를 다룬 두 사람의 논문이 실려 있는데, 국립중앙박물관 보존과학실에서 역시 같은 테마의 청동기의 비교 분석 결과 보고서를 작성하면서 한 사람의 논문은 보고, 다른 한 사람의 논문은 보지 못했다던가 보지 않았다면 그것은 문제가 있다고 생각합니다. 보지 못하고, 보지 않았다는 논문이 바로 필자의 논문입니다. 국립중앙박물관 보존과학팀이 보지 못했다던가 보지 않았다고 할 수도 있는 필자의 논문은 이미 국내뿐만 아니라 대만과 중국에서도 발표되었고, 국외에서도 관련 학자들에게 인용이 되고 있는 잘 알려져 있는 논문입니다. 특히, 일본이나 홍콩·미국에서도 인용되고 있는 논문입니다. 필자의 논문이 발표된 국내·외의 학술지는 모두 전 세계적으로 중요 박물관이나 도서관에

배포되고 있는 비중있는 학술지로서 이와 관련된 논문을 검색하면 누구든지 쉽게 찾아볼 수 있고 자료로 활용할 수 있는 것입니다.

그런데 유독 한국의 국립중앙박물관 보존과학팀에서만 이를 보지도 못하고 참고자료로서 활용을 하지도 못했다면 그것은 모르는 척 혹은 안본 척 한 것이 아닌지, 한국의 국립중앙박물관에는 그런 학술지가 들어오지 않는다면 더 할 말이 없지만, 왜 국내학자가 어렵게 성취한 학술논문으로 국내는 물론 대만·홍콩·일본·중국·미국 등지의 유명 학술지에 발표되고 외국인 학자들에 의해 인용되고 있는 국내학자의 청동기 문화의 비교 연구 논문은 도외시하고 일본사람들의 글은 수 없이 인용하며 참고하고 있는지 모르겠습니다. 필자는 한국학이나 동양학으로, 대만·홍콩·일본·중국·미국 등지에서 학술 활동을 하고, 필자의 논문은 그들에게 널리 인용되고 있습니다. 북한에서까지도 학문적으로 인용되고 있습니다. 이것이 곧 동양적이고 국제적인 것이 아니겠습니까? 우리 학문은 국내뿐만 아니라 대만·홍콩·일본·중국 등 동양에서 열심히 연구되어야 국제화가 된다는 사실은 여러 가지 사례로 증명됩니다. 이렇게 국제적으로 인정받고 인용되는 논문이라면 한번쯤은 그 논문을 주목해야 하고 그것이 타당하면 인정해야 한다고 생각합니다. 만일 안 봤다고 말한다면 그것으로 핑계가 될 수는 없는 것입니다. 국가나 공공기관에서 학자 개인의 오랜 노력에 의한 결과물을 무시하면 정말 안 되는 것입니다. 옛부터 학문學問은 배우고(학學), 묻는(문問) 것이 곧, 학문이라고 했습니다. 학문은 순수하고 진실한 것입니다. 저는 학문을 신앙信仰으로 믿고 있습니다.

필자는 진리를 탐구하기 위해 최선의 노력을 다했습니다. 여러분들에게 지금 제가 드린 말들은 정말 각고刻苦의 노력으로 이형구의 폐부肺腑에서 우러나는 것입니다. 진정한 학문일수록 남이 한 것을 인정해 주고 그것을 바탕으로 앞으로 나가 더욱 발전시키는 것이 진정한 학문이 아니겠습니까?

여러분! '발해연안문명' 즉, 우리의 고대문화의 이해를 통해서 정말 우리는 무엇인가 배우고 우리가 바로 알아야 할 우리 민족 문화와 정신을 찾아야 합니다. 이미 고고학적인 새로운 연구와 방법을 통해 증명된 학설이라면 그러한 새로운 연구 자료들을 통해 새로운 학문으로 가야지 굳이 20~30년 전에 아니면 일제강점시대에 사용되던 기존의 잘못된 가설들을 지금도 사용한다는 것은 잘못되었다고 생각합니다. 학문이란 누가 주장했건 그 주장한 사람의 위치를 떠나서 사실事實과 진리眞理를 밝히는 것입니다. 우리가 학문을 공부하는 건 진리탐구입니다. 그것이 바로 학문이며 진리라고 생각합니다. 새로운 자료를 근거로 연구해서 새로운 사실이 드러난 것까지도 인정을 안 한다면 학문이라고 말할 수 없습니다.

국립중앙박물관이 왜 지금도 발굴을 하는지 모르겠습니다. 그것도 국내도 아니고 몽고에까지 가서 '5개년 계획'을 2차 10년까지 끝냈고 지금도 계속 시간과 인력과 국비를 들여가면서 발굴을 해야 하는지 모르겠습니다. 국립중앙박물관이 1997년부터 "(한국)민족문화의 뿌리를 찾고 북방 유목문화와 우리 문화의 관련성을 연구하기 위해 시작한 조사"는 '5개년 한·몽 공동 학술조사'를 2차례에 걸쳐서 10년 동안이나 실시하였습니다. 그것은 바로 "우리 민족과 문화가 시베리아에서 몽고를 거쳐 한반도에 이주해 왔다"고 하는 국립중앙박물관의 '선입견'을 확인하는 것이 목적인양 몽고蒙古에 집착한 '합목적적목적合目的的目的'이라고 밖에 보이지 않습니다.

국립중앙박물관은 몽고발굴 출정식에 앞서 "(몽고의) 발굴대상 유적은 우리 문화의 원류를 추적하기 위한 대전제 속에서 선택되어야 한다."고 하였습니다.(『박물관신문』 1997년 9월 1일자) 그러나 그 결과는 과연 국립중앙박물관이 목적했던 대로 (한국)민족문화의 뿌리를 찾았고 아니면 우리 문화와의 관련성이라도 확인했나요? 수많은 한·몽 양국 학술회의와 보고서, 세미나 논문집을 간행했지만 어느 것 하나 국립중앙박물관이 목적한 바대로 한국 민족문화의 뿌리를 몽고에서 찾았다는 글을 아직까지 보지 못했습니다. 천문학적인 국비와 인력과 시간을 쏟아 부은 결과는 '한·몽 친선 문화교류' 정도입니다. 그렇다면 빨리 그만 두는 것이 옳지 않나요? 비민주국가의 국가학술기관도 아닌데 어떻게 '합목적적목적'을 설정하고 그 목적을 달성하기 위한 해외 원정발굴을 고집할 수 있는가 말입니다. 국립학술기관만의 행사를 지향하고 여러 민간인 학자들의 의견이 다를 수도 있는 견해를 듣고 토의하고 현장 참여도 권유하여 순수한 학문적 목적에 도달하도록 국가학술기관이 해야 하는 것이 아닌가요? 필자는 국립중앙박물관의 이런 행태를 여러 번 글로 지적한 바 있습니다. 그러나 묵묵부답이었습니다. 국가기관은 이상한 '합목적적목적'을 달성하기 위하여 '5개년 한·몽 공동 학술 조사'를 2차 10년도 이미 끝냈고, 지금도 정부 예산으로 계속적으로 추진하고 있습니다.

국립중앙박물관은 지금까지 해 왔던 해외 원정발굴을 지양止揚하고, 우리 역사 문화 유물을 보존 관리하고 전시·교육하는 본래의 목적으로 돌아가서 본래의 목적 외에 여유가 있다면 앞으로는 자체 소장품 보존처리나 국내 문화유적에 대한 보존에 전력투구해 주었으면 좋겠습니다. 그렇지 않아도 우리 정부는 지난 6월 캄보디아 앙코르와트 사원 보존에 국고를 지원하겠다고 하였습니다. 물론 1960년대에 수몰위기에 있는 이집트 아부심벨 신전 보존에 유네스코UNESCO를 통해 지원한 적이 있어서 그럴 수도 있다고 하겠지만 그에 앞서 우리의 목전에는 서울 송파구 풍납토성 안에서 발견된 한성백제 왕궁 유적인 하남위례성의 보존문제와 주민대책에 대해서는 속수무책이면서 해외 원정발굴을 하는 것은 선후가 전도된 정책인 것입니다. 서울 풍납토성과 내부 왕궁 유적의 보존문제와 주민대책에 대해서 국가가 적극적으로 대처해야 한다고 생각합니다. 그리고 앞으로 유네스코 세계문화유산 등재도 준비해야 할 것입니다.

최근에는 국립중앙박물관이 춘천 중도 유적을 발굴만 해놓고 사적으로 지정, 보존하지 않아서 지금 우리 눈 앞에서 위락시설(레고랜드LEGOLAND)이 건설되는 사단이 벌어졌습니다.

물론 우리 고고학계가 일천했을 때는 국립중앙박물관이 주도적으로 국내 발굴사업을 담당해서 많은 성과를 올린 것도 사실입니다. 그러나 그 발굴 유적에 대한 보고서의 간행만을 지향指向하지 말고 문화재의 보존과 전시, 교육 그리고 연구가 본업이 돼야 한다고 생각합니다. 발굴 후에는 관리당국에서 보존하고 관리하겠지만 해당 유적을 제일 잘 아는 발굴자가 항상 해당 유적을 보호하는 데 관심을 가져야 됩니다. 국립중앙박물관은 우리 민족 문화의 해외유입설이 꼭 증명이라도 되어야 하는 것처럼 지금까지의 발굴에서 아무 성과도 없는 몽고蒙古 발굴에 매달리는지 모르겠습니다.

혹자는 우리 민족이 어린 시절 궁둥이에 '몽고반점蒙古斑點'이 나타난다고 해서 몽고족이 우리와 같은 민족으로 착각하고, 심지어는 칭기즈칸을 찬양하고 숭배하고 있습니다. 그 몽고반점이라고 하는 것은 몽고로이드Mongoloid에게는 100% 가까이 나타나는 생물학적 현상이며, 그래서 서구에서는 '몽고리안 스포트Mongolian spot'라고 불리는 학명입니다. 몽고반점이 한국인과 몽고인에게만 나타나는 것으로 보고 있지만 중국인 일본인 모두 있습니다. 마치 한국인과 몽고인이 무슨 친연 관계가 있는 것처럼 착각하고 있는 것입니다. 몽고반점은 흑인(니그로이드Negroid)에게도 90%까지 나타나고 백인에게서는 20% 가까이 나타납니다. 몽고로이드는 한국인, 중국인, 일본인, 몽고인 등 동양인을 지칭하는 학술용어입니다.

우리 민족은 구석기시대부터 이 땅에서 살아 왔습니다. 몽고에도 구석기시대 유적이 존재하고 있으나 우리 만큼 많이 분포되지도 않고, 물론 신석기시대도 유적이 있으나 신석기 유물이 우리 만큼 풍부하지도 않고 매우 드물게 발견되고 있습니다. 왜냐하면 인류는 물(水)과 함께 생존해왔기 때문입니다. 짐승은 풀을 찾아 움직였지만 인류는 물을 찾아 이동했습니다. 물이 있는데서 진흙이 나옵니다. 진흙이 있어야 그릇을 빚어 토기土器를 만들 수가 있습니다. 그래서 물이 오래도록 흘러서 고인 흙이 쌓여서 충적층沖積層이 생기고 이 충적층에서 진흙(점토粘土)을 구할 수가 있습니다. 진흙이 있어야 그릇을 만들 수 있습니다. 그런데 사막沙漠이 대부분인 몽고에서는 물이 매우 귀합니다. 충적층이 우리나라와 같이 형성되지 않습니다. 그러니 몽고에서는 목이 마르면 말젖(마유馬乳)이나 양젖을 마시며 생활합니다. 물과 풀을 찾아 이동하기 때문에 정착생활을 할 수 없지 않습니까? 인류문명의 대표적인 문화인 토기문화는 물과 진흙이 있는 곳에서 정착생활을 하는 인류들이 먼저 만들어 내는 것입니다.

우리 문화는 지리적으로도 기후적으로도 한반도와 비슷한 발해 연안에서 성장 발전했다고 생각합니다. 우리 민족이 살아가면서 활동했었고 현재와 같이 국경선이 있는 것도 아니고 이동과 이주가 자유로운 곳에서 생활했던 인류들을 주목하자고 하는 것입니다. 그러한 조건과 환경을 가진 지역은 북방의 시베리아나 몽고가 아니라 우리와 가까운 곳 즉, 발해연안에서 훨씬 쉽게 찾아 볼 수가 있다는 사실을 알게 될 것입니다.

근대 중국의 호적胡適(일명 적지適之, 1891~1962)은 학문을 할 때는 "대담한 가설을 세우되, 세심하게 고증하라(大胆的假設, 小心的求證.)"고 했습니다. 가설의 사전적 의미는 어떤 사실의 원인을 설명하거나 어떤 이론체계를 연역演繹하기 위하여 가정假定으로 설정한 가정이라고 하지만, 호적은 우리가 흔히 쓰는 '말씀 설說'자를 써서 '가설假說'이라 쓰지 않고 '가령 설設'자를 써서 가설假設이라 했습니다. 아마 "대담하게 큰 가설을 세워서 아주 세심하게 증명해 내야 한다"고 더 큰 각오를 한 것 같습니다. 여기서는 '거짓 가假' 자가 '클(大) 가假' 자로도 통용되기 때문에 아마 일반적인 가설의 의미보다 더 큰 어떤 명제를 세우고 나서 과학적이고 논리적으로 증명해 내는 작업을 하라고 하는 데서 일컫는 말이라고 생각됩니다.

모든 고고학적 자료나 역사적 사료는 실사구시實事求是 방법으로 역사를 해석하라는 것이겠지요. 지금도 필자는 고고학 자료나 역사적 자료를 우리의 전통적인 실사구시 방법을 바탕으로 이를 분석하고 연구하다가 새로운 생각이 떠오르면 이전 자료들과 비교하고 고증해서 제 자신의 의견을 펼쳐나갑니다. 제 자신의 견해라도 철저한 과학 정신을 바탕으로 구현해 내고자 노력하고 있습니다.

여기서 호적의 명구名句를 강조하는

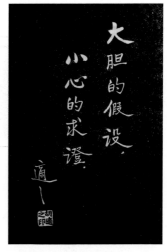

■ 호적胡適의 묵서명墨書銘

뜻은 제가 대만 중앙연구원 역사어언연구소에서 '방문학인訪問學人' (객원연구원) 신분으로 수년간 연구생활을 하는 중에 연구원 구내에 있는 '호적기념관'을 자주 드나들면서 호적胡適 선생의 체취를 흠모하고 이 명구를 좌우명으로 삼아 왔기 때문입니다.

앞으로도 항상 공부하고 연구하면서 호적胡適 선생의 "대담한 가설을 세우되, 세심하게 고증하라"고 한 명구를 거울 삼아 '발해연안문명론'을 완성해 나가겠습니다. 발해연안문명이 지금은 말 그대로 '가설'에 불과할지는 모르겠지만 앞으로 다방면에서 더 많은 연구가 진행된다면 발해연안문명은 확고하게 세계문명의 하나로 정립될 것으로 믿고 있습니다.

발해연안문명을 밝혀내는 대장정을 6회에 걸쳐 마무리 했습니다. 오랫동안 연구해 온 내용을 중심으로 강연을 택했습니다. STB 상생방송의 편안한 환경과 강연을 열심히 들어주시는 방청객 여러분들의 너그러운 분위기에 휩싸여 어떤 때는 가라앉은 목소리로, 또 어떤 때는 격앙된 목소리로 강연하였고, 또 어떤 때는 비분강개한 심경으로 폐부肺腑로부터 우러나오는 말들을 서슴없이 설파했습니다. 좀 더 냉정과 평정을 유지해야 할 마당에 중심을 잃지는 않았는지, 이 강좌를 경청해 주신 분들께 대단히 송구하다는 말씀을 뒤늦게나마 꼭 드려야 될 것 같습니다.

STB상생방송에서 지난 2009년 3~4월 중에 6회에 걸쳐 강연한 내용을 녹취錄取한 것을 성책한다고 하기에 그때는 좀 잘 다듬어서 내놓아야 되겠다고 마음은 먹고 있었습니다. 그러나 논리적으로 풀어나가야 할 학설들을 즉석에서 시시비비를 가리듯이 구술한 내용들이 마음에 드는 구석이 없어 손을 놓고 있었습니다. 상생방송으로부터 강연 녹취록을 받은 뒤 1년이나 지났는데도 손도 못대고 시간만 보냈습니다. 그래서 상생출판 측에 여러 번 사양하고 만류해 보기도 했습니다만, 방송 시청자들로부터 반응이 좋기 때문에 꼭 책으로 냈으면 좋겠다고 여러 차례 먼 곳까지 찾아와 간곡히 부탁해서 지나친 사양은 비례非禮라는 생각도 했지만, 보면 볼수록 엄두도 나지 않아 또 한참 동안 잊고 있었습니다.

그러던 중 년초에 와서야 다시 마음을 다잡고 쓰기 시작했습니다. 동병상련의 경험을 치룬 안휘준 교수 그리고 윤명철 교수의 성원이 큰 힘이 되었습니다. 거기에 상생출판 편집팀의 인내도 한 몫 했습니다.

강연록은 구어체口語體이기 때문에 이를 문어체文語體로 바꾸는 과정에서 고생도 많이 하고 시간도 많이 걸렸지만 처음부터 다시 쓴다는 각오로 마음을 진정시키고 조탁雕琢하는 자세로 새롭게 다듬어 시청자나 독자들께서 우리 고대문화와 발해연안문명을 이해하는 데 도움이 되도록 각고刻苦의 노력을 하였습니다. 그런데도 내용이 난해하고 필설이 거친 부분이 있을 것입니다. 독자 여러분들께서 너그러이 봐 주시고 가차假借없이 지적해 주시기 바랍니다. 여러분의 성원에 힘입어 발해연안문명론을 완성해 나가겠습니다.

지금까지 '발해연안문명론'을 완성해 나가는 데 끊임없이 격려해 주시고 아낌없이 협조해 주신 국내외國內外 기관과 학자 여러분들께 깊이 감사드립니다. 그리고 무한한 성원을 해주고 있는 반려伴侶 박노희朴魯姬 여사에게도 고마움을 빠트릴 수 없습니다.

이만큼이나마 자유롭게 강연할 수 있도록 큰 강좌를 마련해 주시고 책으로 펴내주신 상생문화연구소 안경전安耕田 이사장님께 심심한 사의를 표하며, STB상생방송과 상생출판에 감사합니다.

2014년 9월   일
우면산방에서 이형구 씀

목 차

2 강 '발해연안문명'의 빗살무늬토기

3강 '발해연안문명'의 석묘石墓와 홍산문화紅山文化

5강 '발해연안문명'의 갑골문화甲骨文化와 동이東夷민족

6강 '발해연안문명'과 한국 청동기 문화 연구

- 표지 사진 : 우하량 여신묘 출토 여신상을 복원한 모습(『코리안 루트를 찾아서』, 2009)

한국고대문화의 기원

발해연안문명

1강

'발해연안문명'은
고대 동방문화의 원형

　저는 선문대학교 역사학과 이형구 교수입니다.

　오늘부터 우리 고대 민족과 문화의 연원인 '발해연안문명渤海沿岸文明'
에 대해서 모두 6강에 걸쳐서 여러분들에게 말씀드리겠습니다. '발해
연안문명'이라고 하면 생소하게 느끼시겠습니다만 한반도의 서북쪽
에 있는 발해渤海를 중심으로 산동반도와 한반도를 품어 안은 넓은 의
미의 발해연안渤海沿岸에서 성장 발전한 문화를 말합니다. 지금까지 일
반적으로 알려져 있는 우리 민족문화의 기원은 시베리아Siberia에서 기
원했다고 했습니다. 저도 학생시절에 그렇게 배웠고, 얼마 전까지만
해도 각급 학교에서 가르치고 있는 중·고등학교 『국사』 교과서에는
우리 민족과 문화의 기원에 대해서 '시베리아 기원설'을 수록했습니
다. 최근에 와서 관련된 내용이 수정되거나 생략되었지만 역시 국사편
찬위원회가 편찬한 교사들이 현장에서 직접 가르치는 〈『국사』 교사용
지도서〉에는 아직까지도 '시베리아 기원설'이 그대로 반영되어 그렇
게 가르치고 있습니다.

　해방이후 중·고등학교 『국사』 교과서를 보면, 우리 선배들이나 교

사들은 우리 고대 문화론과 예술론 심지어 미술, 음악 등 모든 분야에서 우리의 고대 민족과 문화가 시베리아에서 내려왔다고 수록되었고 그렇게 가르쳐 왔습니다.

저는 일찍부터 우리 민족문화의 '시베리아 기원설'에 대해서 회의懷疑를 느끼고 그 가설의 문제점을 제기하고 이를 규명하기 위해서 오랜 시간 공부하고 연구해 왔습니다. 그 결과 우리 고대 민족과 문화는 엄동설한嚴冬雪寒의 극한 상황의 시베리아나 사막沙漠 지방인 몽고 같은 기후와 자연환경이 열악한 지역, 지리적으로도 멀리 떨어진 시베리아나 몽고에서 전해진 것이 아니라는 나름대로의 믿음을 갖고 있었습니다. 사실 시베리아에서 문화가 시작되었고 심지어 우리 인류도 그곳에서 한반도로 이주移住해 왔다는 주장에 대해 아주 어렸을 때부터 의문을 가지고 있었습니다. 과연 그럴 수가 있었을까요?

시베리아라는 곳은 여러분도 잘 아시는 바와 같이 20세기 후반까지만 해도, 구소련의 반체제작자 솔제니친Solzhenitsyn이 반체제운동을 했다는 이유로 유배를 간 곳입니다. 그만큼 시베리아는 일반 사람이 살기에는 어려운 기후조건과 열악한 자연환경을 가지고 있습니다. 과연 우리 인류가 그런 곳에서 탄생하고, 그런 곳에서 문화가 발전하고, 그곳에서 한반도로 이주해 오고 전래돼서 오늘날의 우리 민족이 되고 문화가 되었을까요? 이것은 상식적인 문제도 답도 아닙니다. 상식은 곧 진리입니다.

저는 그런 상식을 바탕으로 생겨나는 우리 민족 문화의 북방 시베리아 기원 문제에 관한 여러 가지 모순점들에 대해 의문을 가지고 공부하고 연구해 왔습니다. 그래서 우리 민족 문화의 기원은 시베리아나 몽고가 아니라는 결론을 내리게 되었습니다. 산동반도와 요동반도와 한반도를 포함하는 발해연안은 과거 우리 민족이 살았고 활동했던 지역입니다. 고대 우리 민족들은 넓은 의미에서 동이東夷민족입니다. 그들은 중국 사람들이 말하는 동이라고 하는 민족입니다. 중국에서는 동쪽에 사는 이민족異民族을 지칭해서 동이라는 명칭으로 부르고 있었습니다. 그러나 우리는 자연스럽게 우리 고대 동방민족들을 동이민족이라고 그대로 부르고 있습니다. 최근 중국에서도 동이민족을 '오랑캐'라는 의미보다는 중화민족과는 다른 중국 동쪽의 민족이라는 의미로 부르고 있습니다. 그 동이민족의 대표적인 민족이 바로 한민족 즉, 조선 민족이 우리 민족이라고 생각하고 있습니다.

그 당시 살았던 동이민족의 영역의 의미는 문화적 개념이나 영역적 개념으로, 발해연안이란 발해를 중심으로 한 넓은 의미의 발해연안을 말하는데, 이는 대조영大祚榮이 세웠던 역사시대의 발해국渤海國의 발해를 말하는 게 아닙니다. 저는 발해연안에 관한 지리적 명칭으로, 발해를 중심으로 산동반도와 한반도를 품어 안은 넓은 의미의 발해연안이라고 부릅니다. 발해연안이라는 명칭은 일찍이 대조영이 발해를 국명으로 사용했던 7세기 후반보다 더 앞선 지금으로부터 2,100년 전에 사용되고 있었습니다. 중국의 유명한 역사가 사마천司馬遷의 『사기史記』「조선전」에 발해가 나오고 있습니다. 바로 기원전 109년입니다. 한나라 원봉元封 2년에 무제武帝가 루선 장군 양복楊僕을 보내 산동에 있는 제濟에서 '발해渤海'를 건너(견루선장군양복 종제부발해樓船將軍楊僕 從濟浮渤海) 조선(위만衛滿)을 공격하게 했다고 하는 기록이 있습니다. 뿐만 아니고 그보다 조금 더 이른 전국시대에 나온 중국의 지리, 전설, 신화를 수록한 『산해경山海經』 「해내동경」에도 발해라는 지명이 나오고 있습니다. 중국에서는 발해라고 하는 지명은 대체적으로 기원전 3세기경의 문헌에 보이고 있습니다.

발해는 지리적으로 산동반도와 한반도를 영향권 안에 두고 있습니다. 그 밑으로는 황해가 흐르고 있습니다. 저는 발해를 중심으로 우리 동이민족들이 넓게 퍼져 살아왔고 그들이 그들의 고유문화를 창출했다고 보고 있습니다. 동이민족의 문화는 우리가 지금까지 일반적으로 알고 있었던 북방 시베리아 문화보다 우리 한민족하고 훨씬 친밀하고, 우리 고유문화의 원천적인 요소를 상당히 가지고 있다고 생각하고 있습니다. 과거에는 동방문명을 '황하문명黃河文明'으로 인식하고, 그것을 중국문명으로 인식하고 우리와는 별로 무관하게 생각해 왔습니다. 그러나 20세기 후반에 와서는 중국 사람들도 중국 내에 여러 문명권이 있다고 보고 있습니다. 중국에서는 중원의 황하문명을 비롯하여 중부의 장강長江문명, 중국 사람들은 양자강을 장강이라고 부릅니다. 그리고 서부에는 서부문명권, 지금 중국 남부에 위치하는 광주廣州쪽에 있는 '주강珠江문명', 그리고 중국 동부 즉, 발해연안 부근에 있는 요하를 중심으로한 '요하遼河문명'이 하나 더 있다고 합니다.

그러나 '요하문명'은 발해연안에 있는 하나의 부분적이며 국부적인 문화라고 생각합니다. 좀 더 포괄적으로 본다면 한반도를 포함해 우리 민족과 적극적으로 관계가 있는 요동반도와 산동반도 즉, 발해를 끼고 있는 그 일대가 바로 동방문명의 중심권이라고 생각합니다. 그리고 제가 오늘 강의에서 '발해연안문명'이라고 하는 것도 바로 발해를 중심으로 한 발해연안의 고대문명에 대한 것입니다. 저는 이 지역

에서 발견된 고대문명은 세계 4대 문명과 거의 같은 수준에서 비교가
될 수 있는 동방의 중심문명이라고 생각합니다. 그 중심에 우리 한민
족이 있다고 하는 사실은 대단히 의미가 있습니다.

예를 들어 황하문명이라고 하는 것은 중국문명입니다. 그러나 발해
연안문명은 황하문명까지도 포함하고, 요하문명까지 포함하는 광의
적인 문명권입니다. 그 문명의 중심적인 주인공主人公은 동이민족 즉,

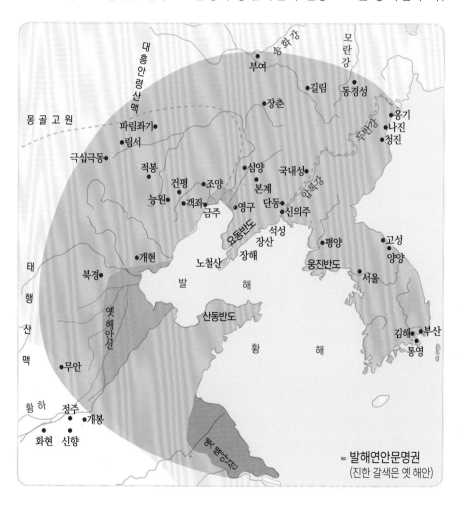

우리 민족이었다고 생각합니다. 저는 우리 동이민족이 많은 역할을 했다고 생각합니다. 그 당시 발해연안에 거주하던 전 주민이 모두 동이민족이라는 말은 아닙니다. 중국 고대 민족들도 당시 그곳에서 활동을 했을 것입니다. 저는 우리 한민족의 원류인 동이민족들이 그곳에서 왕성하게 많은 활동을 했다고 생각하고 있습니다. 그래서 우리 문화의 원류를 지금 추적하려면 북방 시베리아보다는 발해연안에서 찾아야 한다고 생각하고 있습니다.

여기에서 발해연안이라고 하는 것은 우리의 지리적 조건을 구체적으로 본다면 바로 발해를 중심으로 한, 이 발해의 연안을 말하는 것입니다. 산동반도와 한반도 그리고 요동반도를 포함한 이 일대를 발해연안이라고 부르는데 이 발해연안의 지리적 조건은 다음과 같습니다. 세계지도상으로 보면, 여기 위도로는 대략 30°선과 42°선 사이를 주목해 주시기 바랍니다. 저는 이 안에 있는 지리적 위치가 바로 발해연안문명권이라고 보고 있습니다. 지도를 보면 황하가 발해로 들어가는 이쪽에 황하문명이 있습니다. 이 발해 서쪽에 분포하는 황하문명과 같은 위도상에 있는 유럽의 문명의 중심지는 바로 지중해地中海연안입니다.

'지중해연안문명'은 바로 나일강 하류가 30°선이고 이 위도가 프랑스, 이탈리아가 42°선이고, 42°선은 독일 쪽으로 약간 올라갑니다. 고대 문명권이 우리 쪽 발해의 30°선과 42°선 사이의 지리적 범위와 지중해의 30°선과 42°선의 지리적 위치와 거의 일치합니다. 서양 문명의 중심권이 동쪽에 있는 동양 문명의 중심권과 위도상으로 거의 일치하고 있다는 사실은 매우 중요한 의미를 갖고 있습니다. 이것은 대단히 중요한 의미를 가지고 있습니다. 그리고 기후 조건으로 본다면 위도상으로 30° 아래면 아열대 지방, 대략 30°~40° 사이는 온대溫帶 지역입니다. 우리가 살고 있는 지역은 온대 지역이고, 산동반도 하류까지도 온대 지역입니다. 이 지도에서 보면, 지금 이태리반도나 그리스반도가 여기인데 이쪽도 보면 기후가 온대기후입니다. 아프리카 북부지역은 약간 아열대입니다. 이 밑으로 가면 열대지역입니다. 지중해연안의 지리적 조건과 발해연안의 지리적 조건은 위도상으로 살펴보면 거의 일치하고 있고, 두 지역의 자연환경도 대체적으로 비슷하다고 보고 있습니다.

그래서 저는 고대문명으로 '지중해연안문명'과 발해연안문명이 동서양의 중요한 중심문명이라고 보고 있습니다. 특히 지중해에서는 나일강 하류에서 이집트문명이 발생하고 있습니다. 그리스 로마문명은 이태리반도와 그리스반도에서 발생하고 있고, 스페인·프랑스·이베리아반도 그리고 터키반도에도 고대문명들이 있는데, 모두 지중해를 중

■ 발해연안 지도

심으로 그 연안 지역에 여러 문명이 있습니다. 여기 프랑스·스페인·이베리아반도는 고대 후기부터 중세까지 중요한 유럽문화의 중심지입니다.

동양도 마찬가지입니다. 요동반도와 한반도 일대에 고도로 발달된 문화는 산동반도와 같이 공유했다고 보고 있습니다. 그래서 지금도 서울과 인천에는 경인문화권이 있습니다. 평양문화권, 대련문화권, 심양문화권, 천진·북경의 문화권, 산동의 청도·연대문화권은 규모가 크며 모두 항구를 중심으로 동방 최고의 도시들이 형성되었습니다. 저는 유럽의 지중해연안과 동양의 발해연안이 서로 유사한 지리적 조건, 자연조건, 문화조건을 가지고 있다고 생각합니다.

그렇다면 우리 고대 발해연안문명과 북방 시베리아문화는 어떻게 구분될 수 있는 것인가라는 의문이 생깁니다.

우리가 지금까지 알고 있는 '북방 시베리아 기원설'은 도대체 무슨

■ 지중해연안 지도

근거로 생겨났으며 왜 우리 한민족 문화의 원류를 그 지역으로 보고 있느냐라는 의문점도 생깁니다. 여러분이나 일반인들조차도 이런 문제들에 대해 의심을 가지게 될 것입니다. 우리가 말하는 고대문명은 구석기, 신석기, 청동기, 철기시대로 발전하고 있었습니다.

발해연안에 대한 구석기시대 문화를 들여다본다면, 잘 아시다시피 구석기시대는 50만 년 전부터 우리 인류가 북경이나 요동반도, 한반도에서 살아왔다고 생각하고 있습니다. 우리는 1945년 이전에 한반도에는 구석기문화가 없다고 알고 있었습니다. 중국 쪽에서도 북경이나 몇 군데의 구석기 유물이나 유적이 발견되면서 구석기시대가 존재하고 있다고 보고되었습니다. 20세기 초에는 고고학과 인류학이라는 학문이 크게 발달되지 않아서 고인류 화석이나 구석기 유물을 찾아내지 못했기 때문입니다. 그런데 지금은 보시다시피 한반도에서도 함경북도와 제주도에 이르기까지 거의 100군데가 넘는 곳에서 구석기시대 유적과 유물이 발견되고 있습니다. 중국은 말할 것도 없이 요동반도에서만 20~30 군데가 넘는 곳에서 고인류 화석을 비롯해서 구석기시대 유물과 이와 관련되는 유적이 나오고 있기 때문에 중국에서 구석기시대에 인류들이 많이 살았던 것을 알 수 있습니다. 저는 우리 인류들이 구석기 초기에는 발해연안 북부, 요동반도, 대동강 일대에 많이 살아왔었고, 상당히 이른 시기부터 발해연안을 중심으로 활동했다고 생각하고 있습니다. 그 당시 발해는 물이 있었던 게 아니라 빙하시대이기 때문에 얼어 있었습니다. 이 시기는 동물과 인류가 이동을 했던 것 같습니다. 최근 고고학 발굴 결과들을 통해서 보면 지금같이 교통이 발달되지 않았던 구석기시대 인류들은 동물 사냥을 중요 생계수단

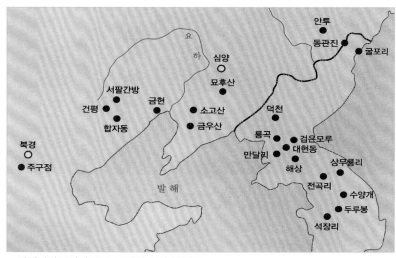

■ 발해연안문명권 주요 구석기 유적 분포도

발해연안 구석기

요동반도 금우산 동굴 출토 구석기

요동반도 묘후산 동굴 유적 출토 구석기

평양 검은모루 동굴 유적 출토 구석기

경기도 전곡리 출토 구석기

으로 살아가고 있었는데, 인류들은 빙하시대에도 동물들과 같이 이동했던 것이 밝혀지고 있습니다.

우리나라에서는 요동반도와 한반도를 같은 문화적 범위로 봐야 된다고 생각합니다. 요동반도와 한반도를 중심 구역으로 봐야 하는 이유는 고조선이라고 하는 우리나라 고대국가가 바로 요동반도와 한반도를 중심으로 발전해 왔기 때문입니다. 우리나라 역사에서 고조선의 지리적 위치를 요동반도와 한반도를 함께 아울러서 서술하고 있지만 중국에서도 과거에 일부학자들은 기원전 5세기에서 기원전 3세기까지의 중국의 전국시대에 해당하는 시기에 고조선의 위치를 역사지도에서 요동반도와 한반도를 걸쳐서 표시하고 있습니다. 요동반도와 한반도를 포함한 지역은 고대 우리 민족이 활동하고 고조선을 건국했던 지역입니다.

부여는 바로 고조선 후기에 나오는 국가입니다. 부여에 관련해서 보면 요동반도와 한반도, 또 멀리 연해주까지도 부여와 관련된 유적들이 많이 나오고 있습니다. 한반도 남쪽으로는 지금 우리가 살고 있는 충청남도 부여도, 그 당시 백제 성왕이 538년에 수도를 웅진(공주)에서 사비로 옮기면서 나라 이름을 '남부여南扶餘'라고 부른 것을 보면 그 전의 부여의 역사전통을 가지고 있었던 지역이라고 보고 있습니다. 그렇게 고조선이나 부여가 오랜 시간을 거쳐서 요동반도와 한반도에서 발전을 하였고, 그 바탕에서 고구려 역시 요동반도나 만주를 중심으로 발전한 국가라고 할 수 있습니다. 대조영이 발해를 건국하여 고구려의 전통을 계승하고 만주 지역과 한반도 북부까지도 차지하고 있었던 것은 우리 민족의 영역이 요동반도와 한반도를 중심으로 활동하고 있었던 것을 말해 주고 있습니다. 우리 고대민족의 활동영역을 요동반도와 한반도에서 찾아야 될 것입니다.

저는 일찍이 발해연안의 구석기시대 유적과 인류의 발자취를 찾기 위해 「발해연안 북동부지구(만주) 구석기문화」(『동방학지』 52, 연세대학교, 1986)를 발표했습니다.

우리가 말하는 만주 지방의 구석기시대 유적으로 요동반도 남부에 금우산金牛山 유적이라는 곳이 있고, 요동반도 동북부에는 묘후산廟后山 동굴 유적이 있는데, 이 두 곳에서 지금으로부터 30~20만 년 전에 이미 사람이 살았던 흔적이 나타나고 있습니다. 요동반도에 있는 금우산 동굴 유적에서 나오는 인류화석은 28만 년 전으로 추정되고 있습니다. 그리고 묘후산 동굴유적에서도 인류화석이 나왔습니다. 이 묘후산 인류화석은 약 24만 년 전의 것이라 합니다.

우리 고조선의 오래된 활동영역이었다고 생각되는 요동반도에 사람이 살았던 가장 이른 시기의 흔적이 발견된 이 두 유적을 통해서 그곳에서는 이미 30~20만 년 전부터 사람이 살았다고 하는 것을 알게 되었습니다. 한반도에서는 평양에 있는 상원 검은모루 동굴 유적이라는 곳이 있고, 평안남도의 승리산 동굴 유적에서는 인류화석이 발견되었는데, 아래층에서 나온 인류 화석을 '덕천인德川人'이라고 합니다. 이 인류들은 지금으로부터 약 10만 년 전에서 5만 년 전까지 살았다고 합니다. 그리고 윗층에서 나온 인류 화석을 '승리산인勝利山人'이라고 하였습니다.

과거 일본강점기에는 우리 한반도에는 구석기인들이 살지도 않았고 유적도 없다고 알고 있었습니다. 그러나 1945년 이후에 남·북한에

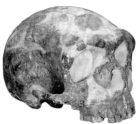

■ 요동반도 금우산 동굴 유적

■ 요동반도 금우산 동굴 출토 인류화석

■ 요동반도 본계 묘후산 동굴 유적 앞에 선 필자

서 많은 구석기 유물과 유적이 발견되었으며, 구석기시대의 인류화석들도 발견돼서 그 당시 우리 인류의 모습을 알 수 있게 되었습니다. 구석기시대 유적에서 인류의 두개골이나 치아·하악골 같은 뼈가 나오고 있습니다. 평양 역포구역 대현동 동굴에서 머리뼈(頭蓋骨)가 발견되었는데, 이 인류화석으로 당시 인류의 모습을 복원해 놓았습니다. 이 인류를 '력포사람' 또는 '력포인力浦人'이라고 합니다. 장우진은 『조선 사

▪ 평양 상원 검은모루 동굴 유적 (중턱의 검은 부분)

▪ 평안남도 승리산 동굴 유적 (흰색 원형 표시 부분)

람의 기원』(1989)에도 이 인류화석이 한반도에서 가장 이른 시기의 '고인古人'의 인류화석일 것이라고 했습니다.

우리 인류는 과연 오늘날의 인류와 어떤 관계를 가지고 있을까요? 똑같은 인류라고 생각하십니까? 인류 발달과정에 관해서는 여러 가지 다양한 학설이 존재하고 있습니다. 그러나 우선 동·서양으로 발달과정을 구분하고 그 당시 구석기시대에 존재한 동·서양의 인류를 비교해 본다면 참 재미있는 현상을 발견하게 됩니다. 이것은 서양의 인류들입니다.

오늘날의 유럽 사람들이 서양의 구석기시대 인류를 고고학 발굴을 통해 찾아내고 그것을 복원해 놓았습니다. 지금으로부터 50만 년 전이나 되는 인류의 모습이 지금 모습과 같지 않고 오히려 포유동물처럼 생긴 모습 때문에 원숭이와 비슷하다고 하여 유원인類猿人 또는 원인猿人이라고 부릅니다. 이들은 직립인直立人 즉, 호모 에렉투스Homo erectus이지요.

그 다음에 이어지는 인류가 '네안데르탈인Neanderthalensis人'입니다. 이 인류화석이 처음에 독일의 네안데르탈 계곡에서 발견되었는데, 이 화석을 복원해 본 결과 이전의 인류들보다 얼굴이 크고 턱은 각이 졌으며 코도 이전 인류보다 크게 생겼습니다. 이 시기의 인류는 좀 더 발달되어 사람의 모습에 가깝고 얼굴 모습이 발달되어 있습니다. 이 인류들은 추운 기후를 이겨낼 수 있도록 체구가 강건해졌습니다. 이 인류들은 석기를 잘 만들어 쓴 것으로 유명합니다. 이 인류들은 대략 20~5만 년 전의 빙하기에 유럽에서 활동했던 '고인'단계의 인류들입니다.

마지막으로 '현생인류現生人類'라고 하는 오늘날 우리들의 모습과 같은 인류가 나타납니다. 유럽의 프랑스 크로마뇽의 동굴에서 발견된 인류화석의 이름을 따서 '크로마뇽인Cro-Magnon人'이라고 합니다. 이들은 오늘날 우리들의 모습과 같이 서서 작업을 할 수 있는 완벽한 인류로, '신인新人'단계의 인류가 지금으로부터 5~4만 년 전에 나타났다고 합니다. 현생인류라고 하는 것은 말 그대로 오늘날 우리들의 모습과 같은 사람이란 뜻입니다. 원시인류와 현생인류의 차이는 두개골 용량으로 쉽게 비교할 수 있습니다. 현생인류의 두개골의 용량은 1,500~1,700cc 정도 됩니다. 그 전의 원시인류들은 대개 1,000cc 내지 1,200cc입니다.

여기서 소개되는 인류들을 제가 특별히 보여 드리는 이유는 이 인류들의 모습이 오늘날 서양인과 아주 비슷하기 때문입니다. 이 인류들은 현생인류이기 때문에 지금 살고 있는 인류들과 똑같은 모습입니다. 그래서 고고학에서도 현생인류라고 부릅니다. 인류학 용어로는 '호모 사피엔스 사피엔스Homo sapiens sapiens'라고 합니다. 이는 지능을 아주 많이 가진 사람들이란 의미입니다.

이와 같이 인류들의 발달과정을 보면 이미 구석기시대에 인류의 체형이 서양인화西洋人化되었다는 것을 알 수가 있습니다. 유럽의 구석기인들은 이미 유럽의 체질과 골격을 가지고 있었다는 것입니다.

이것은 동양인의 옛 인류들의 진화 과정입니다. 우선 중국 운남에는 '원모인元謀人'이, 섬서에는 '남전인藍田人'이라고 고인류가 있었다고 합니다. 중국인 학자들은 원모인의 고지자기古地磁氣 측정연대가 지금으로부터 170만 년 전 정도로 나왔다고 합니다. 남전인의 생존 시기는

동·서 구석기시대 인류 진화도 (이형구 작성)

(사진: "EARLY MAN" 일본어판, 『중국고인류도감』 등 참조)

200만 년 전

170만 년 전

호모 하빌리스
Homo habilis
200만~150만 년

원모인元謀人
치아(미복원)
170±10만 년 전

70만 년 전

남전인藍田人
70~60만 년 전

50만 년 전　50만 년 전

호모 에렉투스
Homo erectus
50만 년 전

북경원인
北京原人
50~30만 년 전

20만 년 전

14만 년 전

네안데르탈인
Neanderthal人
20만~5만 년 전

마파인
馬壩人
14만 년 전

5만년 전　4만 년 전

호모 사피엔스 사피엔스(현생인류)
Homo sapienss sapienss
5~3만년전

산정동인
山頂洞人
4만 년 전

지금으로부터 70~60만 년 전이라고 합니다.

다음은 너무나 잘 알려진 '북경원인北京猿人'이라고 하는 인류가 있습니다. 이 인류들은 지금으로부터 50만 년 전에 활발한 활동을 했던 동방의 인류의 시조와 같은 인류입니다. 요동반도에는 금우산인과 묘후산인이 있습니다. 그러나 한반도에는 아직까지 이 시기의 인류화석이 나타나지 않았습니다.

그 다음으로 유럽의 네안데르탈인과 같은 시기에 이어지는 인류가 중국에서는 '산서성의 정촌인丁村人'광동성의 '마파인馬壩人'이 있습니다. 그리고 우리나라에서는 력포인과 덕천인이 여기에 해당합니다. 이 인류는 서양의 네안데르탈인에 해당합니다. 이 인류가 생존했던 시기는 지금으로부터 20만년~5만 년 전입니다.

마지막은 유럽의 크로마뇽인과 같은 오늘날 인류인데, 중국에서는 북경의 '산정동인山頂洞人'이 있습니다. 우리나라에는 평양 근처 상원군의 '룡곡인'과 덕천 '승리산인', 평양의 '만달인'이 있고, 그리고 충북 제천의 '흥수인'이 있습니다. 현생인류라고 합니다. 유럽에서 지금으로부터 5~4만 년 전에 진화되었다고 하는데, 동양에서도 지금으로부터 5~4만 년 전에 현생인류가 나타납니다. 그런데 이 시기의 동서양의 인류의 모습이 전혀 다릅니다. 유럽의 현생인류는 오늘날 유럽 사람이고, 동양의 현생인류들은 오늘날 동양인입니다. 복원된 이 시기의 모습은 전형적인 오늘날의 동양인의 모습입니다. 물론 우리와도 그 모습이 매우 닮았습니다. 지금의 한국인의 모습 그대로입니다.

승리산인의 흉상은 대동강 유역 승리산 유적 윗층에서 출토된 인류화석을 가지고 복원해 놓은 모습입니다. '현생인류'입니다. 이 인류는 바로 '오늘날 사람'을 말하는 것인데, 지금으로부터 5~4만 년 전 사이에 우리의 모습으로 진화해 계속 오늘날 그 모습을 유지하고 있습니다. 두개골은 더 발전하지 않았습니다. 현생인류의 두개골 용량도 1,500~1,700cc로, 이 이상 더 올라가지는 않습니다. 그 당시 인류의 두개골 용량이 1,500~1,700cc 이었던 것처럼, 오늘날의 저 이형구의 두개골 용량도 1,500~1,700cc사이의 용량을 가지고 있습니다. 대동강 유역의 현생인류인 '만달인萬達人'의 모습 그대로이지요. 이 두개골 모습과 서양의 구석기인 모습은 지금으로부터 5만 년 전, 아니 그 이전의 20만 년 전부터 이미 다릅니다. 20~5만 년 전부터 동양인과 서양인의 인골이 각자 변화하고 있다는 겁니다. 물론 어느 시점에서는 동종同種의 인류가 분화해서 계속 진화하여 왔는지 모르겠습니다. 그러나 지금으로부터 5~3만 년 전에 유럽에서 살아 왔던 인류의 화석과 동방에서 살아 왔던 인류의 화석을 복원한 것을 보면 골격이나 얼굴 모습이 체질인류학적으로 서로 다른 모습을 볼 수 있습니다. 구석기 시대부터 동·서양의 인류들은 각자 특색 있는 모습을 가지고 있었던 것 같습니다.

인류는 얼마나 많은 긴 시간을 아마 수백만 년일 수도 있을 겁니다. 왜 수백만 년을 손바닥을 이용해서 물을 떠 마셨다고 생각하십니까? 그들은 손으로 물을 떠서 마실 수밖에 없었습니다. 오늘날의 이런 컵과 같은 그릇이 나올 때까지는 수백만 년이 걸린 것입니다. 그들은 목이 마를 때 물이 있는 곳을 찾아가서 손으로 물을 직접 떠서 마셨습니다. 저는 인류가 그런 생활을 수백만 년 동안 했다고 생각합니다. 우리 인류는 정말 오래고 긴 시간을 용기容器를 만들지 못하고 살아 왔습니다. 용기는 바로 물을 뜨는 그릇입니다. 그리고 물을 담아서 이동할 수 있는 그릇을 말합니다. 인류는 그릇을 발명해내는 데 그렇게 오랜 시간이 걸렸습니다. 우리 인류는 수백만 년을 그릇이 없이 손으로 물을 떠서 마셨습니다.

그들은 오랫동안 도구로 석기를 사용하였습니다. 물론 목기를 먼저 사용했습니다. 목기는 쉽게 부패되어 없어지니까 유물로 남아 있지 않았을 뿐입니다. 요동반도나 한반도에서 발견된 구석기 유적에서 모두 석기가 출토되고 있는 것은 바로 석기만 남아 있기 때문입니다. 이때 쓰는 석기는 돌이 서로 부딪쳐서 깨진 돌을 사용합니다. 이것을 구석기라고 합니다. 아프리카에서 인류가 이러한 석기를 처음 사용한 시기는 대략 400만 년 전이라고 추정하고 있습니다. 인류는 400만 년 전에 석기를 쓰기 시작해서 언제까지 이러한 석기만을 사용했을까요? 물론 지금도 석기를 사용하고 있습니다만 금속이 나오기 전까지 인류는 석기만을 썼습니다. 지금으로부터 400만 년 전부터 기원전 3500년까지는 석기만 가지고 썼다는 말입니다.

그렇다면 물을 손으로 받아 마시는 행위는 인류가 탄생할 때부터

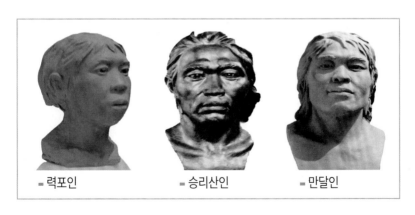

- 력포인   - 승리산인   - 만달인

언제까지 계속되었다고 생각하십니까? 물을 뜰 수 있는 그릇(容器)이 나온 것은 바로 신석기시대입니다. 신석기시대와 구석기시대의 차이는 흙으로 만든 토기土器의 발명에 있습니다. 그릇은 물을 떠 담아서 먹을 수도 있고, 물을 운반할 수도 있고, 저장해서 보관할 수도 있습니다. 채집하고 사냥한 것을 용기에 끓여 먹을 수도 있습니다. 그릇이 출현한 것은 지금으로부터 1만~8,000년 전에 불과합니다.

지금으로부터 400만 년 전부터 인류가 석기로 수렵 활동을 했으며 신석기시대 이전까지는 손으로 물을 떠서 마셨습니다. 요즘 들어서는 첨단 문명이 매우 빠르게 발전하고 있습니다. 구석기시대 후기로 오면서 우리 인류의 두뇌는 엄청나게 발전하였고 앞으로도 미래에 어떻게 발전할지는 모릅니다.

우리 인류 문화는 약 1만 년 전부터 도구로 용기를 사용하였습니다. 중국은 그 시기를 기원전 8000년, 지금으로부터 1만 년 전으로 보고 있고, 발해연안은 기원전 7000~6000년까지 보고 있습니다. 인류문화가 급속도로 발전하기 시작한 것은 불과 1만 년 전부터입니다. 인류문화는 지금으로부터 1만 년 전부터 발달하기 시작했다는 것입니다. 지금으로부터 1만 년 전에 구석기시대에서 신석기시대로 발전하는데, 신석기시대라고 하는 것은 토기의 발명과 석기를 갈아서 사용하는 간석기 즉, 마제석기磨製石器를 사용하던 시대라는 것입니다. 이를 신석기시대라고 부릅니다. 이 시대에 들어서면 크게 두

- 손으로 물을 떠 마시는 원시 인류
("EARLY MAN" 일본어판, 1978)

가지가 새롭게 탄생합니다. 첫째로 토기가 발명이 되고, 둘째는 깬 돌로 만들어진 타제석기打製石器가 간 석기인 마제석기로 바뀐다는 것입니다. 깨진 돌을 갈아서 도구로 사용하는 기술을 익히는 데도 몇 백만 년이 걸렸습니다. 돌을 깨서 사용하는 것과 갈아서 사용하는 것은 큰 차이가 있습니다. 돌을 가는 기술과 그러한 기능을 가지도록 발전하는 데 400만 년이 걸렸다는 것입니다.

우리 인류는 지금으로부터 1만 년 전부터 석기를 갈아서 마제석기로 생활하게 되고, 바로 그 무렵에 토기土器가 발명됩니다. 저는 토기의 발명을 '인류문화발달사'에서 최초의 발명이라고 봅니다. 불(火)도 발명이 되었다고 말하기도 합니다. 물론 불은 이보다 이른 시기에 사용되고 있었습니다. 지금으로부터 50만 년 전에 북경원인들이 사용했고 지금으로부터 30만 년 전에 요동반도에서도 불을 쓰고 있었습니다. 불의 흔적은 구석기시대 한반도에서도 보이고 있습니다. 불은 이미 아주 오래 전에 사용되었습니다. 그 불은 자연발화에 의해 채취되었다고 생각하고 있습니다. 요즘도 지진이 일어나거나 건조기에 나무들의 마찰로 인해서 산불이 일어납니다. 그때 남겨진 불씨를 가지고 채화를 해서 사용하고 남은 불씨는 보존했을 것입니다. 그래서 인류는 상당히 오래전부터 불을 사용했을 거라고 생각합니다. 그래서 불은 발견發見이라고 합니다. 물론 우리가 인위적으로 만들어 내는 것도 있습니다. 토기土器를 만들어 낸다는 것과 깬 석기(타제打製)에서 간 석기(마제磨製)로 바뀐다는 것은 바로 기능의 변화를 말하는 것입니다. 새로운 것을 만들어 낸 것이 신석기시대입니다.

우리는 한 여름 가뭄에 강바닥이나 호수 바닥이 말라 침전된 진흙

바닥이 갈라지고 햇살을 받아 오목하게 뒤틀려 깨진 바가지처럼 생긴 것을 많이 보게 됩니다. 소나기라도 지나가면 햇볕에 말라서 단단해진 오목한 진흙판 안에 빗물이 고이는 현상도 보았을 것입니다. 아마 우리 인류들이 이런 자연현상을 보고 흙을 빚어 불에 구워서, 물을 담는 용기容器로서의 물그릇이 사용되기 시작하지 않았을까 추측해 봅니다. 그렇게 해서 토기土器가 발명되었을 것으로 봅니다.

토기의 발명은 인류의 최초의 '문화혁명'이라고 합니다. 그것은 손으로 물을 받아 마시는 행위로부터 그릇의 제작을 통해 마실 것과 먹을 것을 용기容器에 담아 저장하고 운반하는 모든 것을 말하는 것입니다. 그런 문화가 발달하는 것을 인류 최초의 문화혁명이라고 보고 있습니다. 그래서 지금으로부터 1만~8,000년 전, 이러한 토기의 발명시기부터를 우리는 문명文明으로 보고 있는 것입니다. 구석기시대의 문화는 문화라고만 하지 문명으로 포괄적으로 이해하지는 않습니다. 물론 인류의 발달사도 매우 중요하지만 우리 문명론에서는 좁은 의미의 문명 조건으로 문자의 발견, 도시의 형성, 저수지, 배수로 여러 가지가 많이 있습니다. 그러나 광의적 의미로 문명의 조건을 본다면 토기 발명 이후부터를 진정한 문명시대라고 볼 수도 있는 것입니다.

토기의 발명 이후로는 인류의 문화가 급속도로 발전한다고 봐야합니다. 용기로서 토기는 요즘 도기陶器와 자기磁器로 발전하여 계속 사용되고 있습니다. 그런데

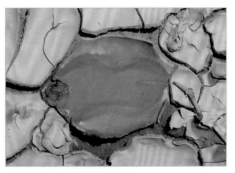

■ 호수 바닥의 갈라진 진흙과 고인 물(이형구 실연)

석기는 거의 현대 인류문명사에서 없어졌습니다. 우리가 주의해야 할 것은 구석기시대에서 신석기시대로 넘어가는 부분인데, 지금까지의 기존 학설은 이 과도기過渡期의 문화를 밝혀내지 못하고 구석기시대가 끝나면서 구석기인들은 어디론가 사라지고 신석기인들이 등장하면서 신석기시대가 시작하였다는 것입니다.

구석기시대는 여러 번 기후가 많이 바뀌었습니다. 동북아시아 지역인 우리나라뿐만 아니라 유럽도 그렇습니다. 그래서 그 당시를 빙하기라고 부릅니다. 우리가 살고 있는 현 시대가 마지막 빙하기의 끝 무렵이라고 합니다. 두 빙하기 사이에 끼어 있는 시기를 '간빙기間氷期'라고 합니다. 우리도 앞으로 몇 십 만 년 후에 빙하기가 다시 안 온다고 볼 수는 없습니다. 어제 저는 다가오는 2100년쯤에 해수면이 1미터 상승한다고 예측하고 있는 신문기사를 봤습니다. 유럽의 지질학자들도 지구의 해수면이 앞으로 100년 후에는 1미터가 높아질 것이라고 생각하고 있습니다. 해수면이 높아지면 남태평양에 있는 섬나라들은 가라앉게 되고, 해안선에 있는 많은 도시들이 바다에 잠길 것이라고 예측하고 있습니다.

제가 고고학을 공부하면서 기후 변화에 의한 해수면 변화 가능성을 많이 생각하고 있습니다. 방금 간행물에 소개된 글에서처럼 유럽에서는 그럴 가능성에 대해 심각하게 고민하고 관련 대책을 세우고 있습니다. 사실 저도 그런 생각을 하고 있었습니다. 왜냐하면 구석기시대에서 신석기시대로 넘어오는 과도기에 자연환경은 많이 변합니다. 세계적으로 다 변하지만 특히 동북아시아의 우리 한반도나 만주지방, 요동반도는 많이 변했습니다. 그래서 신석기시대가 시작하는 지금으로부터 1만 년 전쯤, 그 무렵에 지구상의 동방 지역에서도 빙하들이 녹기 시작합니다. 마지막 빙하기가 끝나갈 무렵 빙하가 녹기 시작하면서 서해바다와 동해바다가 생기고 현해탄이 생겨납니다. 그리고 그 이전에는 얼음 위로 구석기인들과 동물들이 이동을 할 수가 있었는데 빙하가 녹아 바다가 생기면서 인류들이 지역화되었다고 생각합니다. 한반도에 거주하던 사람은 한반도에서 살고 일본열도에서 생활하던 사람들은 일본열도에서 살게 됩니다. 저는 그 당시 열대화되거나 온난화된 기후에 적응하지 못한 동물이나 인류들이 북쪽으로 이주를 했고, 대부분 인류들은 살던 곳에서 새로운 기후와 환경에 적응하면서 살아왔다고 생각하고 있습니다.

빙하기가 끝나고 추운지역이 온난화되면서 그곳에 거주하던 사람들에게 중요한 환경변화가 생기고, 물이나 강, 호수, 바다를 가까이 하게 된 민족들이 요동반도, 한반도에서 북쪽으로 모두 다 이동한 것이 아니라 대부분이 그 자리에 계속 살았다는 것입니다. 그들은 새로운 환경변화에 적응한 것입니다. 물이 생기면서 기후가 온난해지고 그러니까 동굴생활보다는 지상으로 나오게 됩니다. 또 강, 호수, 바다를 통해 수렵만 하는 게 아니라 어패류와 물고기를 잡아먹게 됩니다. 신석기시대에 와서는 우리 고대 인류들이 해안이나 강 하류로 내려와서 살게 됩니다. 그래서 지금 우리 한반도에서는 신석기시대에 살았던 흔적들이 전국적으로 나오고 있습니다. 관련 유적은 대동강, 청천강, 한강, 금강 유역 또는 영산강 유역과 낙동강 유역에서 나오고 있습니다. 해안선 부근으로는 강원도, 서해안, 동해안의 모든 해안과 강 연안에서도 나오고 있습니다.

일제강점기에는 고고학에 관한 지식이 부족하기도 하였지만 자연개발이 지금처럼 활발하지 않았기 때문에 유물이나 유적을 찾기가 어려웠습니다. 당시 일본학자들도 한반도에서 발견되는 토기를 중심으로 거론하였습니다. 한강 유역에서 보이는 이 토기는 암사동에서 발견된 것으로 유명한 것입니다.

이곳은 암사동이란 곳으로 서울 워커힐 건너편에 있는 곳입니다. 거기서 토기 조각들이 일부 나왔는데, 일본 학자들이 그 토기 조각들을 시베리아Siberia에서 나오는 토기 조각과 비교했습니다. 1920년대 일본의 경도대학 교수들이 중심이 되어 한반도의 빗살무늬토기가 시베리아의 빗살무늬토기와 동일 계통이라고 주장하였습니다. 시베리아 빗살무늬토기는 유럽의 스칸디나비아Scandinavia의 빗살무늬토기와 연계된다고 하였습니다. 그렇다면 유럽의 빗살무늬토기가 시베리아를 거쳐서 한반도로 전파되었다는 것입니다. 토기가 전파될 당시 그 문화만 전파된 것이 아니라, 그 토기를 사용하던 사람들이 가지고 왔다는 것입니다. 구석기인들의 일부가 시베리아의 추운 한대지방인 시베리아로 갔는데, 그 시베리아 사람들이 새로운 시베리아의 빗살무늬토기 문화를 가지고 다시 한반도로 와서 정착하고 살았다는 것입니다. 그것이 얼마 전까지도 국정교과서에 나오는 우리 민족의 기원이고 우리 문화의 기원입니다.

우리 민족의 기원에 대하여, 신석기시대에 빗살무늬토기를 가진 사람들이 시베리아에서 건너왔다고 주장하고 있습니다. 그 대표적인 책이 『한국고고학개설』입니다. 이 책은 국립서울대학교 김원룡 교수가 쓴 책입니다. 국립대학의 교수가 쓴 책이지만 많은 대학에서 교재로 사용하고 있어 국가에서 발행한 것처럼 생각할 수도 있습니다. 거의 교과서처럼 사용되고 있습니다. 그런데 이 책에서는 시종일관 북방 시베리아 기원설을 주장하고 있습니다. 지금도 이 책은 매년 나오고 있습니다.

2003년에 국립중앙박물관에서 『국립중앙박물관』이라고 하는 방대한 전시도록이 나왔습니다. 국·영·중·일문판도 함께 나오는, 말하자면 한국문화의 얼굴 같은 책입니다. 이 도록의 해설면을 보면 역시 신석기시대인들이 시베리아에서 건너왔다고 되어 있습니다.

한반도에 신석기 문화가 등장하는 것은 "기원전 8천 년경에 시베리아의 여러 곳에 흩어져 살던 고古아시아 족들이 중국 동북지방과 연해주 지역을 거쳐 한반도로 이주해 오면서부터이다"라고 우리 민족과 신석기 문화가 시베리아에서 전래했다는 시베리아 기원설을 게재하고 있습니다.

2003년에 나온 『선사 유물과 유적』(솔출판사)이라고 하는 책에서 이건무 국립중앙박물관 관장은,

빗살무늬토기는 빗 모양의 무늬새기개를 이용해서 그릇의 겉면에 각종 기하학적 무늬를 구성한 것으로 우리나라 신석기 문화를 대표하는 토기이다. 이러한 기하학적 무늬는 원래 스칸디나비아 반도에서 바이칼·몽골까지 퍼졌던 고대 시베리아 인들과 관련된 것으로서 시베리아를 거쳐 한반도에 퍼진 것으로 생각된다.

고, 우리나라의 신석기시대의 인류와 신석기 문화의 대표적인 문화

인 빗살무늬토기가 시베리아 인人들과 관련된 것으로, 시베리아를 거쳐 한반도에 퍼진 것이라고 시베리아 기원설을 주장하고 있습니다. 지금도 계속 발행되고 있습니다. 이 책은 당시 국립중앙박물관장이 대중용으로 쓴 책입니다. 국립중앙박물관장이 정설定說도 아닌 시베리아 기원설을 계속 주장하고 있습니다. 그것은 바로 빗살무늬토기가 시베리아 것하고 비슷하다고 하는 것 하나 때문입니다. 이것 때문에 생겨난 것이 시베리아 기원설인데, 이것은 원래 1920년대 일본사람들이 처음으로 주장한 한국 민족 문화의 기원론입니다. 일본의 후지다 료사쿠(藤田亮策)가 1930년에 발표한 「즐목토기櫛目土器의 분포에 대하여」(『청구학총靑邱學叢』 2호, 1930)라는 글에서,

즐목문토기(빗살무늬토기)는 조선朝鮮의 석기시대의 특색있는 문화를 나타내는 것으로서, 만주滿洲에 연속連續한 바이칼 호湖 이서以西의 시베리아Siberia 서부로부터 유럽Europe 북방의 특수 토기문화와 밀접한 관계가 있을 것으로 생각된다.

고 하였습니다.

이와 같은 일본사람들의 주장이 지금까지도 통용되고 있습니다. 오늘 발표하는 주제는 한국 고대 문화의 기원이 왜 시베리아가 아닌 발해연안이 될 수밖에 없는 것인가 하는 바로 그 문제입니다. 아주 핵심적인 문제입니다.

빗살무늬토기를 일명 즐문토기櫛文土器라고도 하는데, 김원룡 교수는 『한국고고학개설』 1판(일지사, 1973)에서,

그들(한민족)은 즐문토기 인人과 같은 어로漁撈 위주의 주민이었으
며, 시베리아에서 퍼져 내려온 고古시베리아 족族의 일파一派였을 것
이다.… 한반도에 출현하고 있는 토기는 역시 시베리아로 퍼져 들
어온 동종同種토기의 아류亞流 또는 일지방一地方 형식이라고 보는 것
이 타당할 듯하다.

고 하였습니다. 우리나라의 즐문토기(빗살무늬토기)가 고古 시베리아 족
族과 함께 시베리아에서 내려 왔다고 하였습니다. 우리의 고대 인류와
고대 문화가 시베리아에서 왔다는 것입니다. 그리고 『한국고고학개
설』 3판(1986)에서는,

빗살무늬토기 인人은 고古아시아족의 일파이지만, 한반도에 들어
와 4,000년이나 살고 있었기 때문에 지역화된, 거의 독립적인 원시
한족으로 변해있었을 것이며, 신석기시대에 시베리아에서 퍼져 내
려 온 고아시아족의, 이것 역시 지역화된 민족일 것이다.

라고 하여, 신석기시대의 우리 민족이 시베리아에서 내려온 고시베리
아 족이라고 확언하고 있습니다. 김원룡 교수는 또 『한국미술사』(범문
사, 1968년 초판, 1973년 개정증보판)에서,

우리나라의 즐문토기가 넓은 의미에서 이러한 유라시아의 즐문토
기권에 속하는 것은 틀림없는 사실이며, 몽고지방을 중계지로 해서
시베리아 토기와 연결되고 있다고 믿어지는 것이다.

라고 하여 우리나라 신석기시대의 대표적인 토기인 즐문토기(빗살무늬토기)가 유라시아 즐문토기권圈에 속하는 것이 '틀림없다'고 하였습니다. 김원룡 교수는 여러 책에서 우리나라의 빗살무늬토기의 기원에 대해서 일관되게 '시베리아 기원설'을 계속 주장하고 있습니다.

한편, 일찍이 유럽에서 고고학을 공부한 북한의 도유호(오스트리아 비엔나대학 철학박사, 1935)씨는 『조선 원시 고고학』(1960)에서,

궁산이나 지탑리의 빗살무늬그릇 갈래의 토기에는 무늬나 형태로 보아 (시베리아) 예니세이·바이칼 지방의 토기에 흡사한 것이 많은데, … 예니세이·바이칼 지방에 이주한 우랄 갈래의 종족에게서 알타이 갈래의 종족이 그러한 토기를 배워가지고 우리 땅으로 들어왔다.

고 하였습니다. 도유호씨는 이와 같은 주장을 다음 해 「지탑리 원시문화의 개괄적 고찰」(1961)에서,

지탑리의 장란형 및 독과 같은 크기의 질그릇을 생각건대 시베리아 바이칼, 싸얀Ssayan지대에서 일정한 종족그룹이 내몽고 지방을 거쳐서 서북조선으로 이동해왔다는 것을 짐작할 수 있다. … 궁산·지탑리로 대표되는 우리나라의 신석기시대 문화와 알타이 계통의 종족, 좀더 좁혀서 말하면 퉁구스 종족의 내주來走와 관련된 문화라고 생각한다.

고, 재차 주장하고 있습니다.

이와 같이 북한에서는 우리 민족과 문화에 대한 '시베리아 기원설'이 일찍이 유행되고 있었으나, 1970년대에 와서 '시베리아 기원설'은 폐기되고 '본토 기원설'로 바뀝니다. 그것이 바로 '대동강문명론'으로 발전하게 된 것입니다.

여기에 언급되고 있는 빗살무늬토기가 겉으로 보기엔 시베리아 토기와 비슷하다고 할 수 있습니다. 그러나 엄밀히 말해서 저쪽 시베리아의 토기는 그릇 모양도 다르고, 그릇의 높이와 아가리의 지름의 비율이 발해연안의 토기와 많이 다릅니다. 시베리아의 토기는 아가리를 어깨에서 좁혀 올라가 경부頸部를 만드는데, 발해연안의 토기는 그런 예를 찾아 볼 수 없습니다. 아가리가 퍼져 올라갑니다. 그리고 토기 겉면의 시문施紋 방법도 서로 다릅니다. 이보다 더욱 중요한 문제는 서로 연대차가 많이 난다는 것입니다. 시베리아의 토기는 대략 기원전 4000~3000년 사이에 유행했던 토기들입니다. 그러나 우리나라 서울 암사동이나 강원도 양양 오산리 유적에서 나온 토기는 기원전 6000~5000년으로 편년되고 있습니다. 우리나라 빗살무늬토기의 연대와 시베리아의 토기 연대차가 1,000년 이상이나 차이가 있습니다. 과거 일제강점시기처럼 유적과 유물이 많이 발견되지 않았을 때는 빗살무늬토기의 출토 예도 적고, 또 비교하는 지역으로 시베리아와 스칸디나비아를 연계시켰기 때문에 그땐 시베리아 기원설이 가능했을지도 모르겠습니다. 그러나 지난 1970년대 이후 동북아시아의 새로운 고고학 성과들에 의하면 한반도에서 나오는 빗살무늬토기 연대는 시베리아에서 나오는 빗살무늬토기 연대보다 적어도 1,000년 이상이 앞서고 있고, 많게는 2,000년이나 앞서고 있습니다.

발해연안 북부와 요동반도에서도 빗살무늬토기가 발견되고 있습니다. 요동반도나 발해연안 북부에서는 토기 바닥을 납작바닥을 쓰고 있습니다. 그러나 해안선이나 강가의 모래가 있는 곳에서는 밑이 뾰족한 바닥을 쓰고 있습니다. 발해연안 북부 요서지방, 요동지방에서 나오는 빗살무늬토기는 우리나라 빗살무늬토기의 무늬하고 똑같습니다. 발해연안 북부와 요동반도의 토기의 연대는 탄소 C^{14} 연대측정에 의하면 기원전 6000년까지 올라갑니다. 시베리아보다 2,000년이나 앞서고 있습니다. 제가 추측으로 말씀드리는 게 아닙니다. 실제로 중국에서 실행된 많은 고고학 조사와 새로운 고고학 연구를 통한 과학적 측정을 통해서 연대를 측정한 결과로는 지금으로부터 약 8,000년 전까지 올라갑니다. 이 빗살무늬토기의 연대는 시베리아에서 나오는 빗살무늬토기보다 적어도 2,000년은 앞서고 있습니다. 그렇다면 고고학적으로도 오늘날 우리나라 신석기시대 문화의 대표적인 토기인 빗살부늬토기가 시베리아에서 유래된 것이라는 주장은 마땅히 재고되어야 한다고 생각합니다.

우리는 신석기시대를 '빗살무늬토기시대'라고도 말합니다. 그만큼 전국적으로 많은 빗살무늬토기가 발견되고 있고, 청동기가 출현할 때까지 거의 4,000~5,000년의 긴 기간 동안 빗살무늬토기는 한반도 전역에서 유행하고 있던 신석기시대를 대표하는 토기입니다. 발해연안 북부나 요동반도에서 발견된 빗살무늬토기는 기원전 6000~5000년경, 그 이상까지도 올라가고 있고, 우리 한반도에서 나오는 것도 기원전 6000~5000년까지 올라갑니다.

서울 암사동 유적이나 최근에 강원도 고성군 문암리 유적에서 나온 빗살무늬토기의 연대도 기원전 6000~5000년 정도입니다. 지금으로부터 8000~7000년 전입니다. 시베리아는 기원전 4000년경으로 알려지고 있습니다. 시베리아에서 발견된 빗살무늬토기는 초기에 편년한 것을 보면 기원전 3000년까지 편년했었는데, 지금은 많이 올라가서 기원전 4000년까지 올려서 편년되고 있습니다. 시베리아의 새로운 고고학 발굴에 의해 측정된 연대도 기원전 4000년경까지 나오고 있습니다. 그러나 연대가 기원전 4000년이라고 하는 것은 우리 한반도의 빗살무늬토기나 요동반도의 빗살무늬토기보다 1,000년 내지 2,000년 정도 늦다는 사실을 탄소C^{14}연대측정 방법에서 과학적으로 증명하고 있습니다.

그렇다면 시간적으로 우리나라 신석기 문화가 과연 시베리아에서 왔겠느냐 하는 것입니다. 그것에 대한 대답은 고고학적인 근거를 통해서도 명백하다고 생각됩니다. 그런데도 국가 간행물에서는 우리 고대 인류와 문화가 신석기시대에 시베리아에서 왔다고 주장하고 있습니다. 구석기시대 인류가 시베리아로 가고, 신석기시대에 시베리아 인ᄉ들이 새롭게 한반도로 왔다는 것입니다. 실제로 서울대학교 김원룡 교수의 『한국고고학개설』에서도 인류가 시베리아에서 한반도로 왔다고 기술되어 있고, 최근에 이건무 국립중앙박물관 관장이 쓴 『선사유물과 유적』(솔, 2003)에도 우리 인류가 시베리아에서 왔다고 서술되어 있습니다. 신석기 문화만이 전파된 게 아니라 시베리아 지역의 인류가 빗살무늬토기를 가지고 우리 한반도에 이주移住해 와서 정착했다고 서술하고 있습니다. 지금 이 두 책에서 언급하는 것들이 국립서울대학

교수나 국립중앙박물관장이 주장하는 것이기 때문에 다른 참고서라든가 연구서를 언급하는 것은 큰 의미가 없는 이야기입니다. 국립학술기관의 교수요 학자가 쓴 책이기 때문에 고등학교 〈국사 교사용 지도서〉나 고등학교 참고서와 맞먹고 오히려 그보다 더 파급력이 강합니다.

과연 구석기시대와 신석기시대의 민족이 서로 교차되었을까요? 한반도에 거주하던 구석기인들을 그렇게 몰아냈다든가 그들이 이동해 가고 시베리아에서 신석기인들이 들어와서 이 땅에서 생활하게 되었을까요? 그들은 이곳에 어떻게 정착을 했을까요? 정말 많은 것이 궁금합니다. 그렇다면 우리 민족이라는 것과 우리의 고대문명이 지금 신석기시대부터 시작한다고 그랬는데, 우리 민족은 지금부터 1만 년 전이나 8000년 전에 시베리아로부터 내려와서 이 땅에서 살고 있는 것일까요?

동·서양의 인류의 모습은 구석기시대부터 달라집니다. 체질인류학적으로 체질이 달라지면 혈청도 달라지고 그렇게 되면 안면의 피부가 달라지고, 눈, 머리카락들이 다릅니다. 동·서양의 인간의 모든 부분이 달라집니다. 구석기시대부터 인간의 유형이 갈려지는 것을 볼 수 있습니다. 우리가 지금까지 교과서에서 배운 것처럼 정말 시베리아에서 왔다고 한다면 저 이형구는 지금 이 모습이 아닐 겁니다.

요즘에는 다문화시대로 접어들면서 백계白系 러시아 계통의 혼혈아들을 볼 수 있습니다. 그들은 이형구처럼 이렇게 얼굴이 누렇고, 광대뼈도 이렇게 나오고 이렇게 생기지 않았습니다. 아무리 혼혈아라고 해도 서양 사람들처럼 우선 얼굴 색깔이 희고 이마도 길고 인중도 길고 그렇습니다. 얼굴도 길고 체모도 다르고 혈청도 다르고 신장도 훨씬 큽니다. 우리가 신석기시대에 시베리아에서 건너 온 사람이라면 이형구도 지금 이런 동양인의 모습이 아닐 것입니다. 여러분도 똑같습니다. 우리 형제들은 얼굴도 비슷하고 신장도 비슷하고 모든 것이 거의 비슷합니다. 그런데 시베리아 기원설대로 한다면 우리는 모두 변화됐어야 합니다. 시베리안Siberian이던가 서양인이라던가 아니면 '다민족'처럼 혼혈인이라야 된다는 말입니다. 정말 우리나라가 옛날부터 다민족국가였다면 우리는 체질학적이나 인종학적으로 모든 게 코카시안Caucasian처럼, 서양 사람들같이 변화됐어야 됩니다. 우리는 구석기시대 때부터 동양인과 서양인으로 구분되어 왔을 것으로 추측되는데, 기존에 주장되어 오고 있는 기원론에 의하면 신석기시대에 와서 우리가 '서양인'이 됐어야 한다는 말입니다. 그런데 분명한 것은 누가 봐도 이형구나 여러분들은 서양인들하고는 다르다는 것입니다. 몽고로이드Mongoloid는 모두 전통적으로 동양인의 체질이나 혈청을 가지고 있습니다. 그런데 우리가 지금까지 봐온 교과서나 연구서, 참고서를 보면 우리 민족이 시베리아에서 왔다고 주장하고 있습니다. 그렇다면 바로 우리 민족이 코카시안(서양인)이란 얘기입니다. 그건 말도 안 되는 언어도단입니다.

평양 부근에 있는 용곡 동굴에서 우리 인류발전사에 중요한 유적이 발견되었습니다. 이 유적은 석회암으로 된 1호, 2호, 2개의 동굴입니다. 이 동굴에서 우리 인류가 구석기시대부터 신석기시대까지 살았던 흔적을 확인했습니다. 대표적인 용곡 제1호 동굴은 5개 문화층으로 형성됐는데, 제2~4 문화층에서 구석기시대의 인류화석이 출토되

■ 대능하 상류 사해 유적 출토 빗살무늬토기

■ 자강도 토성리 출토 빗살무늬토기

■ 황해북도 지탑리 출토 빗살무늬토기

■ 서울 암사동 출토 빗살무늬토기

■ 시베리아 알타이 출토 빗살무늬토기

없고, 그 위층인 제5 문화층에서는 신석기시대의 인류화석과 함께 빗살무늬토기가 출토되었습니다. 발굴과정을 통해서 구석기시대부터 신석기시대까지 한 동굴 안에서 살았던 흔적을 확인했습니다. 그리고 제2호 동굴의 제1 문화층에서 구석기시대 인류화석이 출토되고, 제2 문화층에서는 신석기시대 인류화석과 빗살무늬토기가 출토되었다고 합니다. 제2호 동굴에서 나온 100여점의 토기 가운데, 뾰족 밑과 둥근 밑을 갖춘 7점의 저부가 확인되었다고 합니다. 빗살무늬토기에서 보이는 빗금무늬는 전형적인 빗살무늬토기 양식입니다. 같은 동굴에서 구석기시대부터 신석기시대까지 계속해서 살아왔다는 것을 말해주고 있습니다. 이 용곡 동굴 유적은 인류발전사 연구에 있어서 매우 중요한 유적입니다.

조사자(전제헌 등)에 의하면 여기서 발견된 구석기시대 인류화석들은 '신인'단계의 인류라고 합니다. 빗살무늬토기와 함께 출토된 인류화석은 신석기시대인의 화석입니다. 구석기시대 인류문화층의 위층에서 신석기시대 인류문화층이 나온다는 것은 그 당시 구석기인들이 신석기 인류로 성장 발전해 왔다는 것을 말해주고 있는 것입니다. 이는 결코 시베리아에서 이주해 와서 신석기인들이, 구석기인들과 신석기인들이 교차된 게 아니라는 것을 입증한 것입니다.

남한에서도 이와 같은 유형의 유적이 발굴된 적이 있습니다. 제가 2000년에 강화도에서 발굴한 오상리 고인돌무덤입니다. 여러분도 잘 아시겠지만 강화도에 가시면 고인돌무덤이 유명합니다. 제가 1980~90년대 초에 강화도 전역을 조사해서 많은 고인돌무덤을 발견했습니다. 그 연구 자료들은 1992년 『강화도 고인돌무덤[지석묘] 조사연구』라는 책을 통해 발표했습니다. 강화군 내가면 오상리에서는 제가 고인돌무덤 11기를 찾아내서 발굴 복원하고 정비까지 하였습니다. 제가 발견해 낸 고인돌무덤 11기는 발굴 복원하여 사적공원으로 정비작업을 해 놓았습니다.

그 당시 강화에서 고인돌무덤을 발굴할 때 보니 구석기가 고인돌무덤 주변에서 출토되었습니다. 강화도의 북방식 고인돌무덤은 지상에 분포되어 있습니다. 그런 고인돌무덤을 발굴하면서 고인돌무덤 주변에서 빗금무늬 토기편이 출토됩니다. 빗금무늬는 단사선문短斜線文이라고도 하는 시문양식으로 신석기시대 후기로 오면서 토기의 윗부분 아가리 인접부의 겉 표면에만 빗금무늬가 나타납니다. 고인돌무덤 발굴 과정에서 신석기시대 토기 문양인 빗금무늬를 가진 토기가 나오고 그 주변에서 구석기가 나옵니다. 화강암으로 만들어진 '다면석구多面石球'라고 하는 석기입니다. 동물을 잡을 때에 투탄投彈으로 사용한 것으로 추정되고 있는 전형적인 구석기입니다. 여러분도 동물을 잡을 때 끈을 반으로 접어서 접힌 데에 돌을 넣고 빙빙 돌리다가 한 쪽을 놓아 돌을 던져서 짐승을 맞추어 잡는 주먹만 한 돌을 보셨을 겁니다. 돌의 겉면을 여러 각을 따내서 원형에 가깝게 다듬은 다면석구는 구석기시대의 전형적인 석기입니다. 이런 구석기시대의 석기가 고인돌무덤 주변에서 여러 점이 발견되었습니다. 강화도 오상리 유적은 구석기시대의 유물이 발견된 곳에서 신석기시대 후기에서 청동기시대의 고인돌무덤으로 넘어오는 과정을 잘 보여 준 유적입니다. 이런 조사보고서와 발굴보고서는 2001년, 유네스코UNESCO 세계문화유산으로 등재하는 데 중요한 역할을 했습니다.

강화도에서 고인돌무덤을 발굴하고 출토된 유물들을 조사하면서 구석기시대부터 강화도에서 인류가 계속 살아왔던 흔적을 직접 확인했습니다. 대단히 중요한 의미가 있습니다. 이곳에서는 삼국시대 토기도, 고려 청자도, 조선 백자도, 심지어는 요즘의 비닐과 플라스틱들도 나옵니다. 이렇듯 이곳에는 구석기시대부터 지금까지 인류가 계속 살아왔던 흔적이 쌓여 있습니다. 그런데도 우리 민족이 구석기시대가 끝나면서 시베리아에서 인류가 한반도로 들어와 신석기시대가 시작되었다고 주장하고 또, 신석기시대가 끝나면 북방에서 인류가 내려와 그동안 한반도에 살았던 인류를 몰아내고 청동기시대에 한반도의 새로운 주인이 되었다고 국가가 발행하는 고등학교 『국사』 교과서에 수록되어 있었습니다.

고등학교 『국사』 교과서 1978년판 「신석기 문화」(p.3)에는

서기전 4000여년부터 시베리아·몽고 지역의 신석기 문화와 같은 계통인 빗살무늬토기 제작인들이 들어오기 시작하였는데, 이들의 한 갈래는 랴오동 반도에서 두 갈래로 갈라져 한반도 서해안 지역으로 들어와 남해안까지 퍼졌고, 한 갈래는 동만주 지역에서 두만강 하류를 거쳐 동해안으로 내려와서 부산시 동삼동 패총에 이르기까지 저지대에서 살았다.

고 하였습니다. 여기서 대단히 충격적인 것은 우리나라의 신석기시대의 문화와 인류가 "시베리아·몽고 지역의 신석기 문화와 같은 계통인 빗살무늬토기 제작인製作人들이 들어와" 우리 민족이 형성된 것이라고

한 것입니다. 신석기 문화뿐만 아니라 인류까지도 시베리아·몽고 지역에서 들어 왔다는 것입니다.

고등학교 국정교과서가 신석기시대의 문화뿐만 아니라 우리 민족을 시베리아·몽고 지역에서 들어온 '외래인外來人'으로 인식하고 있습니다.

고등학교 국정교과서에는 신석기시대 다음으로 이어지는 청동기시대의 문화와 인류에 대해서도 역시 '시베리아·몽고 기원설'을 게재하고 있었습니다.

같은 고등학교 『국사』 교과서 1978년판 「청동기시대의 사회생활」(p.8)에는,

이것은 신석기 시대 사람들이 그대로 농사 기술을 익혀서 청동기 시대로 넘어온 것이 아니라, 새로이 청동기를 가지고 농경을 하는 종족이 북방으로부터 우리나라에 들어와서 청동기시대가 시작되었다는 사실을 말해주고 있다는 것이다.

라고 서술하였습니다.

국정교과서에는 우리나라의 신석기시대의 문화와 인류가 시베리아·몽고 지역에서 들어왔다고 했는데, 청동기시대에도 청동기를 가지고 농경을 하는 종족種族이 북방으로부터 우리나라에 들어와서 청동기시대가 시작되었다고 서술하여, 마치 우리나라의 청동기시대의 문화와 인류가 시베리아·몽고 지역에서 들어왔다고 게재하여 온 국민에게 교육해 왔습니다. 우리나라의 신석기시대의 문화나 인류가 모두 시베

리아·몽고 지역에서 이주移住해 온 '외래인外來人'이란 겁니다. 참으로 어처구니없는 주장을 해 왔습니다. 그뿐만 아니라 그런 터무니없는 주장을 국정교과서에 게재해 수십 년 동안 온 국민에게 강제(국정)로 가르쳐 왔습니다.

여러분! 금속이 언제 나왔다고 생각하십니까? 여기서 금속이라고 말하는 것은 청동기靑銅器를 말합니다. 우리나라에서는 청동기의 기원을 지금으로부터 3,000년 전이라고 말하고 있습니다. 우리나라에는 그 시기에 금속이 나왔다는 것입니다. 최근 연구결과에 의하면 그 기원이 좀 더 올라가 기원전 1500년 즉, 지금으로부터 3,500년 전에 우리나라에서 금속을 사용했다고 보고 있습니다. 고조선古朝鮮의 강역인 요동반도에서는 기원전 2000~1500년 즉, 지금으로부터 4,000~3,500년 전에 청동기가 출현하고 있습니다. 그래서 오늘날의 고등학교『국사』교과서에는 "기원전 2000년경에서 기원전 1500년경으로, 한반도 청동기시대가 본격화 된다."고 하였습니다. 고등학교『국사』교과서에 우리나라 청동기시대의 개시 시기가 이와 같이 상향 반영된 것은 제가 오래 전부터 요동반도와 한반도의 청동기 문화를 연구해 온 결과가 반영된 것이 아닌가 생각합니다.

제가 앞으로 강의를 통해서 계속 설명해 드리겠지만, 더욱 놀라운 사실은 국가기관에서 출판된 국정교과서나 국가간행물에서 청동기시대에 관한 시베리아 기원설을 주장한 것입니다. 청동기는 금속입니다. 이 책에서, 금속을 사용하여 만든 도구인 청동기와 그러한 청동기를 사용하는 사람들이 또 시베리아에서 한반도에 들어 왔다고 주장하고 있다는 사실입니다. 이들 교과서에서 주장하기를 신석기시대인들이 한반도에서 4,000~5,000년 살아왔는데, 기원전 1500년~1000년에 시베리아에서 또 다른 인류가 한반도로 들어 와서 신석기인들을 몰아냈다고 합니다. 그러나 만주 지방과 한반도에서는 기원전 6000~5000년 전의 신석기시대를 대표하는 빗살무늬토기가 출토되고 있습니다. 이로 미루어 보면 시베리아의 신석기 문화가 발해연안의 신석기 문화보다 빠르다는 것은 성립될 수 없습니다. 그뿐만 아니라 당시 인류가 시베리아로부터 이주해 왔다는 것도 잘못된 주장이라는 것이 증명되었습니다.

그 후 이른바 무문토기인시이라고 하는 청동기를 가진 사람들이 또 북방(시베리아)에서 이주해 와서 살았다고 주장하고 있었습니다. 그러나 그들은 북방 시베리아에서 이주해 오지 않았습니다. 그렇다면 추운 한대寒帶 지방인 북방 시베리아에서 인류가 이주해 들어와 우리 민족을 현재 이렇게 많은 인구수로 증식을 시켰다고 생각하는 것은 상식적으로도 이해가 가지 않는 것입니다. 시베리아의 크기는 동쪽부터 서쪽까지 중국의 2배 정도입니다. 그렇게 넓은 지역이 모두 시베리아입니다. 그 넓은 시베리아에 거주하는 인구수는 불과 몇 백만 명밖에 되지 않습니다. 극동 지역도 시베리아에 속하고 알타이 지역도 시베리아에 속합니다. 여기서 설명하는 시베리아의 범위는 그렇게 넓고 광대합니다. 그 넓은 곳 어디에서 우리 문화와 민족이 유래되고 이주해 왔다고 하는지 모르겠습니다. 그 넓은 지역 모두가 추운 한대 지방입니다. 1년에 3개월 정도가 지표하地表下 30cm정도 해동解凍하는 지역입니다. 우리 한반도는 사계절이 있고 기후가 온난하며 먹을 것이 풍부하고 물도 풍부해서 사람이 거주하고 가정을 이루는 것이 적당한 지역입니다. 이와 같은 자연 환경적 원인으로 우리 조상들은 자식을 많이 낳을 수가 있었습니다. 그런데 시베리아에는 거주하는 사람이 별로 없습니다.

여러분들께서 잘 알고 계시다시피 옛날 몽고蒙古라는 곳도 사람이 정착해서 살기 힘든 곳이었습니다. 몽고는 사람이 생활하고 거주하기에는 적당하지 못한 곳입니다. 몽고, 그곳은 사람이 거주하거나 정착해서 가정을 이루기가 적절한 곳이 아닙니다. 유목민족인 그들은 사막에서 정착생활을 할 수가 없습니다. 사막에서는 사람이 살수가 없습니다. 고대문명은 정착해서 사는 인류가 만들어 낸 인류 문화의 흔적입니다.

발해연안의 신석기시대의 문화와 인류는 중단 없이 청동기시대로 계승 발전했습니다. 그래서 발해연안문명은 발해연안에서 성장 발전해 왔습니다. 저는 이와 같은 사실을 일찍이 「발해연안 빗살무늬토기 문화의 연구」(『한국사학』10, 1989)라는 논문에서 자세히 논증했습니다.

우리는 우리 민족이 몽고에서 왔다고 하고, 우리 민족이 오늘날의 몽고인과 같은 민족이라는 착각을 하고 있는 경우가 있습니다. 몽고인은 40억 '몽고인종蒙古人種' 중의 한 민족입니다. 몽고인종이라고 하는 것은 몽고로이드Mongoloid라는 학명의 한자어입니다. 몽고인종은 코카시안Caucasian, 니그로이드Negroid와 함께 세계 3대 인종 중의 하나입니다. 몽고인종이란 몽고에 사는 몽고인만을 의미하는 것이 아닙니다. 중국 사람도 몽고인종이고, 일본 사람도 몽고인종이고, 필리핀 사람도 몽고인종입니다. 전 세계적으로 몽고인종은 40억 명이 가깝습니다. 70억 인구 중에서 40억이면 세계 인구의 반이 넘는 인구가 바로 몽고인종입니다. 우리 한국인도 학명으로 몽고인종입니다. 몽고인도 몽고인종에 속합니다. 그러나 몽고의 인구는 400만 정도밖에 되지 않습니다. 우리는 남북한 합해서 8천만이 됩니다.

13세기 초에 칭기즈칸이 달탄韃靼을 중심으로 여러 부족을 규합하여 '통일된' 민족을 구성하고, 그 이후에 '몽골'이라는 이름이 생긴 것입니다. 그래서 몽고인이 한국인의 기원이나 뿌리가 아니라는 말입니다. 우리 민족을 논할 때 몽고인종이라는 것도 다시 생각해야 됩니다.

우리 민족은 구석기시대부터 이 땅에서 살아왔습니다. 몽고에는 구석기도 거의 없고, 신석기도 매우 드물게 발견되고 있습니다. 구석기시대에는 항상 손을 이용해서 먹고 물을 받아 마셨습니다. 채집생활을 위해 산에 가서도 그랬습니다. 흙으로 빚어 만드는 토기는 신석기시대에 물이 있는 곳에서 제작을 할 수가 있었습니다. 오래도록 물이 흐르고 고운 흙이 쌓여야 충적층이 생기고 거기에서 진흙(점토粘土)을 구할 수 있습니다. 진흙이 있어야 물로 이겨서 그릇을 만들지요. 그런데 사막이 대부분인 몽고에서는 물이 매우 귀합니다. 그러니 진흙층이 형성되지 않지요. 사람이 생성될 때부터 물과 사람은 하나였습니다. 몽고에서는 목이 마르면 말젖(마유馬乳)이나 양젖을 마시며 생활합니다. 음식이나 다른 요기가 아닌 음료수로 마시는 것입니다.

우리 민족은 어디서 멀리서 전래된 외래민족이 아닙니다. 여러분 모습이나 제 모습처럼 우리는 분명한 한국민족입니다. 저는 동이민족을 높이 평가하고 자랑스럽게 생각하고 있습니다. 그 이유는 제가 애국자라서가 아니라 고대문화를 공부하고 있기 때문입니다. 우리 역사를 공부하다 보니까 동방의 중심문명이라고 할 수 있는 '발해연안문명渤

海沿岸文明'에 대해 관심을 가지게 되었습니다. 우리 민족이 동방문명의 주체라는 생각을 가지고 있었습니다. 물론 동방문명의 주체가 중국의 고대 민족들이 70%가 될지 모르지만 단 30%라고 해도 우리 민족의 원류인 동이민족도 그들과 같이 공동으로 동방의 중심문명 '발해연안문명'을 창조한 주체적인 인류라고 확신하고 있습니다.

지금까지는 황하문명하면 우리 민족하고는 별로 상관없는 중국의 고대문명이라고 생각해 왔습니다. 동방문명이라는 것은 중국의 고대문명이며 대표적으로는 중국 중원의 황하문명이 있다고 알고 있었습니다. 그러나 저는 그게 아니라고 생각합니다. 앞으로 계속 강의를 하겠습니다만, 사실 저는 어떤 문화에 대해서 연구할 때 관련 주제가 우리 민족과 친숙하지 않고 그 문화의 주체가 어느 정도 우리 민족과 관련이 있었나를 언급하는 것이 별로 큰 문제는 아니라고 생각합니다. 다만 지금까지 우리가 전혀 개입하지 않고 우리 스스로도 우리 민족과 상관없던 문화라고 생각했던 것이 과거 우리 민족이 적극적으로 참여했던 우리의 문화였다는 사실을 발견하고 매우 놀랐었습니다. 우리도 고대 동방문명의 주체자다, 주인공이라고 하는 자각입니다. 전 그게 가장 큰 의미가 있다고 봅니다.

제가 북방 시베리아 기원설이 잘못되었다고 하는 것은 그 학설을 주장하는 학자 한 사람 한 사람에게 반기를 들며 그들이 주장하는 학설에 반론을 제기하자는 게 목적이 아닙니다. 저는 지금까지 하나씩 의문을 가지고 오랫동안 공부를 해왔습니다. 물론 학문學問은 말 그대로 배우고 의문나는 것이 있으면 묻는 것이 진리에 접근하는 길이라고 생각합니다. 저는 그 진리 추구에 충실했다고 자부합니다. 그러나 대학

때부터 의구심을 가졌던 우리 문화의 북방 시베리아 기원설에 대한 의문을 품은 이후, 그 의문점들을 해결하기 위해서 정말 오랜 기간 동안 공부하고 연구한 것은 그것에 대한 의문점들이 해결해야하는 중요한 연구 과제라고 생각했기 때문입니다. 이것은 누구의 연구나 학설을 비방하자는 게 아닙니다. 제가 관련 주제에 대해 열심히 공부하면서 깊이 있게 다각적으로 연구한 결과를 통해 "우리의 문화나 민족이 시베리아에서 기원한 것이 아니다"라는 결론에 이르게 된 것입니다.

우리 문화는 지리적으로도 가깝고 기후적으로도 한반도와 비슷한 발해연안에서 성장, 발전했다고 생각합니다. 우리 민족이 살아가면서 활동했었고 현재와 같이 국경선이 있는 것도 아니고 이동과 이주가 자유로운 곳을 주목하자고 하는 것입니다. 그러한 조건과 환경을 가진 지역은 북방 시베리아가 아니라 우리와 가까운 곳에서 훨씬 쉽게 찾아 볼 수가 있습니다.

앞으로 말씀드릴 것은 홍산문화紅山文化라고 하는 것입니다. 우리 학계는 최근 홍산문화라는 말을 많이 사용하고 있습니다. 사실 홍산문화에 관한 연구가 요즘 크게 유행이 되고 있습니다. 하지만 저는 오래 전부터 홍산문화에 대해서 많이 공부를 해 왔습니다. 홍산문화에 대해 연구한지도 벌써 40년이 가깝습니다. 여러 가지 의미를 가지고 있는 홍산문화의 분포 지역은 바로 여기 한반도, 요동반도를 포함하는 지역입니다. 이 지역에 홍산문화들이 분포되어 있습니다. 과거 우리 조상들이 활동했던 지역하고 아주 가까운 곳에 분포되어 있습니다. 그 중심지역이 대릉하大凌河 유역입니다. 만리장성은 그 밖에 있습니다. 만리장성의 동쪽에 분포되어 있는 홍산문화는 여러 의미에서 대표적인 '발해연안문명'의 중심입니다. 예를 들어 앞에서 보셨던 빗살무늬토기 이외에, 홍산문화의 묘제도 중요합니다. 홍산문화인들이 사람이 죽었을 때 사용하던 묘제와 유적 그리고 신전이나 제단을 통해 보이는 신앙적인 요소들도 매우 중요한 문명적 요소입니다. 이 지역에서 발견된 유적과 유물들을 종합해서 보았을 때 홍산문화는 대표적인 '발해연안문명'의 중심 문화입니다. 그 문화가 우리의 것과 너무 유사하다는 것입니다. 이제는 우리와도 공통점이 많다는 사실을 알게 될 겁니다.

오늘 제가 말씀드린 첫 강의는 '발해연안문명'을 어떻게 볼 것인가가 중요한 내용입니다. 그리고 기존 학계에서 우리 민족 문화의 기원을 '시베리아 기원설'과 연계해서 주장해 왔는데, 저는 시베리아의 신석기 문화와 발해연안의 신석기 문화와의 관계를 규명함으로써 우리 민족 문화가 시베리아 문화와는 다른 발해연안의 고유한 문화라는 것을 말씀드렸습니다.

이 강의를 위하여 많은 자료를 정성들여 준비했습니다. 하지만 전문용어가 들어간 학설내용을 여러분들에게 쉽게 이해시켜드리는 재주가 아직은 부족합니다. 여러분들께서 얼마만큼 이해하셨을런지 걱정입니다. 그리고 고고학 자료라는 것은 실제로 유물을 봐야 합니다. 설명할 대상 유물을 직접 보여 드리지 못할 경우에는 유물 사진이나 관련 자료를 가지고 입체적인 강의를 해드려야 되는데, 설사 완벽을 기하진 못하였지만 준비된 자료들을 이용해서 관련 내용을 이해하시는데 최소한의 증거 자료를 제공하려고 노력하였습니다. 이 자료들이 강의 내용을 설명하는 데 조금이나마 도움이 되는 역할을 했다면 다

행입니다. 저는 고고학 자료들의 사진들을 통해서 여러분들에게 좀 더 확실한 증거를 제시해 드리고자 노력했습니다. 또 다른 학자들의 저작물을 통해 관련 자료들이 어떻게 설명되고 소개되어 왔는가 하는 것을 실증적으로 여러분들한테 알려 드리려고 노력했습니다. 오늘은 비교적 많은 연구 자료와 관련 지도, 유적과 유물 사진들을 동원해서 강의를 진행했습니다. 여러분들이 강의 내용을 이해하는 데 도움이 되었다면 다행으로 생각하겠습니다. 혹시 제 강의 내용이 어렵다고 생각되시면 제게 질문을 해 주신다든가 아니면 관련 참고 자료를 통해서 이해의 폭을 넓혀 주시면 정말 감사하겠습니다. 저도 다음 시간에는 좀 더 많은 자료들을 제공해서 여러분들이 쉽게 이해하실 수 있도록 노력하겠습니다.

감사합니다.

2강
'발해연안문명'의
빗살무늬토기

안녕하세요. 이형구입니다. 이번 시간에는 지난 시간에 이어서 '발해연안문명'의 중요 문화 영역인 빗살무늬토기 문화와 옥기玉器문화에 대해서 말씀 드리겠습니다.

지난 시간에는 아마 구석기인과 신석기인과의 연결 과정을 집중적으로 말씀드렸습니다. 이번에는 신석기시대의 대표적인 문화 양상과 특성 그리고 우리 문화와 발해연안과의 관계와 같이 여러 가지를 종합해서 말씀드리겠습니다. 특히 연결 과정에서 역시 우리가 늘 생각하고 있는 북방 시베리아 문화와 발해연안문명은 어떤 차이점이 있는지 말씀드리고자 합니다. 그러기 위해선 먼저 우리 민족의 고유문화인 발해연안문명의 특성을 드러내는 강의를 하고자 합니다.

지난 시간에는 발해연안문명에 대해 이해하는 데 주력하였습니다만 이번에는 앞에서 개괄적으로 설명드렸던 중에서 특히 신석기시대의 빗살무늬토기에 대해 좀 더 말씀드리겠습니다.

빗살무늬토기는 말 그대로 토기의 표면에 머리빗 같은 빗치게(빗살이라고도 함)라고 하는 시문구施紋具를 가지고 여러 가닥으로 선을 그어 마치 빗살 같다고 하여 붙여진 이름입니다. 처음에는 유럽에서 독일어로 'Kammkeramik'이라고 불려왔던 토기와 비슷한 토기가 동양의 만주와 한반도에서도 출토되니까 일본사람들이 이를 즐문토기櫛文土器 또는 즐목문토기櫛目文土器라고 번역해서 사용했던 것을 우리말로 다시 옮기면서 '빗살무늬' 혹은 '빗살무늬토기'라고 부르게 되었던 것입니다. 발해연안에서 유독히 많이 보이는 빗살무늬토기들은 바닥이 좀 납작하다던가 아니면 뾰쪽한 모양을 하고 있는데, 이런 그릇의 표면에 빗살무늬를 그었습니다. 불에 굽기 전에 태토胎土로 먼저 어떤 모양으로 만들어진 상태를 성형成型이라고 하는데, 성형은 약간 물기가 있을 때 시문구로 선을 그어 무늬를 묘사합니다. 그리고나서 불에 굽게 되지요. 이와 같은 빗살무늬들은, 한반도를 비롯하여 요동반도, 만주 지역, 요서 지역 등 발해연안에서 발견되는 빗살무늬토기입니다. 물론 우리나라에서는 전역에서 빗살무늬토기가 발견되고 있습니다.

한반도에서 빗살무늬토기가 출토되고 있는 대표적인 유적으로, 압

■ 요령성 흥륭와 유적 출토 빗살무늬토기　　■ 요령성 사해 유적 출토 빗살무늬토기

록강 유역의 미송리 유적과 두만강 유역의 서포항 유적에서 출토되었습니다. 그리고 대동강 유역에서는 궁산리 유적, 평양에서는 남경 유적, 청천강 유역에서는 지탑리 유적이 유명합니다. 한강 유역에서는 서울 암사동 유적이 잘 알려져 있으며, 강원도 양양 오산리鰲山里 유적과 문암리文岩里 유적에서 전형적인 빗살무늬토기가 출토되었습니다. 남쪽에서는 부산 동삼동 유적, 경남 통영 상노대도 유적에서 빗살무늬토기가 출토되고 있습니다.

　이러한 빗살무늬토기들을 관찰해 보면 특히, 우리나라 빗살무늬토기의 표면에 무늬를 시문하는 수법은 이 시기 그 어떤 지역의 토기보다도 우수하다고 생각합니다. 일찍부터 우리나라 빗살무늬토기는 고

　▪ 강원 양양 오산리 구연문口緣紋토기　　　▪ 서울 암사동 빗살무늬토기

　▪ 평양 남경 유적 출토 빗살무늬토기

도의 예술이라고 생각했습니다. 빗살무늬토기 형태도 아름답지만 바닥이 뾰족한 그릇을 어떻게 세웠는가 하는 문제도 관심사였습니다. 토기의 기능상 여러 가지 우수한 면도 있지만 토기 표면에 있는 각획문刻劃紋은 그어서 시문된 것인데 그은 무늬들의 배치가 훌륭하고 전체적인 묘사 수법과 화면이 예술적이라는 생각이 들었습니다. 뾰족한 저부의 그릇에 무늬를 묘사한 것을 펼쳐 보면 하나의 부채꼴로 되어 있습니다. 하나의 캔버스 같이 하나의 화면이라고 생각하고 그걸 그려서 메웠습니다. 예술적인 행위를 '구성composition'이라고 합니다. 이러한 토기 문양을 구성하는 데 정말 예술적으로 했습니다.

아가리 부분에서는 손톱무늬나 짧은 무늬로 장식하였고 이렇게 오른쪽에서 왼쪽으로 두르면서 아래로 내려가서 그 다음 줄에서는 왼쪽에서 오른쪽으로 내려가는 특이한 선각 기법입니다. 말하자면 좌우로 펼친다든지 상하로 무늬가 내려간다든지 하는 것을 말합니다. 어떤 경우는 1단, 2단, 3단, 4단, 5단으로 장식하고, 어떤 토기는 뾰족 밑 끝부분 맨 마지막을 마무리 하는 데도 그냥 하지 않았습니다. 무늬를 시문하는 마무리에도 햇살무늬 같이 꼭지점으로 모았다가 다시 꼭지점에서 퍼져나가게 무늬를 시문하는데, 그것은 무늬가 좌우로만 퍼지는 것뿐만 아니라 상하로 퍼져나가고, 지그재그로 퍼져나가게 하는 것입니다. 그런데 그 과정이 전혀 서툴거나 어색하지 않다는 것이 신기합니다.

아주 고도적인 기법으로 구성을 했다 그 말입니다. 그냥 장난으로 한다든가 혹은 단순하게 별안간 투박하게 만들어진 그런 무늬 기법이 아니라는 겁니다. 그래서 저는 당시 사람들이 그것을 하나의 캔버스

Canvas와 같은 화면畵面으로 생각하였고, 그 화면에 무늬를 예술로 완성하는 데 정말로 혼신의 정신을 다해 표현했다고 생각합니다. 그래서 저는 우리나라에서 많이 발견되는 빗살무늬토기가 기능적으로나 형식적으로 한 폭의 '화면예술畵面藝術'이라고 생각합니다.

어떤 경우는 1단, 2단, 3단, 4단, 5단으로 장식하고, 어떤 토기는 뾰족 밑 끝부분 맨 마지막을 마무리하는 데도 그냥 하지 않았습니다. 이러한 화면 구성이 후기로 오면서 차차 한 단, 두 단 줄어지고 있습니다. 이러한 변화를 지역적인 특징으로 보는 견해도 있습니다만, 제 생각으로는 아마 기후의 변화에 의하여 자연환경이 변동하게 되어 생기는 자연순응自然順應 현상이 아닌지 모르겠습니다.

1970년대에 우리나라의 국보 문화재와 문화재급 보물들이 한국을 대표하는 문화재로서 해외전시를 했습니다. 국립중앙박물관에서, 미국의 몇 군데 도시하고 유럽의 몇 군데 도시에서 전시했습니다. 그때 제 은사님이 문화재들과 같이 해외에 다녀오시곤 했었습니다. 1973

-『한국미술 2천년』 국립중앙 박물관 전시도록(1973) 표지

년 4월 17일부터 6월 17일까지 '한국미술2천년韓國美術二千年'이란 이름으로 미국 전시를 한 적이 있었습니다. 국립중앙박물관에서 잘 장정해서 만든 도록인데, 도록 표제도 전시 제목과 같이 『한국미술2천년』이라고 되어 있어요. 이 책은 1973년에 초판을 냈습니다. 역사적인 첫 해외전시를 위하여 마련한 타이틀에서 우리는 또한 역사적인 사실을 발견하게 됩니다. 그것은 1970년대에는 한국 미술을 2,000년으로 봤다는 사

실입니다. 이는 삼국시대부터 봤다고 생각됩니다. 삼국시대는 기원(0) 전후에 시작되었습니다. 그때까지만 해도 우리 미술사에서 삼국시대의 석탑이나 벽화나 불상을 한국미술의 대표적인 미술로 보고 있었습니다. 그래서 한국미술사의 서술을 삼국시대의 미술을 중심으로 시작한 것입니다. 그런 류의 책들이 많이 나왔었습니다. 그런 분위기에서 한국 미술을 2,000년으로 보고 '한국미술2천년'이라고 이름하였을 것입니다.

1976년에는 일본에서 해외 전시를 하게 되는데, 이때 전시명이 '한국미술5천년전韓國美術五千年展'이란 이름으로 바뀝니다. 이 역시 역사적인 변화라고 하지 않을 수 없습니다. 국립중앙박물관에서『한국미술5천년전』이라고 도록 표제가 바뀌어 간행되었습니다. 2,000년이 5,000년으로 된 것이지요. 몇 년 사이에 우리 미술사가 3,000년이나 소급해서 올라간 겁니다. 비록 해외 전시명이나 도록 명칭에서 한국미술사의 편년을 상승시키는 결과를 가져왔지만 대단히 큰 변화입니다. 이 도록을 냈을 때가 1976년입니다. 이 무렵 김원룡 교수의『한국고고학개설』(1973, p. 57)에는 한반도의 빗살무늬토기를 기원전 3000년으로 봤습니다. 고고학 발굴에서 얻어진 빗살무늬토기의 예술성을 미술사에서 확인한 것입니다. 그 책을 보게 되면 우리 빗살무늬토기를 기원전 3000년으로, 지금으로부터 5,000년 정도 된 것으로 보고 있습니다. 그 당시 시베리아 것은 기원전 3000년으로 보고 있습니다.『한국고고학개설』에도 "즐

■『한국미술오천년』국립중앙박물관 전시도록(1976) 표지

문토기의 예니세이 지방 출현은 세르보기期(B.C. 3000년대)이기 때문에 우리나라의 즐문토기의 상한연대는 그 이상으로 오르지 못할 것"이라고 적혀 있습니다. 그래서 우리 빗살무늬토기가 시베리아 예니세이 Yenisei 강 유역에서 건너왔다고 생각하고 있습니다. 1980년대 후반에 와서 우리 고고학계와 미술학계에서는 서울 강동구 암사동 유적에서 발견된 빗살무늬토기의 편년이 기원전 3000년 이상으로 올라간다는 사실을 알게 됩니다. 그래서 '한국미술5천년전' 도록에서 우리 미술사나 문화재의 해외전시에서 사용되었던 한국미술의 편년을 5,000년이라고 하여, 3000년이나 상향시키고 있습니다.

빗살무늬토기에 대해 말씀드린 것처럼 빗살무늬토기의 표면 구성이 정말로 지금 다시 봐도 빈틈없고 예술적으로 표현했구나 하고 새삼 놀랍게 생각하고 있습니다. 빗살무늬의 표현이 많은 경우는 5단을 형성한다거나 3단을 형성하다가 신석기시대 후기로 오면 빗살무늬가 토기의 상단 아가리 부분으로 올라갑니다. 전기에는 위에서부터 아래 뾰쪽 밑의 꼭지까지 무늬를 시문하고 있습니다. 후기로 오면서 빗살무늬가 적어지고 어느 시기에 와서는 빗살무늬가 단순화되면서 아가리 부분에 상징적으로 남습니다. 바로 이 무렵에 청동기시대가 도래하는 것입니다. 청동기시대가 오면 토기의 빗살무늬는 거의 없어지고 아가리 부분에 짧은 빗금무늬, 일명 단사선문短斜線文이 시문되는 이른바 빗금무늬토기가 출현합니다. 이 빗금무늬토기가 얼마 동안 존재하다가 무늬가 없는 무문토기가 나타나기 시작합니다. 여러분도 무문토기에 대해 잘 아실 거라고 생각합니다. 무문토기는 청동기시대를 대표하는 토기입니다. 일반적으로 빗살무늬토기 다음에는 바로 무문토기가 온다고 그랬습니다. 그러나 빗살무늬토기와 무문토기사이에 빗금무늬토기가 존재한다는 사실을 간과해 왔습니다. 이 빗금무늬토기가 존재하는 시기를 과도시기過渡時期라고 이름하였습니다. 이 시기를 혹 전환기轉換期라고도 하지만 저는 과도기가 적합하다고 생각합니다. 신석기시대와 청동기시대를 연결하는 과도시기는 문화적인 가교 역할 뿐만 아니라 인류 발전의 가교 역할을 하고 있는 매우 중요한 시기입니다. 일부 학계에서는 빗살무늬토기에서 무문토기로 급변하는 상황으로 오인하고, 심지어 인류의 교체로 보고 신석기시대와 청동기시대는 인류의 계승성을 부정하고 인류 교체론을 주창해 왔습니다.

신석기시대는 '빗살무늬토기문화'라고 하고 그리고 청동기시대로 오면 '무문토기문화'라고 합니다. 특히 청동기시대 토기는 전부 무문토기라고 부르고 있습니다. 그래서 빗살무늬토기를 쓰던 사람들이 어디로 가버리고 무문토기를 쓰는 새로운 사람이 이 땅에 이주移住해 왔다고 주장하고 있었습니다. 오랫동안 그렇게 인식되어 왔고 가르쳐 왔습니다.

그런데 저는 그렇지 않다고 봅니다. 왜 그렇게 생각하고 있냐하면 구석기시대와 마찬가지로 지리와 자연환경은 인간의 성장을 절대적으로 지배하고 있다고 생각합니다. 그렇기 때문에 고대나 지금이나 마찬가지로 인간과 자연환경은 정비례하고 있다는 겁니다. 지금도 우리 사회는 기후나 자연조건과 같은 환경에 적응하면서 새로운 문화, 세계적인 문화를 창출한다고 믿고 있습니다. 그것은 바로 동서양 인류나 한국인, 물론 우리 인류의 공통된 특징이라고 생각합니다. 그러한 인류의 특징은 항상 기후나 자연환경·지리조건들과 정비례해서 발전해 왔다고 봅니다.

빗살무늬토기의 밑바닥이 뾰족한 토기들은 대개 해안가나 강 하구의 모래밭에서 발견되고 있습니다.

서울 암사동 유적은 빗살무늬토기 유적으로 일찍부터 유명한 유적입니다. 암사동 유적은 워커힐 건너편, 지금의 강동구 암사동 한강 가에 있습니다. 옛날에는 서울에서 여름에 멱 감을만한 곳은 한강 인도교 부근과 뚝섬 그리고 광나루, 이 세 군데가 있었습니다. 그 당시는 해수욕장도 없었고 학교 다닐 때 강 건너가서 물놀이 하다가 광나루 모래밭에서 멱 감던 곳입니다. 암사동 광나루 모래밭은 1960년대 도시개발하기 전에는 농가가 있었던 곳입니다. 지금은 강동구가 서울에서 첨단신도시가 됐습니다. 1963년에 서울시에 편입되면서부터 조금씩 개발되기 시작하였습니다. 그때는 저도 고고학이라는 것을 조금 공부할 때라서 한강가를 답사하면서 모래밭에서 빗살무늬토기 편들을 발견할 수 있었고 종종 토기 편들이 수습되었습니다.

암사동 유적은 일제강점시기에 이미 알려진 유적입니다. 이곳이 1963년 서울시에 편입되고 도시개발이 시작되자 유적 조사가 본격적으로 시작되었습니다. 유적은 30~50cm로 두껍게 모래가 쌓인 지역입니다. 1960년대에 국립중앙박물관을 비롯해서 고려대학, 숭실대학 등 몇 개 대학들이 연합해서 발굴했습니다. 지금은 모래사장이 보이지 않지만 옛날에는 모래사장이 있었습니다. 그곳에 쌓여져 있는 30~50cm 모래 밑에서 신석기시대의 집자리에서 화덕자리로 이용되었던 불탄 흔적을 발견하게 된 겁니다. 그 당시에도 모래가 있는 곳에 모래를 걷어내고 움집을 지었습니다. 움집을 지은 상태에서 저런 토기 그릇이 사용되었는데, 토기 그릇을 제작할 때 바닥이 납작 밑을 쓴 경우도 있지만 뾰족 밑을 사용한 것이 비교적 많습니다. 지금은 사적 제267호 '암사동 선사주거지'라고 지정되어 주거지를 일부 복원해 전시관도 마련되었습니다. 그때 살았던 사람들은 모래가 많이 깔려있는 강가 지역에서 생활했기 때문에 저부가 뾰족한 토기를 사용했을 것으로 생각합니다. 그것이 오늘날 국립중앙박물관의 선사시대 전시실에 전시된 빗살무늬토기입니다. 그러나 국보 보물로 지정된 도자기가 그렇게 많은데 그토록 오래되고 아름다운, 그뿐만 아니라 '한국미술5천년'을 대표하는 빗살무늬토기가 국보나 보물로 대접받지 못하는 것이 매우 아쉽습니다.

압록강 중류 자강도 지역에서도 빗살무늬토기가 발굴되었습니다. 북한 학자들이 발굴한 것인데 여기에서 출토된 토기들은 저부가 납작한 것입니다. 압록강 중류지역은 모래 성분이 적고 토양으로 이뤄진 땅바닥을 그대로 사용하였기 때문에 자연환경에 잘 맞는 기형器型이 나왔을 것으로 보입니다.

한편, 두만강 유역에서도 저부가 납작한 빗살무늬토기가 나오고 있습니다. 함경북도 웅기군 서포항 부근에서 일찍이 신석기시대 유적이 발굴되었는데, 이 유적에서 많은 빗살무늬토기들이 출토된 바 있습니다. 바닥은 모두 이렇게 납작합니다. 이곳에는 모래가 많지 않습니다. 그래서 토기도 아마 저런 납작한 밑바닥을 쓰지 않았을까 생각합니다.

서해안 지역에서도 많은 신석기시대 유적이 발굴되었는데, 저부가 뾰족한 빗살무늬토기는 대부분 평양 근처와 황해도에서 나오는데 대개 모래사장에서 발견되고 있습니다. 1950년대에 조사된 지탑리 유적은 황해북도 지탑리라고 하는 곳으로, 이곳에서 출토된 빗살무늬토기들은 바닥이 대개 뾰족 밑이라고 합니다. 재령강 하구에 위치하고 있는 지탑리는 모래가 많다고 합니다. 또 대동강 하류에는 1950년대에 발굴된 궁산리 유적이라는 유명한 신석기 유적이 있습니다. 궁산리 유적에서 발견된 빗살무늬토기 바닥도 대개 이렇게 생긴 뾰족 밑입니다. 신석기시대의 자연환경에 적응하기 위한 토기 제작 기법입니다. 이렇게 당시 거주하던 인류의 생활과 주변 자연환경은 서로 밀접한 관계를 가지고 있었다는 것을 부인할 수 없을 것입니다. 이것은 대동강에서 발견된 것입니다. 이렇게 세우면 쓰러집니다. 사용하는 데 불편합니다. 지금 전시되고 있는 것이 그 당시 대동강 중류의 평양 근처에서 나온 것입니다. 남경 유적이라고 하는 곳입니다. 아마 모래가 약간 있고 단단한 지면으로 되었을 때는 토기 밑은 약간 납작한 형태가 됩니다. 이것도 뾰족 밑과 같이 기능적으로 자연환경에 적응한 것이라고 볼 수 있습니다.

시베리아에서 발견되고 있는 빗살무늬토기는 아가리 모습도 한반도에서 출토된 빗살무늬토기와 다르고 밑이 둥글긴 하지만 기형이라든가 제작 방법에서도 차이가 있습니다. 그러나 제일 차이가 심한 것은 앞에서도 언급했던 것처럼 연대 차이가 많이 난다는 겁니다. 고고학은 연대가 중요합니다. 역사도 연대가 대단히 중요합니다. 고고학이나 역사학에서 연대가 1천년, 2천년씩이나 차이가 난다면 뒤에 나온 유물의 연대를 기원으로 볼 수 없게 됩니다.

연대상으로 보면 발해연안의 신석기 문화는 시베리아의 신석기 문화보다 훨씬 앞서고 있습니다. 지도를 보신다면 이런 유적들이 해안이나 강 연안에서 쭉 발견되고 있습니다. 한반도의 신석기 유적에서 발견된 빗살무늬토기들도 모두 뾰족 밑입니다. 앞에서 말한 지탑리 유적에서 출토된 빗살무늬토기는 전형적인 한국 신석기시대 토기입니다. 빗살무늬토기들은 압록강·두만강·제령강 유역과 같은 강 연안이나 서해안, 남해안에서 모두 나오고 있습니다. 이쪽은 부산 통영·김해 지역입니다. 지금은 내륙의 청주 미호천 유역과 대전 신탄진 부근의 금강 상류에서도 발견되고 있습니다. 옛날에는 빗살무늬토기는 전부 해안이나 강 하류에서 많이 발견됐습니다. 그런데 이제는 내륙의 강 상류에서도 많이 발견되고 있습니다. 내륙에서도 개울이나 강가에 인접한 곳에서 많이 발견됩니다.

기원전 8000~6000년 전에는 해안선이 많이 상승했다가 기원전 5000~3000년이 되면 해안선이 내려간 것 같습니다. 고고학 발굴을 통해서 보면 신석기시대에는 상대적으로 해안선이 낮아진 것을 알 수가 있습니다. 그리고 청동기시대로 오면 해안선이 다시 높아집니다. 신석기시대 유적은 강 하류, 해안의 모래사장이라든가 바닷가에 많이 분포돼 있습니다. 청동기시대에 오면 내륙의 구릉지대에 주로 분포하고 있는 것 같습니다.

청동기시대는 무늬 없는 토기가 사용된 시기입니다. 청동기시대에 사용된 토기를 민무늬토기라고 합니다. 보통 무문토기無文土器라고 합니다. 청동기시대의 토기는 왜 갑자기 무늬가 없어졌다

▪ 춘천 중도유적 출토 무문토기

고 생각하십니까? 4,000년 동안이나 토기에 무늬를 시문했는데 갑자기 무늬가 없어졌는데 의심이 안 갑니까? 정말 이상하다고 생각하지 않습니까? 같은 인류, 같은 지역에서 그것도 4000~5000년 동안 사용된 빗살무늬토기가 더 발전해서 더 새로운 무늬가 시문되어 나타나야 하고 용기容器로 사용된 토기도 더 좋아져야 합니다. 그런데 청동기 시대로 들어서면 갑자기 용기로 사용된 토기가 쇄락해집니다. 여기서 주목해야할 사실은 토기의 태토가 거칠어지고 시문되던 무늬가 없어져버립니다. 무늬가 조금씩 그릇 윗부분만 시문되다가 나중에 없어져버립니다. 그래서 전국적으로 무문토기가 나온다고 하여 청동기시대

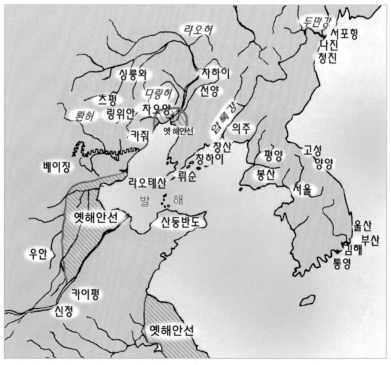

- 발해연안 빗살무늬토기 분포도(황색선은 옛 해안선, 이형구, 『발해연안고대문화지연구』, 1987, P.6)

를 무문토기시대라고 합니다. 저는 그러한 현상은 기후와 관계가 있다고 생각하고 있습니다. 자연환경과 밀접한 관계가 있다고 생각합니다. 기후와 자연환경은 인류의 문화발전과 정비례한다고 생각합니다. 그건 아마 세계적인 공통된 현상입니다. 발해연안의 신석기시대 초기에는 강우량의 증가로 해안선이 상승하고 내륙 깊숙이 충적층이 형성된 시기가 있었으며, 신석기시대 중기에는 기후와 자연환경의 변화로 해안선이 조금 내려가면서 충적층이 넓어집니다. 이 시기에는 진흙층이 많아지는 것 같습니다. 물먹은 흙인 진흙이 있어야 토기를 만들 수 있습니다. 시베리아는 진흙이 적습니다. 결빙된 지층에서 진흙을 구하기는 쉬운 일이 아닙니다. 그리고 몽고 지역에도 토기가 별로 없는 이유는 물이 없기 때문입니다. 사막화된 땅에는 강우량에 따라서 흙이 쓸려나가기 때문에 지형에 큰 변화가 생기게 됩니다. 이런 곳에는 충적된 진흙층도 없습니다. 그래서 정착생활을 할 수 없었

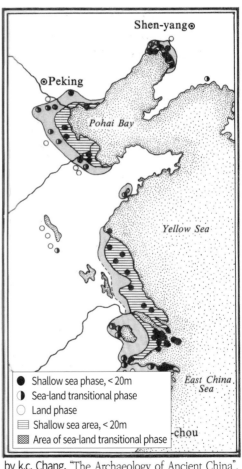

by k.c. Chang, "The Archaeology of Ancient China", 1986.p.73.
■ 발해연안 옛古 해안선 지도(장광직, B.C. 8000~5000)

고 따라서 토기문화가 발달할 수 없었던 것입니다. 우리는 해안가나 강 연안에 많은 충적층이 있습니다. 진흙층에서 흙으로 용기를 만들어 불에 구어서 만든 토기가 있다는 말입니다. 진흙을 가지고 토기를 만드니 성형할 때 태토가 부드러우니까 시문구(빗치게)를 가지고 자유롭게 무늬를 새길 수 있었던 것입니다. 청동기시대에 오면 해수면海水面이 높아지면서 인류는 구릉 위에 올라가 살게 되고 자연 태도는 산비탈의 붉고 거친 흙을 쓸 수밖에 없었을 것입니다. 그래서 신석기시대 토기처럼 그릇 전체 화면을 무늬로 다 채울 수가 없었을 것입니다. 태토에 모래가 섞이고 마사토 같은 돌가루가 섞인 표면을 시문구로 무늬를 새기게 되면 시문구 끝이 부러지든가 여러 방향으로 나가다 무늬가 그어지지 않을 것입니다. 무늬가 잘 그어지고 순조롭게 나갈 수 있다는 것은 토기에 사용된 태토가 곱고 부드러웠기 때문에 시문구로 무늬를 조각할 수 있을 것입니다.

저도 청동기시대의 유적들을 조사하고 발굴해 봤었습니다. 청동기시대의 유적들은 대략 해발 50~70m 사이의 구릉에 많이 분포하고 있었습니다. 신석기시대 빗살무늬토기 문화 유적들은 일반적으로 해안가나 강가 같은 낮은 곳에 분포하고 있습니다. 그런데 청동기시대로 오면 유적 분포위치가 다릅니다. 여러분도 청동기시대 유적지에 많이 가 봤을 겁니다. 대전 둔산동과 월평동에서도 도시 개발할 때 유적이 많이 나왔습니다. 월평동 청동기시대 유적도 구릉 지역에 위치하고 있습니다. 일반적으로 청동기시대 유적들은 해발 50~70m 사이에 많이 분포하고 있습니다. 옛날 신석기시대에는 서해안의 해안선이 밑으로 내려갔기 때문에 지금 서산 앞바다보다 더 밑으로 내려갔던 적이 있습니다. 해안선이 내려갔기 때문에 신석기시대에는 평지에 많은 충적층을 가지고 있게 됩니다. 이렇게 해서 생긴 평지에 집도 짓고 농사도 짓고 그랬을 것 같습니다.

지금으로부터 3,000~4,000년 전이 되면 해수면이 높아집니다. 물이 많아진다는 말입니다. 아마 여러분들도 패총貝塚이라고 하는 조개무지를 많이 보고 들으셨을 겁니다. 조개를 먹고 조개껍질을 버린 장소입니다. 지금 발견되는 일부 패총은, 청동기시대에 왜 이런 곳에 조개무지가 있을까 생각할 정도로 상당히 내륙 쪽으로 들어와 있습니다. 패총이 산 언덕에서도 발견되고 있습니다. 패총은 신석기시대 후기와 청동기시대에도 나오는 유적입니다. 그만큼 신석기시대 후기와 청동기시대에는 내륙으로 상당히 깊이 물이 들어 왔다는 겁니다. 시골에 가면 전해 내려오는 옛날 얘기로 이곳까지 배가 들어왔다는 얘기도 있고, 지명에도 내륙 안쪽에 배터 거리나 무슨 포라고 하는 '물가 포浦' 자를 쓰는 지명을 많이 보셨을 것입니다. 지금은 전혀 상상이 안 되는 지명도 있단 말입니다. 그것은 바로 내륙 안쪽까지 배가 들어왔었다든가 포구가 있었다는 얘기입니다. 패총이 내륙 깊숙이 들어와 있는 이유는 지금부터 4,000~3,000년 전인 신석기시대 말기부터 청동기시대까지 기후변화와 자연환경이 변화하면서 해안선이 상승한 겁니다.

빗살무늬토기를 만든 사람들은 강가나 해안선에 살았습니다. 청동기인들은 해수면이 높아지면서 해안선이 내륙으로 깊어지니까 지대가 높은 산기슭으로 옮겨와 살게 됩니다. 청동기시대 유적들은 대략 해발 50~70m 낮은 구릉 지역에 분포하고 있습니다. 평지에는 물이 차오르니까 진흙이 적어지고, 산비탈에 있는 붉은 흙에는 모래가 많이 섞이면서 이때부터 토기 태토가 거칠어집니다. 모래가 많이 들어있으면 시문을 위한 도구인 빗이 들어가지 않습니다. 아가리 부분에 구멍을 돌려 뚫은 공열문孔列紋토기라든가 아가리 표면에 손톱으로 꼭꼭 찍어나가는 각목문토기 그리고 빗금무늬를 조금씩 그은 빗금무늬토기를 여러분들도 자주 보셨을 겁니다. 이렇게 토기에 구멍이 뚫린 것을 '공열문'이라고 하는 것은 구멍도 무늬이기 때문입니다. 흔히 공열문토기나 각목문刻目紋토기 그리고 빗금무늬토기를 전부 무문토기라고 인식하고 있는데, 분명 그것들도 무늬입니다.

신석기시대에서 청동기시대로 넘어가는 과도過度시기에 태토가 나빠지면서 토기 제작에 사용된 흙이 부드럽지 않고 모래가 많이 섞이니까 무늬를 새기기가 힘드니까 구멍을 뚫어버린 것입니다. 그래서 구멍도 무늬라고 할 수 있습니다. 끈을 끼우기 위한 하나의 기능이 아니라 장식으로 구멍을 한 줄로 쭉 두르는 토기들이 나옵니다. 그것이 공열문토기입니다. 과도시기가 지나면 청동기시대에는 무늬가 하나도 없는 토기가 많습니다. 그래서 청동기시대를 '무문토기시대'라고 부르기도 합니다. 이런 것도 기후와 자연환경에 적응한 문화의 한 양상입니다. 저는 그렇게 생각합니다. 우리 민족의 특성인 무문토기도 그것을 사용하고 만든 사람들이 시베리아로부터 이주해 와 신석기시대 사람들을 몰아내고 한반도를 지배한 것이 아니라 기후와 자연환경에 적응하며 만

= 요령성 심양시 신락 유적 출토
빗살무늬토기

들어 낸 문화현상이라고 생각합니다.

세계적으로 비교해도 우리 민족은 기후와 자연환경에 특별히 더 잘 적응하면서 예술이나 제품을 잘 만들어냈습니다. 한반도와 발해연안의 청동기 문화도 신석기 문화처럼 기후와 자연환경을 배경으로 해서 성장 발전해왔을 것이라는 것이 저의 지론입니다. 그래서 지금도 우리 민족의 문화와 제품이 세계적으로 우수하다고 생각되는 것은 바로 그런 전통적인 배경에서 재탄생한 것이라고 생각합니다.

이건무 선생이 국립중앙박물관장 재직시에 쓴 『선사유물과 유적』(솔, 2003)이란 책을 보면, 우리나라 신석기 문화는 시베리아에서 한반도로 퍼져 내려왔다고 했습니다. 우리 한반도 신석기 문화가 시베리아에서 한반도로 퍼져 내려왔다고 했습니다(P.37). 이것은 과거 일제강점 시기부터 내려오는 고정관념이 아닌가 하는 생각이 듭니다. 물론 우리가 서구지향적인 성향을 가지고 있기 때문에 그러는지도 모릅니다. 외래적인 것을 좋아하는 특색을 가지고 있는지도 모릅니다. 그러나 그것은 지엽적인 생각일 것입니다. 저는 우리 민족들이 기후와 자연환경에 잘 적응하고 그러한 적응을 통해서 새로운 문화를 창출하였고, 그런 과정에서 빗살무늬토기에서 무문토기로 넘어간다고 생각합니다. 그래서 당시에 거주하던 인류들은 무언가의 힘에 의하여 교체交替됐다고는 생각하지 않습니다.

중국 심양과 요동반도 위는 모두 빗살무늬토기를 사용했습니다. 심양시의 신락 유적은 일찍이 빗살무늬토기가 출토된 유명한 유적입니다. 이 유적에서 출토된 유물 내용을 중심으로 신락문화新樂文化라고 하는 요서 지방과 한반도의 중간 지대의 특별한 문화를 형성하고 있는

■ 요령성 흥륭와 유적과 옥결

■ 요령성 사해 유적과 옥결

■ 강원도 고성 문암리 유적과 옥결

매우 중요한 문화입니다.

오늘 특별히 말씀드리고 싶은 것은 신석기시대 인류들이 빗살무늬토기를 제작한 것 이외에 대표적인 문화 유형으로 또 다른 어떤 문화들이 함께 존재하고 있습니다. 신석기시대 빗살무늬토기가 발굴된 유적에서 발해연안의 대표적인 문화 유형의 하나인 옥기玉器가 함께 출토되고 있다고 하는 사실입니다.

발해연안에서 가장 이른 시기의 유적으로 알려진 중국 요령성 부신시 사해査海 유적에서 빗살무늬토기와 옥기가 함께 발견되었습니다. 사해 유적은 대릉하大凌河 상류 지류인 망우하 부근에 분포하고 있습니다. 중국학자들은 이 유적에서 출토된 유물의 특징을 살려 이를 '사해문화'라고 지칭합니다. 이 유적에서 출토된 옥기는 이른바 옥결玉玦(일본에서는 결상이식玦狀耳飾이라 칭함)이라고 하여, 신석기시대의 귀걸이 장식이 빗살무늬토기와 함께 출토되었습니다.

사해 유적과 비슷한 시기의 이른 시기의 유적으로 인근 적봉 오한기 흥륭와興隆窪 유적이 있습니다. 흥륭와 유적은, 발해연안 북부 서요하 상류 적봉시에서도 이 문화를 '흥륭와문화'라고 합니다. 서요하 상류의 흥륭와 유적에서도 주거지가 많이 확인되었는데 모두 수혈식竪穴式(반지하식) 주거지입니다. 이런 주거 공간에서 옥결이 빗살무늬토기하고 같이 나왔습니다. 이 두 유적의 문화 내용이 비슷하여 이를 합칭合稱하여 '사해·흥륭와문화' 혹은 '흥륭와·사해문화'라고 부릅니다.

흥륭와 유적에서는 사람이 사는 움집인 수혈주거지가 대량으로 조사되었는데 취락聚落 형태로 한데 모여져 있지만 상당히 규율적規律的으로 분포되고 있습니다. 제멋대로 집을 지은 것이 아닙니다. 상당히 계

획된 도시 같습니다. 중국말로 포국布局이라고 하는데 계획된 도시와
같이 줄을 맞추고 열을 맞추어 분포되고 있습니다. 지금은 길이 안 보
이지만 아마도 빈 공간이 당시에는 길이었을 수도 있습니다. 출토된
취락들이 일렬로 되어 있고 좌우로 되어 있습니다. 상당히 넓은 지역
에서 대형 취락이 나오고 있습니다. 이곳에서는 빗살무늬토기도 나오
는데 바로 여기에서 옥결玉玦(귀걸이)이 나왔다고 하는 사실을 말씀드
리고자 합니다.

둥근 것을 옥환玉環이라고 합니다. 둥근 원환에서 조금 잘라냈습니
다. 결玦이라고 합니다. 결자는 구슬옥변에 '나누어 정할 쾌夬'자를 쓰
고 있습니다. 이는 둥근 옥환이 나누어졌다고 그래서 옥결이라고 부
릅니다. 그 당시 귀걸이로 아마 귓밥에 끼웠던 것 같습니다. 귓밥에 살
을 뚫지 않고 밀어넣은 것 같습니다. 그래서 귀걸이를 한 건데 두 개가
한 쌍으로 나옵니다. 이 귀걸이가 곧 옥결입니다. 발해연안 신석기 문
화의 아주 특징적인 유물입니다.

또 하나의 중요한 특징은 옥결이 출토되는 유적, 그곳에서 빗살무
늬토기가 나온다는 사실입니다. 발해연안 북부에서 나오는 빗살무늬
토기와 발해연안 동부 심양 신락 유적에서 나오는 빗살무늬토기의 연
대는 기원전 6000년으로 대체로 같은 시기로 편년되고 있습니다. 요
동반도에서 나오는 것도 기원전 6000년에서 기원전 5000년입니다.
우리 한반도에서 나오는 것은 이른 시기가 기원전 6000~5000년까지
올라가고 있습니다. 이곳들의 신석기 문화에서는 빗살무늬토기 문화
가 큰 특징인데, 또 중요한 특징으로는 옥결이 나온다는 것입니다. 지
금으로부터 8,000년 전에 옥으로 만들어진 귀걸이입니다.

빗살무늬토기는 기원전 6000년, 지금으로부터 8,000년 전이면 대단히 오래되었습니다. 중국에서도 지금으로부터 8,000년 전이라고 하면 아주 초기입니다. 이런 문화를 1만 년 전으로 편년하는 경우가 있습니다. 최근에는 토기가 나오기 전에 마제석기가 나온다고 해서 '선토기先土器문화'라고 합니다. 중국에서 보면 토기가 나오는 건 기원전 7000년으로 보고 있습니다. 이른 시기의 유적으로, 하북성 무안 자산磁山이라고 하는 곳에서 빗살무늬토기가 출토되었습니다. 이를 '자산문화'라고 합니다. 그리고 하남성 신정新鄭 배리강裵李崗 유적에서도 빗살무늬토기가 출토되었습니다. 이 문화를 '배리강 문화'라고 합니다. 혹자는 이 두 문화의 특징이 대동소이하다고 하여 '자산·배리강문화'라고도 부릅니다. 그 당시 발해渤海의 해안선은 내륙으로 상당히 들어가 있었습니다. 해안선이 안에까지 들어갔는데, 해안선이 바로 북경 근처까지 갔었습니다. 발해연안에서 나오는 빗살무늬토기의 연대는 기원전 6000년, 지금으로부터 8,000년 전입니다. 저는 1989년, 「발해연안 빗살무늬토기 문화의 연구」(『한국사학』 10, 한국정신문화연구원)를 통하여 발해연안 빗살무늬토기의 기원을 발해연안으로 추론하였습니다.

우리 국내에서는 한쪽이 터진 고리모양 형태의 옥기가 잘 안 보였습니다. 오래 전에 경상북도 청도군 사촌리라는 곳에서 깨져서 반쪽만 남은 옥기가 나왔었습니다. 그런데 그걸 청동기시대 유물로 봤습니다. 발견 당시의 유물 형태는 납작했습니다. 반쪽이지만 빈쪽 고리가 '한 쪽이 갈려 있지만 원래는 'U'자형으로 연결됐을 것이다' 라고 생각했습니다. 옛날에 나왔는데 반쪽만 나온 것입니다. 저는 옥결玉玦로 봤습니다. 그리고는 다시는 보이지 않아서 당시 우리나라는 신석기시대의 옥결이 없다고 생각했습니다. 그런데 우리 정부가 동해 북부 쪽으로 금강산 가는 도로를 공사하게 되었습니다. 지금은 문이 닫혔지만 금강산으로 가는 도로공사를 할 때 주변의 유적들도 정비하였는데, 그때 2002년에 국립문화재연구소에서 고성 문암리 유적을 발굴하였습니다. 문암리 유적은 바로 남방한계선 밑을 통과하는데 위치하고 있습니다. 남북 통행증 검사받고 하는 남북사무소 바로 그 부근인데 해안과 가까이에 있습니다. 1990년대 초에 고성군 문암리 일대 지표조사과정에서 토기가 수습되면서 1998년에 이곳에 대한 1차 발굴이 있었습니다. 그리고 2002년 2차 발굴하는 과정에서 옥결玉玦 한 쌍이 나온 겁니다. 해안선이 낮은 산 뒤에 있는데 유적이 발견된 지역은 사

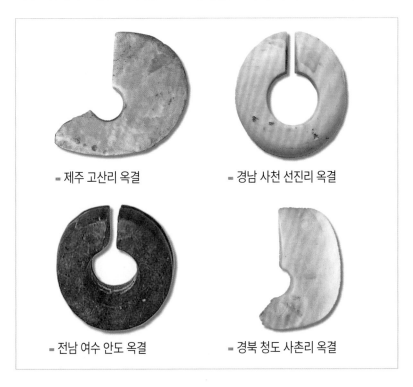

- 제주 고산리 옥결

- 경남 사천 선진리 옥결

- 전남 여수 안도 옥결

- 경북 청도 사촌리 옥결

구砂丘 지역이었습니다. 당시에는 이곳에까지 물이 들어왔을 것 같습니다. 지금은 밭으로 쓰고 있지만 지층은 모래밭으로 덮여 있었습니다. 지상에서 1.5미터 정도 발굴을 해서 내려가보니 그곳에 퇴적층이 쌓여 있었고 바로 거기서 한 쌍의 옥결이 발견되었습니다. 빗살무늬토기도 같이 나왔습니다.

고성 문암리 유적의 연대는 기원전 5000년, 지금으로부터 7,000년 전으로 조사자에 의하면 혹 그보다 조금 더 올라갈 수도 있다고 합니다. 지금 이곳은 고성이라고 했습니다. 그런데 편년된 유적의 연대가 강원도 고성 문암리와 양양 오산리가 거의 같은 시기입니다. 양양 오산리 유적도 기원전 5000년, 이 유적도 7,000년 이상으로 편년될 수 있다고 합니다. 양양군 오산리에는 지금 선사박물관이 하나 생겼습니다. 양양 오산리 신석기 유적에서는 옥결은 안 나왔습니다. 그런데 조금 위에 있는 고성 문암리 유적에서 옥결이 나온 것입니다. 저도 현장에 가봤습니다. 옥결이 나왔는데 그 형태가 발해연안 지역에서 발견되는 것과 아주 유사합니다. 연대도 비슷합니다. 빗살무늬토기도 나옵니다.

그런데 몇 년 전 러시아 블라디보스토크Vladivostok에 갔었는데, 극동박물관에 가니까 신석기시대 전시실에 '각 시기별 문화토층'을 모형 틀에 만들어 전시해 놓은 것을 보았습니다. 그 토층도를 보니까 옥결이 나온 층에 지금으로부터 4,000년 전 층이라고 적어 놓았습니다. 연해주沿海州 지방에도 옥결이 보입니다. 옥결이 발견된 지역은 두만강 유역에 포함될 수 있습니다. 그런데 연대가 사해·흥륭와문화 연대보다 1,000년 정도 늦습니다. 블라디보스토크의 극동박물관에 전시되어 있는 설명문과 신석기시대 유적을 예시例示한 연대를 보니까 우리 것보다 1000년이 늦다는 사실을 알게 되었습니다. 시베리아의 연해주 지역에서 옥결玉玦이 나오는데, 우리가 말하는 빗살무늬토기가 시베리아에서 내려왔다고 한다면 이런 옥결玉玦도 앞서야 됩니다. 그래야 기원이라고 할 수 있습니다. 그런데 오히려 우리보다 1000년이나 늦습니다. 빗살무늬토기도 마찬가지로 우리 것보다 늦어야 맞습니다. 그렇다면 발해연안의 옥기문화가 연해주까지 갔다는 의미입니다. 연해주는 바로 두만강 북쪽입니다. 한반도의 옥기문화는 시베리아 쪽에서 내려오는 양상이 아니고, 발해연안에서 한 쪽으로는 연해주 쪽으로 가고, 한쪽으로는 이렇게 동해안 쪽으로 내려옵니다. 한반도에서 다시 일본으로 건너갑니다. 2004년 5월, 북경대학 박물관 개관 10주년기념 국제학술토론회에서 이와 같은 내용과 한국의 옥결문화를 소개한 바 있습니다.

신라 황금 귀걸이를 많이 보셨을 겁니다. 신라 황금 귀걸이는 태환식太環式이라고 하는 한 쪽이 터진 굵은 귀걸이와 세환식細環式이라고 하는 가는 귀걸이가 있습니다. 신라 황금 귀걸이에 여기 한 곳이 탁 터진 게 있습니다. 이런 한 곳이 탁 터진 양식이 발해연안 신석기 옥결에서 신라 황금 귀걸이까지 내려 온 것입니다. 물론, 고구려나 백제의 황금 귀걸이도 신라와 같은 양식입니다. 여기서는 한반도에서 가장 늦은 시기의 옥결 양식의 전통을 가지고 있는 신라 황금 귀걸이와의 비교를 위해서 신라 황금 귀걸이를 말씀드리는 것입니다. 일반적으로 태환식이나 세환식도 한 쪽이 터진 걸 보면 옥결과 상당히 유사한 형태를 가지고 있습니다. 출토 위치를 보면 사용 방법도 같았을 것으로 보입니다. 기원전 6000~5000년의 발해연안의 신석기시대 옥결 문화의 전통이 서기 5~6세기 신라 황금 문화에 전승된 것으로 보입니다. 저는 그런 전통이 신라 문화에까지 이어진다는 사실을 알고 매우 놀랐습니다.

가야伽耶 귀걸이도 태환식이나 세환식이 모두 한 쪽이 터졌습니다. 형태가 이렇게 유사하다고 할 수 있습니다. 발해연안 북쪽의 사해·흥 륭와문화의 옥결과 재료만 다르지 형태와 용법이 비슷합니다. 고성 문암리 유적과 사해·흥륭와문화의 연대는 기원전 6000~5000년으로 추정되고 있습니다. 신라까지면 너무 긴 시간상의 차이가 있는 것이 아닌가 생각하실 것입니다. 그러나 과거에는 우리가 잘 몰라서 주목하지 않았지만 한반도에는 여러 군데에서 옥결이 출토된 바 있습니다. 그리고 1989년에는 경상북도 청도군 사촌리 청동기시대 유적에서 반쪽짜리 옥결이 출토되었는데 당시에는 별로 주목받지 못하였습

■ 고구려 황금 귀걸이 ■ 백제 황금 귀걸이

■ 신라 황금 귀걸이 ■ 가야 황금 귀걸이

니다. 그 후 부산 동삼동 패총, 경상남도 사천 선진리 유적, 전라남도 여수 안도 패총, 제주도 한경면 고산리 유적에서 신석기시대의 옥결이 출토되었습니다. 2002년 강원도 고성 문암리의 신석기시대 유적에서 옥결 한 쌍이 출토되었습니다. 이로 미루어 보아 옥결과 같은 귀걸이 풍습은 계속 전승되었을 것으로 보입니다.

제가 이런 말씀을 드리는 이유는 신라 황금 제품들을 실크로드 SilkRoad와 연결시키고 있기 때문입니다. 저는 이러한 전통들이 모두 다 서양에서 왔다고 생각하지 않습니다. 저는 신석기 문화의 토기 유형들은 이미 전통적인 형태가 존재하고 있던 기존의 형태에 약간 디자인이 변형되거나 기술적으로 새롭게 변화되었다든가 하는 것은 영향을 받았다고는 할 수 있겠지만, 색다른 것이 들어와서 기존의 문화를 말살하고 전혀 다른 문화 유형을 만들어냈다고 생각하지 않습니다. 예를 들어 실크로드에서는 신라 귀걸이를 포함해서 발해연안의 옥결과 같은 유형의 장신구가 아직까지 발견된 예를 보지 못했습니다. 황금 귀걸이만 해도 발해연안에서 청동기시대에 이미 사용하였고, 만주지방에서 일어난 부여에서는 기원(0) 전후시기에 유행했습니다. 왜 모든 것을 실크로드나 시베리아로 연결시키려고 하는지 모르겠습니다.

여러분도 이제 홍산문화에 대해 어느 정도 익숙해졌을 거라고 생각합니다. 20세기 중반까지만 해도 홍산문화에 대해 잘 몰랐습니다. 저는 오래전부터 홍산문화에 대해서 관심을 가지고 주목해 왔습니다. 그래서 관련 논문도 많이 쓰고 책도 쓰고 그랬습니다. 문제는 지금까지 제가 얘기한 것을 하나도 귀담아 듣지 않았다는 겁니다. 사실 저는 상당히 오래전부터 홍산문화에 대해 주목했고 특이한 문화 현상에 대해 일찍부터 관심을 가지고 있었습니다. 부지런히 자료들을 모으고 1990년부터는 실제로 현장도 자주 가보고 논문도 많이 써 내고 책들도 썼습니다. 뿐만 아니라 현지 학자들과 토론도 하고 학술회의도 많이 참가했었습니다. 그런데 최근 중국이 이른바 동북공정이라는 타이틀을 내걸고 중국 동북 지방의 고대문화와 역사에 관심을 갖고 연구를 추진하게 된 후부터 우리 학계에서 관심을 갖기 시작한 것 같습니다.

제가 관련 분야를 홍보할 때는 저한테 아무도 관심을 안 가져주고, 책도 사주는 사람 없으니까 한번 나오면 절판 돼버리고 정말 힘들었습니다. 책 내용이 좋다고 상 주는 법도 없고, 물론 그것을 기대를 한 것은 아닙니다. 그러나 연구비도 지원받지 못하고 그 어려운 시기에 모든 것을 제 개인 비용으로 정말 힘들게 관련 분야에 대한 연구를 해 왔습니다. 우리나라 사회와 경제가 지금 보다 더욱 발전하려면 모든 학문 지원 분야와 그 대상에 대해 공평해야 합니다. 지금까지 그렇게 열심히 노력했지만 전 국가로부터 연구비 한 번 제대로 지원받아 본 적이 없습니다.

한·중 국교가 정상화되기 전인 그 어려운 시기가 생각납니다. 그 발굴 현장이나 홍산문화 관련 유적이 분포되어 있는 중국에 제가 무역을 하러 가지는 않았습니다. 그 당시는 교통도 열악하고 아무것도 없을 때입니다. 우리 문화와 한국고대사 복원을 위해, 그것들을 밝히기 위해서 간 겁니다. 왜냐하면 1980~90년대에는 문헌으로만 관련 연구를 해 왔습니다. 제가 처음 갔을 때인 1990년에도 한·중 국교를 정상화하기 전이었습니다. 그 당시 중국을 방문하기 위해서는 먼저 홍콩으로 가야 했습니다. 중국에 가려면 홍콩을 먼저 가야 합니다. 당시 비행기 표는, 아시겠지만 매우 고가였습니다. 그 당시 홍콩에서 기차로 그 먼 곳으로 간다면 돈이 크게 안 들고는 가겠지만, 북경으로 바로 안 갑니다. 천진에 가야합니다. 국내선 비행기로 천진에 가서, 또 천진에서 다시 비행기로 가든가 육로로 북경을 들어가야 했습니다.

그리고 중국 동북 지방으로 들어가려면 북경에서 국내선을 타든가 아니면 기차를 타고 심양으로 갑니다. 그러면 몇 날 며칠이 걸립니다. 그 어려운 시기에 저것 하나 확인하기 위해서 그렇게 힘들게 들어가서 조사를 해왔는데, 지금 생각해 보면 제가 당시 쓴 논문들은 누구에게 꼭 보라고 쓴 것도 아닙니다. 오늘 여러분들이 이형구 학설을 들어주시니까 저는 대단히 기쁩니다. 오늘 아침에 제가 긴장한 것은 평판이 좋은 이 강좌에서 여러분들이 제 강의를 들어 주시겠다는데 제가 긴장하지 않겠습니까? 저는 오늘 새벽부터 잠을 설치고 왔습니다. 여러분들이 안 믿어 주실까봐 자료를 많이 들고 왔습니다. 지금 여기 그림도 있습니다. 제가 『한국학보』 50집(일지사, 1988)에 쓴 논문입니다. 「발해연안 석묘문화石墓文化의 원류」라는 제목으로 1988년에 발표된 것입니다. 그럼 벌써 20년이 넘었습니다. 우리나라 돌(石)로 무덤을 만드는 석묘문화石墓文化의 원류가 시베리아가 아니고 발해연안이라고 했습니다. 그때는 시베리아 기원설이 만연했을 때입니다.

우리하고 아주 가까운 지역에 분포된 홍산문화에서는 우리 석관묘와 똑같은 것들이 나오고 있습니다. 이것은 제가 현장을 찾아가기 전에 고고학 자료를 통해서 어렵게 쓴 것입니다. 그 당시 80년대까지만 해도 중국책을 보면 다 압수되거나 잡혀갔습니다. 1988년 서울 올림픽이 열리면서 출판물 열람이 해제되었습니다. 제가 기억하기로는 당시 문화부 장관이 최병렬 씨였습니다. 바로 그때 해제됐습니다. 실제로 그 이전까지는 전부 다 빼앗기고, 제가 무슨 나쁜 짓을 한 것도 아닌데 김포공항 206호실에서 망신을 당하기도 했습니다. 그 당시 저는 정말 힘들고 어려웠습니다.

1991년 11월에 중국 길림대학 고고학과 임운林澐 교수로부터 강연을 해달라는 요청을 받고 길림대학에 갔습니다. 제가 그곳에 가보니 길림대학은 교외로 이전하기 전인데도 생각했던 것보다 정말 대단한 학교였습니다. 학생이 3만 명이랍니다. 그 전부터 문헌이나 학문을 통해서 잘 알고 있던 원로학자인 장박천張博泉 교수를 비롯하여 임운, 위존성魏存成 교수와 대학원생, 학생들이 참석했습니다. 저는 이 자리에서 첫 마디가, 중국 동북 지방의 고고학과 고대사를 연구하기 위해 국립대만대학에 유학을 갔는데 그곳에서 중국학을 공부하기가 마치 도둑

■ 요령성박물관 진열실에서 중국학자들과 함께 (오른쪽부터 유녕劉寧 관장, 필자, 곽대순郭大順 청장, 신점산辛占山 소장)

질하듯 했다고 그랬습니다. 나는 중국학을 공부하는 것이 무슨 도 닦는 도학道學이 아니라 도둑질 하듯이 했다고 그랬습니다. '이치 도道'자가 아니라 '훔칠 도盜'자를 쓰는 도학이라고 그랬습니다. 이념理念의 장벽에 갇혀서 당신들의 문헌들을 다 도적질해서 공부했다고 그랬습니다. 실제로 당시의 국내 정세 하에서는 소위 중공中共 자료는 모두 뺏기고 망신당하고, 대만도 마찬가지입니다. 대만도 중공 관련 문헌이나 문서들은 절대로 통관할 수도 없고, 설사 국내 학술기관에 들어와 있는 것도 허가 없이 절대로 보아서는 안 되는 시절이었습니다. 심지어 제가 한국 사람이니까 학술기관의 '특수 자료실'에 보관된 것 좀 보자고 해도 안 됩니다. 국립대만대학 지도교수의 재가裁可를 얻어서 겨우 관련 자료를 봐야 했습니다. 저는 그렇게 사회적 여건이 어려울 때에 공부를 했습니다. 꼭 필요한 자료를 구하기 위해 홍콩Hongkong에서 구입한 책이나 프린트는 학술자료라고 해도 여지없이 문제가 생기고 몰수당하고, 앞으로는 불소지하겠다는 각서를 쓰고, 우송물은 즉시 반송하고 정상적으로는 반입할 수도 없고, 그래서 특별한 경우는 몰래 가져올 수 밖에 없었다고 했습니다. 고고학 하는 사람이 사상이나 이념에 관심이 있었겠습니까? 그 당시가 바로 그럴 때입니다. 저는 1970~1980년대 여러 해 동안 그렇게 해서 자료를 수집하고 모아서 공부하고 연구하고 논문을 쓰고 있으니 그게 도둑질이 아니고 무엇이 겠냐고 그랬습니다. 그렇게 말하는 저 자신은 눈시울이 붉어지고 듣는 교수나 학생들은 숙연해질 수밖에 없었었습니다. 사실 그렇게 해서 얻어진 것이 오늘의 이형구의 학문이고 소위 학설이라고 하는 겁니다.

1992년, 한·중 수교 이후에는 많이 갔다 오고 왕래도 빈번하다고 합니다. 이제는 여러분들께서도 어느 정도 관심을 가지고 있을 만큼은 되었습니다. 학문이라는 것은 옛날 학문을 바탕으로 해서 새로운 학문이 나오는 것입니다. 중국의 동북공정 정책을 보면서 그런 생각을 더욱 많이 하게 됩니다. 저도 물론 부족한 점이 있습니다. 그러나 저는 이미 30~40년 전에 우리 문화와 관련이 있고 그것은 우리가 해야 된다고 생각했습니다. 그래서 정말 갖은 곤욕을 치르고 많은 비용을 들여가며 교통이 불편한 그곳에 가서 조사하고 자료를 수집하며 연구했습니다. 그 당시 중국은 우리를 제대로 대접할 수 없었습니다. 제가 뭐라도 해서 비용을 만들어 그 사람들에게 같이 갈 사람들과 학자들을 대접해야 되고, 세미나도 참석하려면 그 비용을 제가 직접 준비해야 했습니다. 그 당시 중국에서 세미나를 하려면 1인당 200불씩 참가비를 내야 했습니다. 세미나 한 번하면 참가비를 내야 합니다. 그러나 대다수 학자들은 자존심 상한다며 참가비까지 내면서 그런 세미나에 참석하는 경우가 그렇게 많지 않습니다. 저는 그 어려웠던 시기에 거의 매해 한두 번씩 각종 세미나에 참가하였습니다. 그 당시 중국 학자들은 자주 이형구를 초청했습니다. 그러나 항상 자비 부담이었지요. 당시는 그랬습니다. 학문적으로나 인간적으로 그들에게는 굉장히 반가운 존재였습니다. 그래서 지금도 그 사람들과 친하게 지내고 학문 교류도 꾸준히 하고 있습니다.

발해연안문명을 규명하기 위해서는 요령성 지방이 매우 핵심적인 지역으로 부상합니다. 우리가 지금까지 많이 논의해 온 홍산문화도 사실은 요령성 내에 많이 분포되어 있습니다. 지금까지는 발해연안 북부 대릉하 유역의 고대 문화에 대해서 주로 논의했습니다만, 발해연안 동부 요동반도 지방의 고대 문화도 발해연안문명의 핵심적인 지역입니다. 1990년 첫 방문부터 오늘까지 수없이 방문하면서 발해연안문명을 찾아내고 연구하고, 중국의 학자들도 수없이 만나고 그들의 도움으로 발굴 현장이나 유적지를 수없이 찾아갔습니다. 그들은 지금도 전혀 외국인 학자같이 보지 않고 내국인 동료 학자처럼 대해 주고 자료를 제공해 줍니다.

　요령성문물국 곽대순郭大順 전 국장을 비롯해서 요령성고고문물연구소 신점산辛占山 전 소장, 허옥림許玉林, 허명강許明剛(이상 3인은 고인이 됨), 풍영겸馮永謙, 신암辛岩, 방전춘方典春, 이신전李新田 연구원, 요령성박물관 왕면후王綿厚 전 관장, 유녕劉寧 현 관장 등 많은 학자들이 도와주었습니다. 어느 분은 이미 작고한 분도 계시지만, 이들은 '동북공정'도 아랑곳없이 항상 그 순수한 학문을 교환했으며 우정을 나눴습니다. 솔직히 말해서 그들의 도움이 없었더라면 이만큼의 학문적 성과를 이루지 못했을 것입니다. 곽대순 선생과 신점산, 왕면후 선생은 북경대학 고고학과를 나왔고 줄곧 요령성에서 고고학에 종사한 대단한 학자들입니다. 이 분들은 1990년부터 저와 친구같이 지냈습니다. 특히 곽 국장, 신 소장 두 분은 항상 현장을 안내해 주고 많은 것을 사심없이 가르쳐 준 분들입니다. 그리고 수년 전에는 국내에 초청하여 제가 근무하던 대학에서 강연도 마련해 드린 적이 있습니다. 이분들이 그 당시 1991년에 그 먼 데를 저하고 같이 다녔습니다. 문화재청장까지 지낸 사람인데 말입니다. 이분은 지금도 제가 그곳에 가기만하면 현장까지 가서 문을 열어줍니다. 우리나라 누가 가도 열어주지 않습니다. 이 사람들은 저에게 다 보여줍니다. 저한테는 금기 사항이 없습니다. 한·중국교가 정상화되기도 전인 그 어려울 때에 제가 참석해서 열린 국제회의들이 그들에게는 매우 중요하고 기억에 남은 추억이었던 것 같습니다. 모든 게 다 자비였습니다. 그런 충정을 그들은 알고 있습니다.

그러나 국내에서는 교육부든, 문광부든, 문화재청이든 기타 공공연구재단이든 관련 단체마저도 기획회의다, 운영회의다, 자문회의다, 학회다 수많은 모임을 하면서도 한 번도 근처에 가본 적이 없습니다. 그렇다면 저한테 무슨 문제가 있나 반문해 보지만, 설사 무슨 문제가 있다고 하더라도 중국과 '동북공정'으로 무슨 일을 하자고 하면서 그래도 일찍이 중국고고학을 현장에서 공부하고 준비한 사람을 도외시해서, 어떻게 국내인보다 더 적대시하는 상대하고 어떻게 대화하고 무슨 토론을 할런지 이해할 수가 없습니다. 지금도 마찬가지입니다. 이제 와서 '동북공정'이라고 관심을 갖는데, 저는 이미 1970년대에 동북아 고고학이나 고대사를 관련국가에 유학해서 공부하고 연구하면서 주변국과 상호 교류할 것을 주장했고 나름대로 실천해 왔습니다. 그런 일들이 국가적인 뒷받침이 없다보니까 지속적으로 발전할 수 있는 기회를 놓치고, 결국 '동북공정'이라는 큰 장애를 만난 것 같습니다.

이렇게 자비로 책을 내고 논문을 냈습니다. 지금은 구석기라고 보고 있지 않습니다. 이것은 1986년에 출판한 겁니다. 제가 가지 않았을 때에는 이미 다 문헌으로 발표됐었습니다. 제가 연세대학교 국학연구원에서 1981년부터 중국 동북 지방의 우리 역사 문화와 관련된 테마들을 가지고 학술발표를 근 10년 동안 꾸준히 발표해 왔습니다. 그때마다 국학연구원에서 발행하는 『동방학지東方學志』에 꼬박 꼬박 소개했습니다. 발해연안 즉, 만주 지방에서 새로 발견된 구석기 유적을 비롯하여 신석기시대 유적, 청동기시대 유적 그리고 고구려의 역사 유적이나 문물까지 현장 답사 자료와 함께 공개하고 학술 발표를 해왔습니다. 학문의 장場을 마련해 준 고마움을 잊지 않고 있습니다. 새로운 자료가 나오면 곧바로 공개도 하고, 가치가 있는 주제는 문제를 제기하고 앞으로 토론할 기회를 마련하도록 노력했습니다. 실제로 30여 년 전부터 발표했던 관련 논문들을 모으고 새로 쓰고 해서 『한국고대문화의 기원』이란 이름으로 도서출판 까치에서 1991년에 냈습니다. 우리 학계애서는 2000년대에 와서 '동북공정'이다, 그 대응책이다 하면서 무엇을 어떻게 했는지 궁금합니다. 학문이 외교로 되고 전투하듯이 되는 게 아닙니다. 이런 학문은 경험과 지식의 축적이 쌓인 노하우를 가지고 그것을 바탕으로 학술적인 인용도 하고 서로 토론도 하고 연구도 해야 합니다. 저는 지금까지 국가나 학술재단으로부터 지원받아 본 적이 없습니다. '동북공정' 대응책으로는 학문밖에 별다른 대응책이랄 게 없습니다.

제가 지금까지 말씀드린 것은 결코 개인적인 생각을 말한 것이 아닙니다. 모두 학술적인 증거를 대고 논증한 것입니다. 직접 현장에 가서 보고, 가지고 온 자료들이 상당수 있습니다. 어떤 학술자료(중국 혹은 북한)들은 중국과 홍콩, 일본에 가서 직접 원판을 사가지고 왔습니다. 그것들을 학술적인 근거로 제시하고 있습니다. 제 학설이 기존 학자들과 다르고, 기존 학설과 이형구의 주장이 상당한 차이를 보이고 있기 때문에 저를 공격하기도 합니다. 그런 것에 대한 학술적인 증거를 대기 위해 저는 엄청난 자료들이 필요했습니다. 꼭 필요한 사진 한 장 때문에, 그 사진이 필요해서 50불, 100불짜리를 지불하고 구입해서 사왔습니다. 왜냐하면 그러한 자료들은 저의 학설에 대한 학술적으로 근거를 제시하기 위해 꼭 필요한 것들이었습니다. 모든 것을 내 스스로 하는 수밖에 없었습니다. 오늘날까지 30년, 40년을 그렇게 해왔습니다.

하루 이틀도 아니고 수십 년을 저는 그 사람들과 교류를 하고 있습니다. 학문적으로 그 사람들은 왜 이런 논문을 내고 다니는지, 또 왜 그런 학설을 주장하는지 잘 압니다. 물론 그 사람들도 제 학설과 왜 이형구가 그런 주장을 하는지 제 뱃속에 뭐가 들어있는지 잘 압니다. 그래서 그 사람들이 나중에는 1994년 가을에 북경대학에서 저를 초청했습니다. 제가 북경대학 고고학과에서 "한국고대문화적기원韓國古代文化的起源"과 "중한고대문화지관계中韓古代文化之關係"라는 2개 과목으로 한 학기 동안 강의했습니다. 동북아시아 고대문화의 기원론에 대한 토론을 많이 했습니다. 특히 시베리아 기원설에 대한 객관적인 토론이 매우 감개했던 강의였습니다. 그 사람들은 그때까지만 해도 동북아시아의 역사와 문화에 대해서 그렇게 관심이나 연구대상으로 생각을 안 했습니다. 중국은 영토가 넓습니다. 중원의 역사 문화만 가지고도 연구할 테마가 무궁무진하니 그럴 수밖에 없었던 것 같습니다. 주변과의 비교 연구를 처음으로 접해보고 토론할 기회를 가졌다고 합니다. 학생들은 한 학기 동안 굉장히 새로운 것들에 자극을 받았다고 합니다. 그리고 고대 중·한 관계에서 홍산문화의 학문적 가치를 크게 부각시켰습니다. 우리는 홍산문화를 앞으로 주목해야 합니다. 이 문화는 대단히 중요합니다.

중국에서 용龍이라는 것은 수신水神이라고도 하고, 천신天神이라고도 합니다. 수신과 천신의 가교역할을 하는 것이 용이라고 생각합니다. 용을 물의 토템이라고도 하지만 저는 하늘의 토템일 수도 있다고 생각합니다. 용이 올라가서 하늘에서 물을 내리니까 용은 천신이고, 땅과 하늘을 연결하는 가교입니다. 저는 그렇게 생각하고 그렇게 얘기했습니다. 그랬더니 어떤 일본 학생이 "선생님! 일본에서는 수신이라고 하던데요"라고 합니다. 그래서 제가 "그렇습니다. 그런 신화도 있습니다. 그런데 수신이 틀리다는 말이 아닙니다. 나는 천신일 수도 있다고 생각하는데 그 이유는 용이 천지간의 가교역할을 하기 때문에 그렇습니다"라고 했습니다. 우리가 용 신앙이라는 것을 해석할 때 농경문화에서 수신으로의 신앙의 대상만을 삼지 않는다는 말입니다. 실제로 천신으로 삼을 수 있다는 것은 용에 대해 우리는 더 많은 해석을 할 수 있고 용 신앙을 포괄적으로 생각할 수가 있기 때문입니다.

여러분들께서 잘 아시다시피 용이라는 것은 상상의 동물입니다. 포유동물도 아닙니다. 예로부터 중국인은 용을 숭상합니다. 용하면 중국을 떠올리듯 중국은 용 신앙을 믿어 왔습니다. 그것이 바로 중국인의 용 토템이지요. 즉, 뱀 토템Totem입니다. 중국은 뱀 토템인데, 중국 사람들은 지금까지 자기들의 용 신앙(뱀 신앙)이 중원中原에 있다고 믿어 왔습니다. 이 용 신앙은 만리장성 이남의 중원 땅에 있다고 믿어 왔습니다. 만리장성 밖 홍산문화에서 옥용玉龍이 나오기 전까지는 황하문명의 심볼처럼 생각했습니다. 그런데 만리장성 동북쪽에서 가장 이른 시기의 용의 형상이 나왔습니다. 용이 형상화돼서 조형적으로 만들어진 것입니다. 이것을 이른바 옥용이라고 합니다. 물이나 하늘에서 살던 상상의 동물이 이렇게 조형물로 만들어진 것은 처음이라고 보시면 됩니다. 그런데 고서에 보면 용은 '말의 얼굴을 했다' 혹은 '돼지의 얼굴을 했다' 그럽니다. 여기 보면 말의 갈기를 했습니다. 제가 옥용을 보고 깜짝 놀란 이유는 그것이 영락없이 우리나라 곡옥曲玉이랑 닮았기 때문입니다. 여러분도 잘 아시다시피 신라의 금관이나 귀걸이, 혁대 등에 곡옥曲玉장식이 많이 달려 있습니다. 그래서 우리나라 곡옥의 변천사를 보는 것 같았습니다.

홍산문화에서 처음으로 옥용이 나왔는데, 이것은 'C'자형으로 생긴 용의 모양을 하고 있고 크기는 22cm로 비교적 큰 편입니다. 용 모양의 허리 부분에 구멍이 있는 것으로 보아 여기에 끈을 끼우고 목에 걸게 되어 있는 것 같습니다. 대릉하 유역의 홍산문화 유적에서도 옥용이 자주 석관묘나 석곽묘에서 출토되는데, 이런 옥용들을 보면 머리는 용의 머리이고 몸체는 역시 'C'자형으로 굽어 있습니다.

홍산문화에서 나오는 이런 옥용이 은殷 나라에서도 출현하고 있습니다. 은 나라는 황하 하류에서 건국한 나라인데, 그 수도인 은허殷墟는 중국 하남성 안양安陽시에 있습니다. 이 은 나라를 세운 민족을 흔히 동이東夷라고 그럽니다. 중국 사람들도 은을 동이의 나라라 그랬습니다. 그 중에도 근대 중국의 석학 부사년傅師年 선생은 그의 저서『동북사강東北史綱』과『이하동서설夷夏東西說』에서 은殷 민족은 동이이고 주周 민족은 화하족華夏族이라는 견해를 피력한 후 근현대 중국 역사학계에 많은 영향을 끼쳤습니다. 우리 학자들 중에도 은 민족이 동이민족이라고 인식하는 경향이 많이 있습니다. 은 나라는 우리가 잘 알다시피 기원전 17~11세기까지 중국 황하 하류에 세웠던 나라입니다. 오늘날에도 은 민족을 동이민족이라고 합니다. 원래 은의 건국신화는 우리나라 삼국의 건국신화와 같이 '난생설화'를 가지고 있습니다. 우리 민족처럼 새 토템Totem을 가지고 있습니다. 새 토템은 일찍이 홍산문화에 널리 퍼져 있던 동이민족의 습속이었습니다. 은 민족은 홍산문화의 새 토템을 그대로 이어왔습니다. 이와 같은 사실은 은허 고고학을 통해서 잘 드러나고 있습니다.

은 나라의 수도 은허에서 발굴된 은의 왕릉이나 고급 묘장에서 새의 조각과 함께 용의 형상을 한 옥 조각들이 많이 나오고 있습니다. 이와 같은 현상은 은 민족이 새를 주主 토템으로 하면서 용을 함께 숭상하는 습속이 있었던 것으로 추측됩니다. 한편, 은허 고고학을 통해서 용 신앙의 흔적을 찾아볼 수 있습니다. 아마 홍산문화의 용 신앙도 새 신앙과 함께 따라와서 은 나라에서 용 신앙과 새 신앙이 함께 은 민족의 토템의 대상으로 삼지 않았나 하고 추측됩니다. 다음 시대로 이어지는 주 나라에 와서는 용을 주主 토템으로 삼고 있는 습속은 널리 알려져 있습니다. 주 나라 민족은 동이민족인 은 민족과 달리 화하족입니다. 이 민족은 뱀 토템(용 토템)입니다.

한반도에서도 홍산문화나 은殷 나라의 옥용 형상과 닮은 옥기가 보입니다. 경상북도 영덕 오포리에서 나온 이른바 곡옥이라 하고 하는 옥기가 은허에서 나오는 옥용과 유사합니다. 청동기시대의 것으로, 제가 경상남도 진주 남강 옥방유적에서 발굴한 겁니다. 이것은 기원전 500년 정도 되는 겁니다. 아주 좋은 황옥입니다. 옥방유적에서 청동으로 곡옥曲玉같이 만든 약 4cm정도 되는 곡옥장식이 함께 출토됐습니다. 일본사람들은 우리나라의 곡옥을 과거에는 일본에서 왔다고 그랬습니다. 지금도 그렇게 주장하고 있습니다. 일본사람들은 심지어 신라 금관, 황금 귀걸이, 혁대에 사용되는 곡옥들이 일본에서 신라에 수출된 것이라고 주장하고 있습니다. 한국의 곡옥이 일본에서 왔다고 주장하는 바로 그 학자(후지다 후지오藤田富士夫)가 동석한 자리에서 "그렇지 않다!"고 했습니다. 이런 주제로 북경대학에서 발표하고, 또 홍콩 중문대학에서도 발표했습니다. "한국의 곡옥은 용의 변천일 것이다. 일본에서 건너온 게 아니라 발해연안의 고유문화다"라고 말입니다. 이것은 아까 용 신앙에 대해 봤던 것처럼 중국 사람들이 놀란 것은 중국 사람들도 용이 중국 중원 지방의 신앙인데 그것이 만리장성을 넘어서 나왔다는 겁니다. 그들도 깜짝 놀란 겁니다.

중국인의 상징처럼 생각했던 용의 최초의 형상화形象化된 용이 만리장성을 넘어서 나왔습니다. 그래서 중국 사람들은 중국문화의 기원이 중원이 아니라 동북지방이라고 생각하기 시작했습니다. 그래서 동북

■ 중국 하남성 석가장에서 개최된 '중국환발해고고학대회'에 참석한후 중국고고학회 소병기蘇秉琦 이사장과 함께 한 필자(1993.5)

공정이 나오기 시작한 겁니다. 중국문화의 원류가 중원이 아니다, 용 신앙과 밀접하게 관련된 문명이 말입니다. 그래서 요하문명이라는 것도 나온 것입니다.

요하문명이 나오기 10년 전에 저는 발해연안문명이라는 주제를 가지고 국립대만대학에서 박사학위 논문을 썼습니다. 국립대만대학에서 논문심사에는 통과를 했습니다. 중국학자들도 발해연안문명에 대해 관련 학회에서 논할 때 발해연안문명이라는 것은 1993년 5월, 중국고고학회 이사장인 소병기蘇秉琦 선생이 중국 하북성 성도 석가장시에서 개최된 '중국환발해고고학대회' 개회사에서 "'환발해環渤海문화'에 대해서는 일찍이 한국의 이형구가 주목하였으며, 이미 1970~80년대에 국립대만대학에서 '발해연안고대문화연구'를 통하여 환발해문화의 중요성을 최초로 주장하였다"고 분명히 언급을 하고 있습니다. 우리가 '환태평양'이라고 그러는 것과 같습니다. 그런데 '환발해' '환동해' 하는 건 중국말입니다. 우리말로는 동해연안이고 황해연안이고 발해연안입니다. 그래서 저는 환발해라고 하기 전에 이미 발해연안이라고 했습니다. 중국 사람들은 환태평양, 환발해, 환황해라고 합니다. 우리는 그것을 그대로 쓰고 있습니다. 제 생각에는 '환황해'와 '환동해'의 '환環'이라는 것을 우리가 자주 쓰는 연안沿岸으로 바꿔 '발해연안', '황해연안', '동해연안'이라고 부르는 게 좋을 것 같습니다.

발해연안 북쪽 대릉하大凌河 유역에서 옥으로 만든 용 조각이 발견되자 중국학자들도 깜짝 놀랐습니다. 황하유역에서 나왔던 용 신앙이 동북지방과 만주지방을 넘어서 발견됐기 때문입니다. 그것도 우리하고 가까운 지역이란 말입니다. 이에 깜짝 놀란 중국학자 중에 한 사람이 소병기 선생이십니다. 그분은 중국문명을 다시 봐야 한다고 했습니다. "황하문명만 있는 게 아니라 동부 지역에도 문명이 있다. 그것이 무엇이냐? 바로 요하 중심에 '요하문명'이 있다"는 것입니다. 요하는 요하만 포괄하지, 실지로는 '대릉하문화'라고 할 수 있습니다. 전부 대릉하 유역에서 나왔던 것입니다. 서요하는 몽고사막 쪽에서 나오는데 이쪽도 좀 포함되고, 지금 제일 중요한 것이 대릉하 유역에 있는 것들입니다. 요하문명이라고도 부를 수 있다고 생각합니다. 그런데 저는 중국에서 너무 지엽적으로 본 것이라고 생각합니다. 저는 포괄적인 입장에서 발해를 전체적으로 보고 그 문명의 핵심이 대릉하 유역에 있다고 생각합니다. 그래서 발해연안문명이라고 부르는 것이 더욱 타당하다고 생각합니다. 저는 제 '학설'을 주장하고 있지만 언제 공인될지는 모르겠습니다. 그리고 발해연안문명에는 아까 보셨던 용의 형상 이외에 거북이 형상이 있었습니다. 이것은 남방 거북이인데, 거북이도 아마 장생불로 신앙이라던가 영생불멸 같은 신앙적 의미가 있었을 것이라고 생각합니다.

여러분 옥에 대해서 잘 아실지 모르겠습니다만 옥도 신앙의 상징이라고 볼 수 있습니다. 옛날 어머니들은 황금보다 옥을 더 좋아 하셨습니다. 황금은 삭고 변하지만 옥은 불변합니다. 천 년 전이나 만 년 전이나 불변하는 것이 옥입니다. 그래서 오래전부터 여인들은 옥기를 좋아 했습니다. "제발 우리 낭군 딴 짓 하지 말고 불변하게, 변하지 말라고" 그래서 여인은 옥기를 좋아했습니다. 지금도 중국에서는 옥기문화가 대단합니다. 중국의 홍콩, 북경, 상해, 광주, 대만 등지에도 모든 지역에 옥기 완상玩賞, 연구 모임이 있습니다. 전부 옥기를 가지고 품평

회를 하고, 옥기를 가지고 세미나를 하고 포럼을 합니다. 모임의 규모도 대단합니다. 얼마 전에 대만 대표부에서 옥기 간담회가 열린바 있었는데 제가 참석했었습니다. 왜냐하면 제가 옥방에서 옥기 제작 공방을 발굴했기 때문일 것입니다. 우리나라에는 옥기 학자가 없습니다. 제가 졸지에 옥기 학자가 된 겁니다. 그래서 옥기를 가지고 대만, 홍콩, 북경의 각 대학이나 학술대회에서 발표를 했습니다. 모두 문헌에 나오고 있습니다. 나는 고고학 자료들을 통해 고고학적으로 옥에 관한 얘기를 했지만 그들은 나를 옥에 관한 전문가로 보았습니다. 사실 일본에도 갔었습니다. 니가타新潟라는 곳인데, 그곳은 일본에서 옥을 전공하는 학자(후지다 후지오)가 초청을 해서 일본에 있는 유명한 옥 생산지도 가보고 그랬습니다.

이런 옥은 정말 동방의 고유 신앙입니다. 영생불멸의 신앙입니다. 저는 옥을 그냥 하나의 보석이나 돌로 보지 않아야 한다고 생각합니다. 옛날 사람들은 이 당시에 조개를 손에 쥐고 옥을 매장하는 풍습이 있었습니다. 악패握貝, 함옥含玉이라고 하는 풍습이 있었는데, 함옥은 신석기시대부터 있었지만 은대殷代 이후 더욱 성행하였습니다. 주周 나라 때도 옥을 함께 넣었습니다. 한漢 나라에서는 콧구멍이나 입을 옥으로 막고 모든 구멍에다가 옥을 넣었습니다. 기억이 나실 겁니다. 낙랑에서도 신체의 모든 구멍을 옥으로 채웠습니다. 이것은 봉황입니다. 옥으로 만든 봉황은 홍산문화로부터 나온 겁니다. 오늘은 옥기 문화에 대해서 마무리 하고자 합니다. 이것은 옥으로 만든 거북이입니다. 이것은 홍산문화의 새라고 할 수 있습니다.

은의 시조는 제비 알에서 나왔습니다. 은의 시조가 제비 알에서 깨

어났고, 우리는 무슨 알인지는 모르지만 알에서 깨어났습니다. 주몽
도 알에서 태어났습니다. 박혁거세도 알에서 태어났습니다. 김알지,
김수로도 알에서 태어났습니다. 모두 알과 관련된 난생설화卵生說話와
관련이 깊습니다. 용 신앙은 주 나라, 한 나라가 가지고 있는 전통적인
토템Totem 신앙이고, 동이족의 토템은 새 신앙인데, 용 토템을 상징하
는 용 신앙이 만리장성 너머 동북쪽에서 나오니까 중국학자들도 깜짝
놀란 겁니다.

　은殷에서도 거북이가 나옵니다. 저기서는 거북이가 안 나옵니다. 남
방에서 나오는 거북이들입니다. 은에서도 거북이는 나옵니다. 여기서
는 새들이 나옵니다. 봉황도 나옵니다. 머리 틀어 놓으면 똑같습니다.
이것은 제비입니다. 은은 바로 제비에서 시작되었습니다. 은에도 난
생설화가 있습니다. 은이 동이족이라는 것은 난생설화를 가지고 있기
때문입니다. 은이 동이입니다. 은 나라 사람도 그렇고 우리도 그렇고
동이족과 관련이 깊습니다. 홍산문화가 바로 은 나라로 이어지는 이
유는 은이 우리한테 연결이 되는 동이족이기 때문에 그렇습니다.

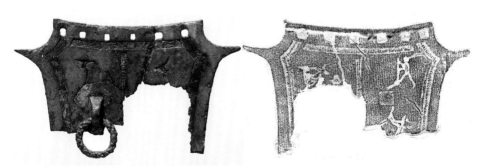

■ 대전 괴정동 출토 농경문청동기의 뒷면 솟대　　■ 농경문청동기(복제품 古靑社)의 앞면
부분 (국립중앙박물관)　　　　　　　　　　　　농경문 탁본(선문대 진주남강유적 전시실)

우리 민속 중에 솟대라는 것이 있는데 민속학자들은 이것을 시베리아 지역의 풍속이라고 합니다. 그러나 솟대는 시베리아하고 상관없습니다. 시베리아의 솟대는 19세기 것입니다. 우리는 기원전 5세기 또는 3세기에 이렇게 새들이 새겨진 청동기 유물이 나옵니다. 여러분 대전 괴정동에서 나온 청동기 아실 겁니다. 새가 나무에 앉아 있는 겁니다. 그것은 시베리아 보다 2,500년, 2,300년 앞선 겁니다. 시베리아에는 청동기시대의 새, 솟대 같은 거 하나도 없습니다. 우리의 새 신앙은 기원전 3500년 은 나라의 토템신앙이 그대로 전해져 내려오고 있는 것입니다. 우리나라에 새 신앙이 이렇게 그대로 내려오고 있습니다. 그것은 우리나라 삼국시대 개국시조가 모두 난생신화를 가지고 있는 것과 같습니다.

지금까지 여러분들에게 홍산문화紅山文化에 대해서 말씀드렸습니다. 홍산문화는 우리와 비슷한 부분이 많습니다. 홍산문화는 원래 일본 학자들이 중국과 만주를 점령하고 나서 발견했습니다. 일본군이 만주를 점령한 시기는 1931년입니다. 1932년, 소위 만주국을 세우고 1945년까지 만주 지역을 점령하였지요. 1935년, 일본의 하마다 고우사쿠濱田耕作의 주도 아래 일군의 고고학자들에 의하여 결성된 동아고고학회가 주관하여 '만주국 열하성 적봉홍산후 유적'을 발굴하여 1938년 『적봉홍산후赤峰紅山後-만주국 열하성 적봉홍산후선사유적』을 간행하였습니다. 일본인들이 발굴결과를 홍산후 제1주지紅山後第一住址와 홍산후 제2주지紅山後第二住址로 구분하였는데, '홍산후 제2주지'가 오늘날 말하는 홍산문화입니다. 홍산문화라고 최초로 이름붙인 이는 중국의 고고학자 윤달尹達이라는 분으로, 신석기시대에 해당하는 제2

주지를 '홍산문화'라고 하였습니다.

외면상으로는 학회를 내세웠지만 실제로는 '일본외무성문화사업부'가 발굴과 출판 등을 조성하였다고 합니다. 더욱 가관인 것은 발굴조사시에 시종 '일본군경비대日本軍警備隊'의 각종 편의와 경호를 받아가면서 실시했다고 간행사에서 특별히 밝히고 있습니다. '홍산문화'라고 명명한 중국의 고고학자 윤달은 이를 두고 "일본의 '파시스트Fascist 군인'들이 일본고고학자들의 꼬리를 따라다녔다(日本考古學者的尾隨着 日本法西斯軍人)"고 적고 있습니다.

일반적으로 제국주의자들은 어떤 지역을 점령하기 전에 먼저 그 지역의 지리, 풍습, 문화, 역사 등을 탐문합니다. 그 이전에 일본은 먼저 조선을 점령했습니다. 19세기에 동경제국대학이나 경도제국대학에서는 '조선학朝鮮學'이 많이 유행했습니다. 그러더니 일본이 조선을 점령했습니다. 조선을 점령한 후에는 만주의 민속, 문화, 역사 등에 관한 만주를 연구하는 '만주학滿洲學'이라고 하는 새로운 학문이 유행했습니다. 19세기 말에 조선을 침공한 일본 군부는 만주에 간첩을 보내 만주의 민속, 문화, 역사를 탐문하였습니다. 이때 광개토대왕릉비가 이들에 의해 발견됩니다. 일본육사 출신들이 간첩으로 변신해가지고 만주를 탐색하다가 발견한 것입니다. 그게 1880년대로 밝혀졌습니다. 일본 육군참모본부는 1880년 전후시기에 일본육사 출신들을 만주로 보냈습니다. 만주를 점령하고 나니까 그들은 다시 중국을 넘보기 시작하였습니다. 이때 일본인들이 중국에 관한 연구를 시작하였는데, 이를 '지나학支那學'이라고 합니다. '지나支那'라는 것은 'China'를 일본식 발음으로 표기한 것인데, 당시에는 '지나학'이 유행했습니다.

20세기 중반이 되니까 1930년대입니다. 당시 '지나학'이 크게 성행했습니다. 동경대학과 경도대학 심지어 경성대학까지 '만주학'에 대해서 엄청나게 공을 들였습니다. 경성제국대학의 후신인 서울대학에 가면 만주 쪽에서 나온 고구려나 발해 유물들이 많이 있습니다. 그때 경성제국대학 교수들이 만주에서 조사한 것들을 놓고 간 것들입니다. 그만큼 일본학자들은 만주를 점령하고 나서 만리장성이라던가 하북河北 지역, 만주 지역을 조사했는데, 일본학자들이 남의 나라에 가서 조사를 했습니다. 그때 자료를 보면, 제가 보기에는 일본학자들이 고고학이나 민속 조사를 하는데 일개 소대의 군대가 따라갑니다. 총을 든 군인들이 학자들을 보호합니다. 군국주의란 정말 대단합니다. 바로 그때 그 사람들이 시베리아 기원설을 주장한 사람들입니다. 당시 현지를 조사한 학자들은 늘 군인들이 보호해 줬습니다. 일본 군국주의자들은 자기들이 파견한 학자들에게 먼저 현지조사를 시키고 그 다음 전면적인 중국 점령을 시작합니다. 그래서 중국 사천 지역까지 점령하게 됩니다. 그 당시 중국 문화가 일본학자들에 의해서 조사되면서 우리나라의 고대문화를 중국 동북지방보다는 시베리아와 연결시키려고 하였습니다. 지금 중국의 홍산문화도 바로 그때 일본인 학자들에 의해 발견되어 조사된 겁니다. 물론 그때는 제대로 조사되지는 못했습니다. 1949년, 중화인민공화국 정부가 수립된 후에 홍산문화 유적들을 다시 조사하고 연구해서 만들어진 것이 오늘날의 '홍산문화'입니다.

여러분들께 홍산문화에 대해서는 다음 시간에 자세한 강의를 하도록 약속을 드리고 오늘은 여기에서 이만 마무리하겠습니다.

감사합니다.

3 강

'발해연안문명'의 석묘石墓와 홍산문화紅山文化

안녕하십니까. 지난 시간에 이어서 오늘도 발해연안문명에 대해서 말씀드리겠습니다. 오늘은 우리 문화와 밀접한 관계가 있는 묘제墓制에 대한 것입니다. 묘제라는 것은 무덤을 조성하는 양식과 법식을 말합니다. 고대인들의 무덤을 중심으로 우리 문화의 원류라든가, 지금까지 우리가 알고 있는 기존의 학설과 지금 새로운 자료에 의한 새로운 연구와 어떻게 다른가, 어느 것이 더 옳은가 이런 문제를 이번 강의를 통해서 여러분과 함께 말씀을 나누어 보겠습니다.

아마 여러분께서도 한국고대사와 우리 고대문화를 공부하시면서 우리 문화가 시베리아에서 건너왔다는 말을 많이 들었을 것입니다. 실제로 오랫동안 우리 교과서나 참고서, 일반 학술서적 등 특히 국가가 편찬한 간행물들에서 우리 문화의 원류, 심지어 우리 민족의 원류를 논할 때마다 시베리아Siberia에서 만주를 거쳐서 한반도로 건너 왔다고 하는 '외래설外來說'을 귀가 따갑도록 들어왔을 것입니다.

그런데 저는 지난 두 번의 강의에서 신석기시대 인류가 구석기시대에서부터 이 땅에 살고 있던 민족들이라고 말씀드렸고, 우리들의 조상들이 이 땅에서 기후와 자연환경의 변화에 적응하면서 성장하고 발전해왔다고 말씀드렸습니다. 우리가 말하는 신석기시대 인류는 고고학적으로 빙하기가 끝나고 날씨가 따뜻해지면서 동해안과 서해에 물이 고이면서 해안이나 강가로 모여서 물과 가까운 데서 생활하기 시작했습니다. 신석기시대에는 우리 인류는 정착생활을 하면서 생산도구, 농경도구, 생활도구가 필요했습니다. 그들이 가장 먼저 필요로 했던 것은 물(水)이었을 것입니다. 그들은 물을 얻기 위해 가장 먼저 물가에 가까이 다가가기 시작하였을 것입니다. 물가에 가까이 하면서 과거에는 얼음을 먹는다든가 물을 손으로 받아 마신다든가 하는 생활에서 물을 떠서 마실 수 있는 그릇들과 같은 용기容器를 필요로 하기 시작하였을 것입니다. 자연환경의 변화와 인간의 필요 본능이 토기를 발명하게 되었을 것입니다. 이것이 인류 최초의 발명發明입니다.

신석기시대에 발명된 토기로 직접 물을 떠서 마시고 저장하게 되었습니다. 물가로 이동해서 물을 손으로 마시는 대신에 용기로 물을 떠서 마실 수 있고, 물을 떠다가 방안에서 먹을 수 있게 되었습니다. 이와 같은 인류 문화의 첫 발명이 가져다 준 첫 행복은 걷지 못하는 아이에게 물을 먹일 수 있다는 기적이었을 것입니다. 또 용기로서의 토기는 음식을 끓여 먹을 수 있게 되었고 음식이나 곡식을 저장하는 데 사용되었습니다. 기존 학설들에서는 신석기시대의 인류와 문화를 논하면서 이 시기의 인류와 문화는 북방 시베리아에서 몽고를 통해서 만주를 거쳐 한반도로 이주移住 또는 전래傳來되었다고 주장해 왔습니다.

지난 강의에서는 우리나라 신석기시대 인류와 문화의 기원에 대해 시베리아 기원설이 국정교과서인 고등학교『국사』교과서에 실려 있다는 말씀을 드린 바 있습니다. 그리고 저는 이와 같은 시베리아 기원설에 대해 재고再考해야 한다는 주장을 여러 차례 해 왔습니다. 그러나 계속해서 시베리아 기원설을 주장하고 있습니다. 그래서 다시 빗살무늬토기에 관해 자세히 검토해보겠습니다. 오늘은 국립중앙박물관에서 발간한 간행물에서 역시 시베리아 기원설을 주장하는 사례를 말씀드리겠습니다.

이『국립중앙박물관』(1986) 도록은 국립중앙박물관이 국내·외에 한국의 대표적인 문화 예술을 국내뿐만 아니라 세계 각국의 관람자나 일반인들에게 배포하고 판매하는 한국의 대표적인 출판물입니다. 그런데 여기에서 소개된 우리 민족과 문화에 대해서 이렇게 서술하고 있습니다.

기원전 8천 년경이 되면 구석기시대가 끝나고 기후가 따뜻해지는데 한반도에 신석기 문화가 등장하는 것은 기원전 5천 년경에 고古아시아(고시베리아)족의 한 갈래가 시베리아에서 북만주를 거쳐 한반도에 이주해 오면서부터이다.

라고 말입니다. 국가가 발행한『국립중앙박물관』도록은 우리 민족이 시베리아에서 이주移住해 왔다고 주장하고 있습니다. 이와 같은 주장은 지난 1970년대부터 국정교과서에서 되풀이 되는 우리 민족과 문화의 '외래설外來說'인데, 국립중앙박물관이 한 차례도 학문적 여과 없이 그대로 고등학교『국사』교과서에서 한 것과 똑같이 시베리아 기원설을 베끼고 있습니다.

저는 1987년 대만대학 박사학위논문에서 한국문화를 포함한 발해 연안의 빗살무늬토기문화는 시베리아에서 기원한 것이 아니라 발해 연안에서 성장 발전하였다고 주장하였습니다. 그리고 같은 해 1987년 11월, 한국사연구회 월례발표회(대우재단 세미나실)에서 「발해연안고대문화-한국고대문화의 원류에 관한 연구」라는 제목으로 발표를 했습니다. 1989년에는 「발해연안의 빗살무늬토기문화의 연구」라는 제목으로 빗살무늬토기문화의 시베리아 기원설을 반대하는 논문을 『한국사학』10집에 발표하였습니다. 이때까지만 해도 어느 누구 하나 고등학교 『국사』 교과서의 시베리아 기원설을 비판한 적이 없었습니다.

마침내 그 다음 해 1990년 3월, 신판 고등학교 『국사』 교과서에 일대 변혁이 일어났습니다. 그동안 고등학교 『국사』 교과서가 줄기차게 주장해 왔던 빗살무늬토기문화의 시베리아 기원설이 신판 고등학교 『국사』 교과서에서 삭제된 것입니다. 신판 고등학교 『국사』 교과서는 「신석기 문화」에서 이렇게 쓰고 있습니다.

신석기시대는 B.C. 6000년 경부터 시작되었다.

라고 이렇게 단 한 문장으로 짤막하게, 그러나 금강석金剛石으로 철판鐵板에 새겨 놓은 것과 같은 구절이 서술되어 있었습니다. 이 대목에서 베토벤Beethoven의 피아노 협주곡 제5번 E장조가 울려퍼져야 했습니다.

신판 교과서에 "신석기시대의 대표적 토기는 빗살무늬토기이다"라고만 한 구 덧붙여서 서술하고 이전까지 『국사』 교과서에 서술하였던 빗살무늬토기문화의 시베리아 기원설은 완전 삭제削除되었기 때문입니다.

이야 말로 우리 민족과 문화의 원류를 바로 잡은 일대변혁-大變革, 아니 진정 문화혁명文化革命이라고 할 수 있는 일대 사건입니다. 그 변혁이나 혁명의 원인과 과정은 일체 생략되었지만 분명 변혁이고 혁명입니다.

그러나 국립중앙박물관은 2000년에 『국립중앙박물관』 도록 신판을 낼 때까지도

한반도에 신석기 문화가 등장하는 것은 기원전 8천 년경에 시베리아의 여러 곳에 흩어져 살던 고아시아(古 Siberia)족들이 중국 동북지방과 연해주 지역을 거쳐 한반도로 이주해 오면서부터이다.

라고, 1986판 『국립중앙박물관』 도록의 내용을 그대로 전재하고 있습니다. 더욱 한심한 일은 시베리아 기원설은 이미 고등학교 『국사』 교과서에서 삭제되었는데도 국립중앙박물관은 시베리아 기원설을 금과옥조처럼 그대로 사용하고 있다고 하는 사실입니다. 국립중앙박물관은 국사편찬위원회에서 간행하는 고등학교 『국사』 교과서를 보는지 아니면 보고도 못 본 척하는지? 국립중앙박물관은 우리 역사 문화를 보존하고 전시하는 곳인데 마땅히 우리 역사 문화를 어떻게 서술하고 가르치는가도 관심을 갖고 있어야 되는 것 아닌지 궁금합니다.

같은 『국립중앙박물관』(2000년판) '암사동 집터' 해설문에 계속,

토기를 비롯한 암사동유적의 출토유물은 우리나라 북쪽의 내몽고·시베리아의 바이칼Baikal 호湖 주변에서 출토되는 유물과도 연관

관계를 갖고 있어 우리나라 신석기 문화의 뿌리를 연구하는 데에도 중요한 단서가 된다.

고 하였습니다. 『국사』 교과서에서 시베리아 기원설이 삭제된 지가 10년이 되었는데도 국립중앙박물관은 계속해서 시베리아 기원설을 주장하고 있습니다. 물론 바이칼 호 주변에는 이런 토기가 없습니다.

한편, 국립중앙박물관에서는 1977년부터 사회교육의 일환으로 '박물관특설강좌'를 개설하여 매년 수차례씩 교육을 실시하고 있는데, 1977년판 『박물관특설강좌교재』 '빗살무늬토기' 항에는 "한반도의 신석기시대는 북방으로부터 전래된 빗살무늬토기문화로 대표되며, 한반도 동북지방은 함경북도와 연해주지방에 분포하는 문화로 아무르Amur 중류의 문화와 연계성을 갖고 있다. 한반도 중·서부 지방의 빗살무늬토기 문화는 시베리아 지방과 연계성을 갖는 문화"라고 하였습니다. 그 후 1983년, 국립중앙박물관에서는 『박물관특설강좌교재』를 『한국고고학미술사요해-박물관특설강좌교재』라는 제목으로 바꾸어 간행하였는데, '빗살무늬토기 문화의 시베리아 기원설'이 그대로 수록되었습니다. 1987년에는 『한국전통문화-박물관특설강좌교재』라고 제명을 또 바꾸어 간행하였지만, 빗살무늬토기에 대해서는 "토기가 우리나라 북방인 만주·시베리아Siberia 일원과 핀란드Finland에까지 분포되어 있어 이 토기를 통해 우리나라 신석기시대 문화가 북방문화권北方文化圈에 속함을 알 수 있게 되었다"고 하였습니다. 역시 '빗살무늬토기 문화의 시베리아 기원설'을 재창하고 있습니다. 그리고 1998년에는 같은 제목으로 교재를 간행하면서 내용을 전면 수정 보완하였다고 하는데, '신석기 문화'항에는 "기원전 약 5천 년경에는 시베리아 일대에 거주하던 고古아시아족의 한 갈래가 북만주를 거쳐 이주移住해 오면서부터 한반도에 신석기 문화가 시작되었다"고 오히려 신석기 문화뿐만 아니라 한민족의 외래설을 강조하고 있습니다. 시베리아에 거주하던 사람들이 이주移住해 왔다고 한민족의 '시베리아인人 이주설移住說'을 거침없이 주장하고 교육시키고 있습니다. 정말로 국립박물관이 아무런 검증이나 연구없이 이런 고정관념을 가지고 출판하고 교육시켜도 되는지 반문하지 않을 수 없습니다. 빗살무늬토기 문화 역시 시종일관 전혀 변한 것이 없이 수십년 동안 그대로 '시베리아 기원설'을 주창主唱하고 있습니다. 2002년판『한국전통문화-박물관특설강좌교재』에도 수정없이 그대로 출판하고 있습니다. 이와 같이 한국 국립중앙박물관은 30여 년 동안 우리 민족 문화의 기원을 '시베리아 기원설'로만 가르쳐 왔습니다.

국가 간행물은 '준準교과서'입니다. 그래서 이의 공신력과 그 파급과 영향력은 이루 말할 수 없이 큽니다.

국립중앙박물관은 2005년에 와서 용산에 새 박물관을 개관하면서 전면 수정 보완된 신판 『국립중앙박물관』을 만들었습니다. 이 도록에,

신석기시대新石器時代(약 1만 년 전~3천 년 전)는 빙하기 이후 변화된 환경에 적응하면서 새로이 토기와 간석기를 만들고 정착생활을 시작한 시기였다.

■『국립중앙박물관』(2005) 도록 표지

라고 짤막하게 서술하고, 과거의 간행물에서 수십 년 동안 계속 주장해 왔던 빗살무늬토기 문화의 시베리아 기원설을 슬그머니 내려놓았습니다.

저는 상식적으로 이해가 가지 않습니다. 시베리아는 추운 한대지방으로 우리 인류가 번식하면서 살아가기 힘든 기후와 지리적 조건, 환경 모든 면에서 인류가 살기에는 부적합한 곳입니다. 위도 35도 40도 사이에 온대지방의 따뜻하고 사계절이 있고 물이 많고 농산물이 풍부한 이런 지역을 우리 인류가 선호하는데, 당연히 이런 지리적 조건과 자연환경에서 우리 인류가 성장 발전했고 문화가 창조되고 발전했다고 보고 있습니다.

이것은 상식적인 이야기입니다. 일반인들이 다 가질 수 있는 상식입니다. "상식이 곧 진리다" 이런 생각도 가지고 있었습니다. 그런데 일본강점시대부터 최근까지, 21세기에 와서도 이런 시베리아 기원설을 고수해 왔습니다. 저는 그동안 수십 년 동안 상식적인 진리를 말로써 하기 보다는 현장을 방문하고 조사한 자료들을 종합해서 연구해서 시베리아 기원설의 문제점을 밝히기 위해 거의 평생을 매진해 왔다고 해도 과언이 아닙니다. 유럽에는 지중해를 중심으로 형성된 지중해 문명이 있었습니다. 그렇다면 우리도 발해를 중심으로 하는 '발해연안문명' 안에 우리 문명도 있었을 겁니다. 저는 그걸 지금까지 추구해 왔습니다.

그래서 지난 시간에 이어서 오늘은 대표적인 우리 민족의 묘제, 무덤을 어떻게 썼는가! 그런데 우리 민족의 내원과 문화의 원류를 얘기할 때 많은 우리 선배학자들이 지금 참고할 수 있는 문헌을 본다면 묘제를 중심으로 시베리아에서 왔다는 말을 많이 해 왔습니다.

고대의 무덤을 쓰는 방법, 양식을 가지고 시베리아에서 묘제가 우리 한반도로 건너왔다고 얘기를 합니다. 그러나 저는 무덤 양식이야말로 우리 발해연안의 고유한 문화요 우리 민족이 매장풍습으로 사용했던 관습이라고 생각하고 있습니다. 특히 오늘 주목하실 묘제는 돌을 사용해서 축조된, 돌로 이루어진 묘입니다. 우리나라의 전 지역은 이런 묘제들을 선사시대까지 사용했습니다. 특히 한반도로 말한다면 함경북도, 평안북도, 심지어 제주도까지 이런 돌무덤(석묘石墓)을 사용했습니다. 조선조에 오면 이렇게 흙으로 만든 토광묘를 많이 썼습니다. 그러나 고대 신석기시대와 청동기시대 심지어 삼국시대까지도 이런 석묘를 사용했습니다. 고려에 오면서 역시 석곽石槨을 사용했지만 위에

■ 우하량 원형 적석총과 석관(BC.3500)

■ 알타이지방 원형 적석총(BC.2000)

■ 우하량 Ⅱ지점 석관묘

■ 원형 적석총 내 석관

는 봉분이 사용되었고 조선조에는 토광목관과 봉분으로 묘제를 사용했습니다. 적어도 신석기시대 후반기에서부터 청동기시대, 철기시대까지도 우리 민족은 돌을 사용해서 무덤을 조성했다고 보여지고 있습니다. 그런데 과거에는 이런 무덤들이 멀리 시베리아에서 우리 한반도로 건너왔다고 생각했습니다. 지도를 보시면 시베리아는 이쪽에 있습니다.

돌무덤은 석묘라고 했는데, 대체적으로 석묘는 산동반도와 발해연안을 끼고 한반도에서 나옵니다. 특히 가장 집중적으로 나오는 데는 여기 대릉하라고 하는 데 이곳입니다. 대릉하와 요동반도, 한반도라

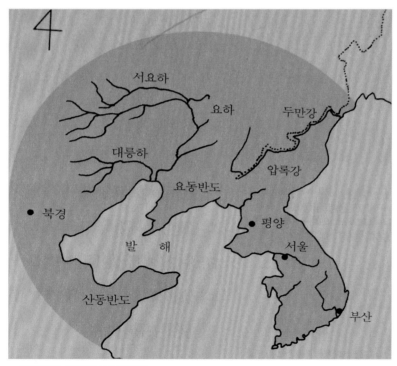

= 발해연안 석묘(돌무덤) 분포도

고 할 수 있습니다. 산동반도에서도 석묘는 많이 나오고 있습니다만 그쪽에서 충적층이 많이 발달하면서 토광묘도 많이 발전하고 있습니다. 산동반도 부근, 특히 발해연안을 끼고 요동반도 부근에서는 돌을 사용하는 무덤들을 많이 사용했었습니다. 발해연안의 지리적 조건은 중국의 다른 평지와는 다릅니다. 중국의 화북 평원은 충적층이기 때문에 토광묘를 많이 쓰고 있습니다만 발해연안 지역은 산악과 평지가 공존하고 있기 때문에 돌을 사용하여 무덤을 조성했던 걸로 생각됩니다.

다시 말씀드리지만 저런 비슷한 돌무덤이 분명히 시베리아에도 있습니다. 그러나 시베리아에서는 아주 늦은 시기에 돌무덤이 사용되었습니다. 과거 일제시대에 고고학이 발달하지 못했을 때 나온 연구결과입니다. 일본학자들은 우리 한반도나 만주에 있는 돌무덤을 시베리아에서 왔다고 보고 있습니다. 시베리아는 비교적 고고학이 발달된 지역입니다. 러시아에서는 시베리아 쪽 돌무덤과 우리 무덤을 연결시켜서 우리 무덤이 시베리아에서 왔다, 그것은 민족이 이동하면서 왔다, 민족이 이동하면서 돌무덤을 쓰는 묘제를 가지고 왔다, 이렇게 해석하고 있습니다. 이것은 지난 시간에 제가 말씀드렸던 것처럼 신석기시대 빗살무늬토기를 사용하는 신석기인들이 시베리아에서 신석기시대 토기를 가지고 만주와 한반도로 건너왔다는 그런 내용과 일치하고 있습니다.

김원룡 교수는 『한국고고학개설』을 내기 전인 1964년, 고려대학교 민족문화연구소에서 간행한 『한국문화사대계』에 「한국문화의 고고학적 연구」를 게재하면서,

우리나라의 석상분石箱墳과 같은 것은 시베리아 지방의 청동기 제 Ⅱ기인 안드로노보기Andronovo期에서부터 나와 다음 카라스크기 Karasuk期에 크게 유행하는데, 카라스크기에는 석관石棺들이 원형 또 는 구형矩形의 석리石籬 내부에 여러 개가 모여 있으며, 그 석상은 우 리 강계江界에서 본 것 같이 두관족협頭寬足狹의 형식인 것이 주목된 다. 우리의 석상분은 시베리아 청동문화에서 유래由來하고 있음은 틀림없다고 하는 바이다.

라고 하였습니다. 아마 이 글은 김원룡 교수가 우리나라의 돌널무덤(석상분石箱墳, 혹칭 석관묘石棺墓)의 기원을 시베리아로 본 가장 이른 시기의 문헌일 것입니다. 그 후 석상분뿐만 아니라 우리나라의 거의 모든 선사문화를 시베리아 기원설로 보강하여 1973년, 『한국고고학개설』이라는 단행본을 내 놓고 있습니다. 김원룡 교수가 석상분이라고 한 것은 석관묘라고도 부르는 돌널무덤으로 우리나라를 포함해서 발해연안에서 신석기시대와 청동기시대에 널리 분포돼 있던 고대 묘제입니다.

이보다 좀 더 먼저 일본인 우메하라 수에지梅原末治씨가 우리나라 석상분의 시베리아 기원설을 주장하였습니다. 우메하라씨는 1947년, 『朝鮮古代の墓制』라는 책에서,

반도에 있어서 소위 상식관箱式棺을 주체로 하여 묘위에 성토한 것 도 있지만 그 밖에 다른 묘들은 기반식지석묘碁磐式支石墓의 내부에서 보는 것처럼 적석총의 주체를 이루는 독립적인 경우도 있다. 이런 유형은 유럽 대륙의 북부, 특히 미누신스크Minusinsk 부근의 청동기

시대의 고묘古墓의 구조와 같이 현저하게 드러나는 것이 있을 뿐만 아니라 근년의 조사에 의하면 남만주의 관동주關東州를 중심으로 다수 존재하고, 시대에 있어서도 같이 하고 있다.

라고, 조선의 상식관箱式棺을 시베리아 미누신스크Minusinsk의 청동기시대의 묘제와 연계시키고 있습니다. 여기서 상식관이라고 하는 것은 김원룡 교수가 말한 석상분石箱墳입니다. 우메하라씨는 우리 고대문화의 대표적인 묘제인 돌널무덤의 원류를 시베리아의 미누신스크의 고묘와 연계시키고 있습니다. 이렇게 한반도의 돌무덤의 시베리아 기원설은 일본인들이 흔히 우라나라 고대문화와 연결시키는 대표적인 문화유형이었습니다.

그리고 일본인 미가미 스기오三上次男씨는 그동안의 연구 논문을 모아 1961년에 간행한 『만선원시분묘滿鮮原始墳墓의 연구研究』에서,

석관묘는 기원전 1천년기紀의 동주東周시대부터 전국시대에 걸쳐서 열하熱河방면에 거주하는 홍도인紅陶人들이 일반적으로 사용하는 묘제라는 것을 알 수 있다. 그래서 이런 묘제를 사용하는 주민의 문화는 서방西方에 이어지는 오르도스Ordos 청동기 문화뿐만 아니라 스키토-시베리아Scythlo-Siberia 문화의 계통에 속하는 것이다.

라고 하였습니다. 미가미씨는 만주 지방(만선滿鮮 지방)의 청동기 문화뿐만 아니라 석관묘는 '스키토-시베리아Scythto-Siberia' 계통에 속하는 것이라고 주장하고 있습니다.

북한의 도유호씨는 『조선 원시 고고학』(1960)에서 봉산 신흥동 출토 '청동단추'에 대해서,

> 삿갓 같은 단추 안에 걸개 고리가 하나 달린 것이다. 장성 지대 및 남부 씨비리(시베리아)의 까라스끄 문화에 보이는 청동기 형태인데 적봉 홍산에도 그것이 보였다. 문제의 조각도 대개 같은 것인 듯 하다. 돌각담무덤(적석총)·돌상자무덤(석관묘)의 전래와 관계가 있을런지도 모르겠다. (괄호안은 필자)

고 하였습니다. 도유호씨는 청동단추와 같은 청동기가 적석총과 석관묘와 함께 시베리아Siberia에서 전래傳來됐을 것으로 보고 있습니다.

이와 같이 북한에서는 일찍이 청동기의 '시베리아 기원설'도 빗살무늬토기의 '시베리아 기원설'과 함께 유행되었습니다. 1970년대에 와서 이른바 '외인론外因論'이라고 하여 빗살무늬토기의 '시베리아 기원설'이 폐기될 때 청동기의 '시베리아 기원설'도 함께 폐기된 것으로 보입니다. 그러나 남한에서는 오래도록 '시베리아 기원설'이 주장되어 왔고, 심지어는 『국사』 교과서에까지 등재되어 왔습니다.

한편, 한국의 김정배 교수는 1973년, 『한국민족문화의 기원』을 내놓았는데,

> 석관묘石棺墓가 시베리아의 카라스크Karasuk에서 시작, B.C. 8~B.C. 2세기까지 사용된 것을 생각한다면 그 분포가 열하熱河·적봉赤峰·길

림吉林·한국·구주九州에까지 퍼져 있고,.... 카라스크Karasuk에서 석관
묘가 나오는 연대인 B.C. 8세기 전부터 한국 석관묘의 시작으로 보
아도 좋을 것이다.

라고 하였습니다. 이어서 김정배 교수가 같은 책에서 "한국의 청동기
문화가 그 성격에 있어 시베리아Siberia 청동기 문화와 관계를 가지는
독특한 한국적인 것이다"라고 한 것과 연계해 보면, 김정배 교수가 한
국의 청동기 문화와 석관묘가 시베리아의 카라스크Karasuk에서 기원
했다고 하는 가설을 내 놓은 것은 앞서 일본의 미가미씨가 주창한 이
른바 만선滿鮮 지역의 석관묘의 '스키토-시베리아Scythlo-Siberia 기원
설'을 연상케 하고 있습니다.

더욱 놀라운 사실은 1978년판 고등학교 『국사』 교과서 '청동기 문
화'에,

한국의 청동기는 아연이 함유되어 있고 비파형 동검 등이 있는 것
으로 보아서, 중국의 영향을 받은 것이 아니라 북방 계통의 청동기
문화를 받아들인 것으로 보인다. 그렇기 때문에 청동기 장식에 스
키토-시베리아Scythlo-Siberia 계통의 동물양식이 섞여 있다.

라고 서술하였는데, 위의 세 사람이 우리나라(혹칭 조선) 청동기 문화를
'스키토-시베리아Scythlo-Siberia' 계통으로 서술한 것과 『국사』 교과서
가 많은 공통점이 있어 보여서 어떤 연유로 비슷하게 서술되었는지 궁
금하지 않을 수 없습니다.

그래서 저는 고등학교『국사』교과서에 수록된 우리나라(혹칭 조선) 청동기 문화의 기원 문제에 대해서 누차 의문을 제기해 왔습니다. 그 대표적인 논문이 국사편찬위원회에서 간행한『한국사』13, '한국의 고고학' 특집에 수록된 2편의 논문입니다. 하나는「청동기 문화의 비교Ⅱ(중국과의 비교)-동경銅鏡을 중심으로 본 우리나라 청동기의 기원-」입니다. 다른 한 편은「청동기 문화의 비교Ⅰ(동북아와의 비교)-동경銅鏡을 중심으로 한 중국 중원 지방과 시베리아와의 관계-」라는 역시 청동기 관계 논문입니다. 이 두 편의 논문을 통해서 고등학교『국사』교과서에 수록된 우리나라 청동기 문화의 '스키토-시베리아Scythlo-Siberia 기원설'을 바로 잡는 계기가 되었습니다.

동북아시아의 돌무덤(석묘石墓)도 기원전 3500~3000년에 홍산문화에서 형성 발전하면서 만주 지역과 한반도를 포함한 발해연안에서 유행하고 있었던 고대 동이민족의 전형적인 묘제입니다. 저는 1978년, 국립대만대학 대학원의 고고학과 석사논문에서 동북아시아 돌무덤의 기원 문제에 대해서 중국 동북지방의 대릉하 유역 발생론을 제기한 바 있습니다. '돌무덤의 대릉하 유역 발생론'을 제기한 이래, 줄곧 이 문제를 조사하고 토론하고 연구하면서 1987년, 국립대만대학 대학원의 역사학과 박사논문에서 본격적으로 동북아시아의 석묘문화石墓文化의 기원을 중국 동북의 발해연안이라고 구명究明하였습니다. 그 다음 해인 1988년에는『한국학보』제50집에「발해연안 석묘문화의 원류」라는 제목으로 국내에서 발표하였습니다. 같은 해 한국정신문화연구원이 주최한 세계한국학대회에서「동북아 석묘문화의 분포와 그 기원문제」를 주제 발표하고『한국학의 과제와 전망』에 게재하였습니다.

또 1990년에는 일본 가시하라橿原고고연구소에서 「동북아시아의 석묘문화에 대하여」라는 제목으로 학술강연회를 갖고, 발표논문은 『가시하라고고연구소 기요紀要-고고학논고』에 게재한 바 있습니다. 그리고 1992년에는 중국 호화호특시에서 내몽고문물고고연구소가 주최한 '중국고대북방민족고고문화' 국제학술연토회에서 「한국고대문화의 시베리아 기원설 상각商榷」이라는 논문을 발표하였습니다. 국내외 학술대회에서 발표하고 토론한 이들 논문에서는 한결같이 '동북아시아 석묘문화의 발해연안 기원론'을 주장하였습니다.

한편, 러시아 유학에서 돌아온 한국의 신진학자들(이헌종·강인욱)이 중심이 되어 집필한 『시베리아의 선사고고학』(주류성, 2003)의 '고고학으로 본 한국과 시베리아'에서,

우리의 토기가 북유럽에서 출발해 시베리아를 거쳐 왔다는 종래의 견해를 언뜻 수용하기에는 좀 더 신중을 기하는 것이 좋을 듯하다. 왜냐하면 우리의 지역과 가장 가까운 요령성과 길림성을 포함하는 만주 지역과 북경시를 포함하는 하북성 지역에서 나오는 즐문토기의 연대가 시베리아에서 나오는 토기들과 비슷하거나 좀 더 올라가기 때문이다.

라고 하였습니다. 한국의 신석기시대의 즐문토기(즉, 빗살무늬토기)가 북유럽에서 출발해서 시베리아를 거쳐 왔다는 종래의 견해는 신중을 기하여야 한다고 하는 '시베리아 기원설의 신중론'을 제기하였습니다. 이어서 한국 청동기 문화와의 관계에 대하여는,

앞으로 한국 청동기시대의 기원을 논할 때 좀 더 신중한 태도가
필요하며 한국의 청동기시대와 위의 문화들(카라스크와 타가르)과의
비교에서 나타난 몇 가지 유사한 요소들에 대해 우리의 기원문제와
직접적으로 연관시키는 것은 바람직하지 않다. … 앞으로 우리 청동
기시대의 기원을 남부 시베리아에 기원을 두려던 그동안의 시도는
전면적으로 재검토를 해야 할 것이다.

라고 하였습니다. 저자들은 우리나라의 청동기 문화의 시베리아 기원
설은 전면적으로 재검토해야 한다고 하였습니다. 대단한 탁견卓見임에
틀림없다고 생각합니다. 이는 제가 1990년, 연세대학교 국학연구원
에서 발표한 「한국민족문화의 시베리아 기원설에 대한 재고再考-한국
고대문화의 기원에 관한 서설序說-」(『동방학지東方學志』69집)과 일맥상통
하고 있어 매우 감개했습니다.

　이로써 그동안의 '외래설外來設', 본연의 우리 문화는 없고 우리 민족
도 없고 시베리아에서 살던 사람들이 지금부터 약 5천 년 전에 빗살무
늬토기를 가지고 한반도로 건너와서 신석기시대의 주민을 구성하고
빗살무늬토기문화를 형성했다고 하는 종래의 가설은 마땅히 폐기되
어야 한다고 생각합니다. 그런데도 아직까지 동북아시아의 고대묘제
도 시베리아에서 살던 사람들이 가지고 왔다고 주장하는 사람들이 있
습니다. 그렇다면 우리 한반도에는 인류도 없었고 무덤도 없었고, 인
류가 없었으니까 무덤도 없었다고 생각하는 게 아닌지 모르겠습니다.
실제로 우리가 그릇으로 사용하고 있는 토기와 사람이 죽어서 매장되
는 풍습(묘제)까지도 시베리아에서 전래되었다고 했습니다.

구 소련 이르쿠츠크 대학 메데베제프 교수는 1991년 3월, 한국의 선사유적을 둘러보고 국립중앙박물관을 방문한 자리에서 "한반도 출토 초기 신석기시대 토기들은 시베리아 토기들과 별로 공통점이 없어 보인다"면서 한국학계 일부에서 주장되고 있는 한민족 시베리아 기원설에 대해 회의를 표시했다고 합니다.(『동아일보』)

　최근에 많은 고고학적인 성과를 올리고 있습니다. 중국은 과거에는 고고학이 그렇게 발달되진 못했습니다. 왜 그러냐 하면 문화혁명을 겪은 나라라서, 문화혁명 때는 이런 고고학 조사를 십여 년 동안 잠시 중단했어야 했습니다. 일반적으로 중국 고고학의 새로운 연구조사는 1970년대 후반부터 본격적으로 이루어졌습니다. 문화혁명이 1970년대 중반 경에 끝나니까 1980년대 들어와서 많은 고고학 조사가 이루어졌습니다. 1980년대 와서는 우리가 일반적으로 말하는 중국의 개방정책이 진행되면서 전국적으로 건축공사다, 도로건설이다 해서 공사를 많이 하게 되었습니다. 특히 중국 동북지방의 발해연안의 요령성, 길림성 쪽에서도 많은 토목공사를 하면서 새로운 유적들이 계속 발견되었습니다. 우리와 마찬가지로 학술적인 발굴조사보다는 개발을 전제로 발굴하는 이른바 구제발굴을 통해 발견된 경우가 많습니다. 우리 한국 사정도 비슷했습니다. 우리도 학술조사보다는 아파트 짓고, 학교 짓고, 도로 내면서 이런 구제발굴이라고 하는 제도를 도입해서 유적들이 많이 발굴되면서 손상도 많이 되었습니다. 그런 유적들의 상당수는 보존되기보다는 발굴로 피해를 더 많이 입었습니다. 이런 사정은 한·중 양국이 비슷합니다. 이러한 상황아래 발해연안에서 새로운 묘제들이 속속 조사되었습니다.

요령성 심양시에서 북경을 가자면 요하遼河를 건너 부신阜新을 지나 서부 요령의 중심도시인 조양朝陽시에 이르고, 여기서 다시 서쪽으로 건평建平이 나오고 건평에서 능원凌原으로 가다가 양 현의 경계 지점인 우하량牛河梁에 이릅니다. 우하량은 발해연안 북부 대릉하大凌河 유역의 상류의 지류입니다. 이 경계지점에 있는 우하량이 바로 홍산문화紅山文化의 본향입니다. 이 경심공로京沈公路를 따라 북경-심양간 경심철로가 지나갑니다. 이 경심철로는 일본사람들이 1931년에 만주를 점령하고, '만주국滿洲國(1932~1945)'을 세운 후에 중국으로 진출하기 위해 개설한 간선철로입니다. 이 철로는 북경에서 조양, 심양을 지나 단동을 거쳐 신의주에서 부산까지 가는 철로입니다. 바로 이 철로가 개설될 때 우하량 유적을 관통하면서 많은 유적이 손상이 되었습니다. 그동안은 몰랐습니다. 간선공로라고 해 봐야 2차선 도로입니다. 1981년 도로확장공사를 하면서 유적이 발견되었다고 합니다. 그래서 당시 중국에서 많은 관심을 가지고 조사를 했습니다. 1983년에 첫 발굴이 시작되었습니다. 지금 홍산문화 유적이 주로 분포되고 있는 지역은 간선공로와 간선철로 사이입니다. 이 지역에 돌로 만든 돌무덤(석묘石墓)과 제단이 분포돼 있고, 간선공로 북쪽으로 구릉을 오르면 신전 지역입니다.

우하량 유적에서 능원시 쪽으로 500여m 산속으로 '우하량고고공작참牛河梁考古工作站'라고 하는 간판이 보이는 건물이 발굴단이 머무르는 곳입니다. 이곳에는 조그만 전시실과 연구실 그리고 정리실이 마련돼 있습니다. 우하량 유적은 16개 지점으로 나누어 있는데, 주요 유적은 돌무덤으로 석관묘, 석곽묘, 적석총이 있습니다. 1983년 첫 발굴 이래 지금도 계속 발굴하고 있습니다. 우하량 유적은 기원전 3500~3000년, 지금으로부터 5,500~5,000년에 축조된 것이라고 합니다.

우하량 유적의 돌무덤은 우리 한반도의 고대 돌무덤과 매우 밀접한 관계를 가지고 있습니다. 한반도로 건너오기 전에 요동반도를 거쳐오게 되는데 요동반도에는 석관묘, 석곽묘, 적석총 그리고 고인돌무덤(지석묘支石墓)이 분포되고 있습니다. 요동반도의 돌무덤은 대체로 기원전 2500년 내지 2000년 경에 축조된 것으로 보고 있습니다. 기원전 1500년 경에 한반도에서도 돌무덤이 나타나기 시작합니다. 한반도의 이른 시기 돌무덤은 인천 앞 시도矢島에서 발굴된 적석총이 있는데, 이 돌무덤의 방사성측정연대는 기원전 2000년~1500년으로 나와 있습니다. 기원전 1500년이면 지금으로부터 3,500년 전입니다. 이런 돌무

■ 우하량 홍산문화 유적 원경 조감도(우하량고고공작참 제공)

덤이 발해연안에 주로 분포되고 있는데, 돌무덤을 쓰는-같은 묘제를 사용했던 사람들은 같은 민족 즉, 동이족일 것으로 추측됩니다.

발해연안의 돌무덤의 기원에 대하여 결론부터 말한다면, 우하량 유적의 돌무덤은 과거부터 많은 학자들이 주장하고 있는 시베리아 기원설의 근거가 되는 시베리아의 돌무덤보다는 1,000년 내지 2,000년이 앞서는 홍산문화紅山文化 시기의 유적입니다. 시베리아에서 아무리 이른 시기의 돌무덤이라 할지라도 지금으로부터 4,000년 전입니다. 시베리아의 돌무덤의 연대가 지금으로부터 4,000년 전이면 우하량 돌무덤보다는 적어도 1,500년이 뒤떨어진 시기에 축조된 무덤들입니다. 홍산문화 시기의 돌무덤들은 시베리아의 돌무덤들보다 시기가 훨씬 앞서서 축조된 것이라는 말입니다.

만일 돌무덤을 주로 쓰는 석묘문화가 시베리아에서 요동반도나 한반도로 내려오려고 한다면 여기 우하량 유적이 있는 요서 지방을 지나서 요동반도로 오게 됩니다. 지금 같이 비행기로 오지 않는 한 이 지역을 지나지 않고서는 우리 한반도에까지 도달할 수 없습니다. 시베리아 알타이 지방에서 동쪽으로 가자면 몽고사막을 지나서 만주로 해서 한반도로 가야 하는데, 설사 그렇다고 해도 알타이 지방에 있는 돌무덤들은 약간씩 보이기는 하지만, 축조위치와 축조방법도 다르지만, 주된 차이점은 축조시기가 크게 다르다는 겁니다. 시베리아의 돌무덤은 발해연안의 돌무덤보다 늦습니다. 이쪽 발해연안의 돌무덤이 저쪽 시베리아 돌무덤보다 적어도 1,500년 앞선 시기에 축조되었습니다.

시베리아에서 한반도로 오려면 요하遼河나 요동반도를 거쳐서 한반도로 오게 되어 있습니다. 만약에 내려왔다고 하더라도, 물론 시베리아에서 내려올 수도 있습니다만 그것은 영향을 하나 받을 수 있는 정도이지 기원이라고는 할 수 없습니다. 그것은 기원이라고 말할 수 없습니다. 크게 봐서 돌무덤에 받은 영향이 있을 수도 있지만 그렇다고 해도 돌무덤을 쓴 양식은 시베리아 양식보다 대릉하 유역의 홍산문화 양식을 쓴 것이 분명합니다. 요동반도나 한반도는 거의 유사한 묘제를 사용하고 있습니다. 시베리아보다는 대릉하나 요동반도와 밀접한 관계가 있다고 생각합니다. 제가 이 돌무덤에 대해서 관심을 많이 가지고 있습니다. 이 돌무덤의 기원문제가 해결되어야 우리 민족의 기원론이나 우리 문화의 기원론을 바로 잡을 수 있을 것이라는 생각을 가지고 있기 때문입니다.

제가 1975년에 대만으로 유학을 갔습니다. 그 당시의 대만은 자유중국自由中國으로 그 곳이 바로 중국이었습니다. 대륙의 중국은 중화인민공화국으로 우리는 중공中共으로 익숙합니다. 중공은 문화혁명 때라서 북경대학도 학생을 뽑지 않을 때입니다. 제가 그 당시 국립대만대학國立臺灣大學을 택한 것은 고조선이라든가, 한국고대문화를 규명하기 위해서는 중국고고학이라든가 중국고대사를 필히 공부해야 된다고 생각했기 때문입니다. 그래서 저는 국립대만대학을 택해 유학하게 되었습니다. 국립대만대학에서 공부를 하면서 저는 많은 학문적 소양과 지식을 터득했습니다. 그 중에서도 바로 만주 지방을 중심으로 한 한국고대사의 전개, 우리 민족의 성장 발달, 우리 문화의 발전하는 과정을 규명하고 정립하기 위해서는 중국을 이해하지 않고는 어렵다는 것을 알았습니다. 1970년대의 대만 유학생활이 힘들고 어려웠지만 '연목구어緣木求魚' 한다는 각오와 구도자적求道者的 자세로 처(박노희朴魯姬

국립대만대학교 의약대학 대학원)와 함께 모든 어려움을 견뎌냈습니다.

대만 유학생활 중에 특별히 경험한 것인데, 대만에는 중공 성립 (1949) 이후 중국 만주 지역에서 조사했던 기록들이 특별히 보관된 장소가 있었습니다. 그건 국립대만대학이나 대만 중앙연구원이라는 곳에 있는 중요 문서 보관 장소입니다. 그쪽에서는 중공中共에서 간행된 모든 문헌을 '특장실特藏室'이라고 하는 장소에 보관합니다. 우리 국내에서 일반적으로 말하는 '불온문서보관소'입니다. 우리 한국에도 '불온문서不穩文書'라고 하는 문헌을 열람할 수 있도록 규제가 풀린 1988년 이전에는 아무도 볼 수가 없었던 공산권국가의 문헌자료들이 있던 곳이 있었습니다. 통일부에 가면 불온문서를 보관한 장소가 별도로 있는데, 통일부에서 발행한 '불온문서취급증'을 가지고 있지 않으면 북한을 비롯한 공산권국가의 문서를 열람해 볼 수가 없었습니다.

당시에는 대만에도 우리나라처럼 중공에서 발간한 사상이나 이념뿐만 아니라 일반 간행물 자료 그리고 고고학 자료나 역사학 자료들과 같은 학술자료들마저도 일반 열람을 엄격하게 통제하고 있었습니다. 그 자료들은 물론 복사도 못했습니다. 자료를 복사하려면 지도교수를 통해서 해야 하는 그런 방법으로 자료를 모았습니다. 그렇지 않으면 홍콩대학이나 중문대학中文大學에 가서 자료를 수집했습니다. 당시 영국령 홍콩의 홍콩대학이나 중문대학은 대만보다는 자료 관람이나 복사가 좀더 자유스러웠는데 문제는 홍콩의 대학에서 수집한 자료를 대만으로 가지고 들어올 때입니다. 대만 공항에서 제한을 받게 되는 것입니다. 검색에 걸리면 빼앗기고, 정말 별의별 방법을 동원해서 어렵게 자료들을 입수했습니다. 그 당시 한국에서도 금지품이었으니까 더 말할 것도 없습니다. 제가 연구에 활용할 수 있는 학술 자료들은 그렇게 힘들게 수집한 것들입니다.

그 당시에는 홍산문화의 고고학 자료가 잘 알려지기 훨씬 전입니다. 요령성에서 우하량 유적이 1983년에 발굴되기 시작했으니까 제가 대만대학에서 공부할 때는 이런 유적이 발견되기 훨씬 전입니다. 물론 당시는 문화혁명의 여파로 고고학이나 유적에 대한 발굴조사를 별로 안 했기 때문에 보고서 같은 것도 별로 나오지 않았습니다. 1984년에 처음으로 중국 고고학과 문물 관계 학술지에 약보고서의 형식으로 소개되기 시작하였습니다. 당시에는 단독보고서가 나오는 예가 드물었습니다. 제가 대만대학에서 석사논문을 쓸 때는 그런 유적들이 이 세상에 나오기 전이었습니다. 이 유적은 1983년에 발굴되었고, 이 유적이 소개된 것은 훨씬 후인 1986년 8월에『문물文物』지에 처음 발굴 개요가 소개되었습니다.

1978년에 석사논문이 완성되었지만 그 당시 고고학 자료가 열악한 환경에서 중국 동북지방의 고대문화의 형성과정을 탐구하고 고증하여 발해연안 고대문화의 특징을 규명하려고 노력하였습니다. 그와 같은 노력으로『중국 동북 신석기시대 및 청동기시대의 문화』라는 제목으로 석사논문을 일단 완성했습니다. 이 시기에도 중국 동북지방의 석관묘가 시베리아에서 건너 왔다고 하는 인식이 있었는데, 중국 동북지방의 석관묘는 중국 동북 지방의 대릉하 유역에서 처음 혀 었을 것이라고 고증하였습니다. 그 당시에는 중국 동 에서 신석기 시대의 돌무덤은 조사된 것이 별로 없었 . 그래서 돌로 축조하는 다른 시설물에 주 었는데, 신석기시대의 주거지의 바닥면 중앙에 돌로 설치한 화덕자리(노지爐址)를 주목하였습니다. 화덕자리는 마치 석판石板으로 상자같이 짜 맞춘 시설이었습니다. 이런 형태의 화덕자리가 돌 상자를 짜 맞춘 것처럼 생긴 구조가 마치 석관石棺과 비슷했습니다. 화덕자리의 하부 5면의 구조와 판석의 결구가 뚜껑만 덮지 않은 석관의 구조 방법을 방불케 하였습니다. 이것을 석관묘의 전신으로 봤습니다. 이런 기술들이 발전하여 석관묘가 되지 않았을까 생각합니다. 그 당시는 석관묘를 사용하기 전입니다. 주거지 안의 화덕자리를 석판으로 만들어 쓰는 방법이 바로 우리가 말하는 석관묘의 전신이라고 생각합니다. 지금까지 알고 있는 석관묘가 시베리아에서 유래되었다고 하는 주장에 반하여 그것은 발해연안 현지에서 성장, 발전했을 것이라고 생각합니다. 그것이 바로 제 국립대만대학 고고학과 석사학위 논문의 결론이었습니다.

그리고 계속해서 국립대만대학에서 박사과정을 밟고 있었습니다. 그러는 가운데 1979년에 대릉하 유역에서 홍산문화 유적이 발견되었다고 하는 소식이 보고되었고, 1984년에 정식 보고서가 나왔는데, 그 이전에는 유구가 석관묘라든가 적석총인지 자세히 알 수 없었습니다. 1979년에 발굴 조사된 동산취東山嘴라고 하는 유적이 바로 그것입니다. 이 유적에 관련된 보고서도 역시 1984년에 나왔습니다. 1979년, 중국에서 이런 석조石彫 유적들이 나온 것은 저의 관련 논문이 나온 후에 발견되고 발굴되기 시작했다는 사실을 알게 된 것입니다. 1984년 이후 제가 박사코스를 밟으면서 다시 이 문제를 더 집중적으로 규명하고자 논문을 쓴 것이 『발해연안의 고대문화 연구』였습니다. 오늘 말하는 이 강좌의 제목과 같은 '발해연안문명'이 기초를 잡은 것이지요. 학문의 완성이라기보다는 이론적으로 입론立論했다고 보는 것이 낫겠지요. 박사논문으로 통과한 해가 1987년입니다. 이 '발해연안문명'의 현장인 중국의 동북지방을 실제로 답사하기 시작한 것은 1990년부터입니다. 그때까지만 해도 국제정세가 여의치 못하여 문헌을 통하여 이론을 개발할 수밖에 없었습니다. 지금 생각하면 '철의 장막' 안에서 '문명의 씨앗'을 꺼내왔다고 생각합니다.

시베리아 것과 비교했을 때 과거에는 시베리아 것이 우리 것의 원류라고 그랬습니다. 이것도 원형 사이클입니다. 이런 원형 사이클과 저런 원형 사이클이 동시간대에 나타난다면 시베리아에서 왔다고 할 수있을 지도 모르겠습니다. 그러나 우하량 II지점의 원형 적석유구와 시베리아 원형유구와는 시간적으로 약 1,500년 정도의 갭이 있습니다. 그렇다면 어디서 왔겠는가? 가까운 대릉하 유역에서 한반도로 왔다고 생각하였고, 이 묘제를 사용한 사람들은 넓은 의미에서 동이민족이라고 추정하였습니다. 중국 동북지방의 대릉하 유역은 동이민족이 살던 지역이며, 이런 돌무덤들은 동이민족이 즐겨 사용했던 묘제墓制라고 하였습니다.

대릉하 유역 우하량 XIII지점에는 '동방의 피라미드Pyramid'라고 하는 큰 고분이 있습니다. 이 유적은 1990년대에 발견된 것입니다. 한개의 큰 동산같이 되어있습니다. 이 폭이 60m가 되는데, 현재 높이는 10m가 조금 넘고 마치 4각추처럼 보입니다. 돌과 흙으로 쌓은 이고분을 조사자들은 '금자탑金字塔'이라고 부릅니다. 금자탑이라고 하는 것은 마치 '쇠 금金'자 처럼 삼각형으로 뾰족하게 생겨서 금자탑이라고 합니다. 곧, 피라미드를 말합니다. 그래서 동방의 피라미드라고 합니다. 우하량 적석총으로부터는 서남쪽으로 약 4km거리에 있습니다. 여기에서 발굴을 했는데 석축과 많은 유물들이 나왔습니다. 그 중에는 청동기를 주조할 때 사용되는 도가니(坩堝)와 슬래그Slag가 발견되어 고고학자나 야금冶金학자들을 깜짝 놀라게 하였습니다. 왜냐하면 이 금자탑은 지금으로부터 5,500~5,000년 전에 축조된 홍산문화의 대표적인 고분으로 추정하고 있기 때문입니다. 이 도가니 문제는 중국에서도 아직 명확한 결론이 안 나왔기에 다른 기회에 토론하기로 하고 여기서는 이만 줄이겠습니다.

우하량 유적은 북경에서 심양으로 가는 국도상에 있습니다. 그런데 공교롭게도 이 푯말이 있는 곳에서 그 푯말을 중심으로 해서 중국 요령성 현의 경계가 달라집니다. 서쪽은 능원현凌源縣이고 동쪽은 건평현建平縣입니다. 그러니까 유적을 사이에 두고 현의 경계가 달라지는 것입니다. 어떤 사람들은 능원 우하량 유적이라고 그러고, 건평의 우하량

■ 우하량 13지점 금자탑金字塔 앞에서 필자(2007. 7)

이라고도 합니다. 주로 기록들은 건평이라고 하고 능원이라고 하는데 바로 경계선에서 유적들이 나오고 있습니다. 이 구역은 요녕성 조양시 朝陽市 관할하에 있습니다.

우하량 Ⅱ지점에는 원형 적석유구와 방형 적석총 그리고 석관묘가 무리를 이루고 있습니다. 그리고 우하량 북쪽 구릉에는 일명 신전이라고 하는 건물지가 있습니다. 우하량 유적은 중심구역에 방형 석곽묘가 있고 서쪽의 1호 적석총은 석관묘구역입니다. 1호 적석총에서는 무려 27기의 석관묘가 확인되었습니다. 원래는 더 많은 사람들이 묻혀 있었을 것입니다. 그러나 도로를 개설할 때 많이 훼손되었다고 합니다. 중앙의 2호 적석총은 방형으로 3단 높이로 축조하였습니다. 바로 옆 동쪽에는 원형 적석유구가 있고, 이어서 동쪽 끝부분에는 전방후원형의 4호 적석총이 있습니다.

2호 적석총은 방형으로 한 변의 길이가 17.5m나 되고, 3층의 층급

■ 우하량 금자탑 출토 청동주조용 도가니편과 슬래그Slag(아래 중앙)

우하량 Ⅱ지점 전경 조감도 (요령성문물고고연구소 제공)

형으로 중심부에 대형 1호묘를 안치하여 축조하였습니다. 이것을 계단식 적석총이라 합니다. 그래서 이 계단식 적석총을 일명 피라미드 Pyramid 양식이라고 보고 있습니다. 말하자면 단을 올려 쌓아서 만든 일종의 피라미드입니다. 그래서 중국 사람들은 이것을 동방의 피라미드라고 합니다. 이집트의 피라미드가 기원전 3000년대 피라미드였다면 역시 동방의 피라미드도 기원전 3000년대의 것이며, 이 무렵에 동방에도 피라미드가 축조되었다는 것입니다. 그리고 우하량 적석총이 3단으로 되어 있습니다.

▪ 우하량 적석총과 석관묘

▪ 요동반도 노철산 적석총

▪ 우하량 홍산문화 석관묘와 필자(2007. 7)

▪ 황해도 심촌리 적석총과 석관묘

2호 적석총은 대형 석곽 안에 한 기의 석관이 있고, 그 안에 한 사람만 묻혀 있습니다. 이 무덤의 주인공은 우하량 Ⅱ지점 안에 석관묘, 석곽묘, 적석총 등 많은 돌무덤이 분포되고 있는 무덤의 지도자급의 인물보다 더 상층부의 인물 즉, 수장급首長級 정도의 인물이 아닌가 추측됩니다. 중국 연구자들은 대형 무덤의 주인공을 이 일대에서 가장 권력이 있는 수장의 무덤일 것으로 추정하고 있습니다. 그건 상당히 큽니다. 20m 가까이 되니까 상당히 큰 무덤입니다. 또 여기에는 각종 무덤이 산재돼 있고, 이들을 위한 제단이나 신전이 구비돼 있는 곳에서 가장 큰 단독 무덤이 중심에 있는 것으로 보아 수장의 무덤일 가능성이 매우 높아 보입니다. 수장의 무덤이라서 그런지 우하량 Ⅱ지점에서 아주 월등해 보입니다. 이에 대해 1990년대에 와서 중국 고고학자들은 초기국가 형태의 사회조직이 있었을 것으로 보고 있습니다. 그것을 이른바 방국邦國이라고 하였습니다.

우하량 Ⅱ지점의 연대는 기원전 3500~3000년으로 보고 있습니다. 우하량 Ⅱ지점은 홍산문화의 대표적인 유적인데, 홍산문화의 연대는 기원전 4000년부터 기원전 3000년까지 발해연안 북부에서 유행한 문화로 인식하고 있습니다. 이런 유형은 발해연안에서 후대에도 계속 유행하고 있습니다. '하가점하층문화'라고 하는 초기 청동기시대 유적에서 계속 사용되고 있고, 그 위의 '하가점상층문화'라고 하는 후기 청동기시대 유적에서도 계속 사용되고 있습니다.

우하량 Ⅱ지점 2호 적석총의 계단식 축조 양식은, 우리 고구려의 집안의 적석총 그리고 서울 석촌동에 있는 백제고분을 보면, 계단식으로 3단, 5단으로 돌로 쌓아 올라가는 계단식 적석총입니다. 기원전

- 고구려 적석총(길림성 집안시 장군총)

- 백제 적석총(서울 석촌동 3호분)

3,500년에 사용된 우하량의 계단식 적석총 양식이 만주와 한반도의 삼국시대 적석총까지 이어지고 있습니다. 우리 민족은 계단식 고분을 사용했습니다. 그것은 바로 동방의 피라미드입니다. 물론 이집트의 초대형 피라미드와는 규모로 비교가 안 되겠습니다만, 이집트에 그런 피라미드가 있다면 동방에도 이런 피라미드가 있었다는 것은 대단히 중요한 의미를 가지고 있습니다.

이런 무덤들을 보면, 삼국시대의 피라미드와 우하량의 피라미드와의 시차는 4,000~3,000년이라는 간극이 있습니다. 이러한 문화는 계속 시간이 가면서 변형되고 발전해 왔기 때문에 4,000년이라는 시간적인 갭gap이 있다고 하더라도 전혀 다르거나 이질적이지 않다는 것입니다. 그러나 시베리아는 지리적으로 우리와는 너무 멀고 기후적으로도 너무 한랭한 지역이기 때문에 지리적 조건과 자연적 조건이 시베리아 보다는 가까운 지역, 따뜻한 지역에서 문명의 씨앗이 싹트지 않았을까 생각합니다. 그 주인공들은 바로 동이민족이고 이들의 문화가 우리 문화의 원류일 것이다 하는 것이 저의 지론입니다.

요동반도에서도 청동기시대에 적석총이 계속 사용되었습니다. 일찍이 요동반도의 노철산, 장군산, 사평산 그리고 우가촌 등지에서 대형 적석총이 조사되었습니다. 적석총 안에 여러 기의 석곽이나 석관을 시설하고 있는 대형 적석총입니다. 요동반도의 적석총은 기원전 2000~1500년경으로 보고 있습니다 .

한반도에서도 청동기시대에 적석총이 축조되고 있는데, 황해도 심촌리 적석총 유적은 적석총 안에 여러 기의 석관이 조성돼 있습니다. 심촌리 유적의 연대는 기원전 1000년 전후시기로 보고 있습니다. 이와 같은 형식의 적석총은 강원도 춘천시 천전리 유적이나 중도 유적에서도 찾아 볼 수 있습니다. 안타까운 일은 이와 같은 청동기시대의 귀중한 적석총이 있는 춘천시 중도 유적이 이 지역의 관광도시 개발계획으로 곧 인멸된다고 합니다.

중도 유적은 1980년대 국립박물관이 5차례나 발굴하고 보고서까지 나와 진작 그 중요성을 잘 알고 있었지만, 그걸 보존하지 않고 방기放棄한 것은 국가기관의 직무유기라고 생각합니다. 그러던 차에 최근에 큰 문제가 발생하였습니다. 이 책이 최종 교정단계에 있을 때 춘천시가 의암댐 안의 중도中島에 '레고랜드LEGOLAND'를 만들기 위해서 중도 유적을 긴급 발굴하게 되었습니다. 지난 여름 드넓은 현장에서 청동기시대의 대단위 취락聚落과 환호環濠가 있는 중심지역(지도계층 구역으로 추정되는)의 대형 집자리에서 비파형 청동단검과 선형동부扇形銅斧가 발견되었습니다. 그리고 이들이 남긴 적석식積石式 고인돌무덤이 다량으로 발견되었습니다. 여기에서 탁자식 고인돌무덤으로 발전했을 것으로 추정됩니다. 이는 춘천의 적석총이 시베리아의 카라스크-타가르식式 적석총에서 유래됐다(김원룡,『한국고고학개설』, 1973, P. 97)고 하는 기

- 춘천 중도 유적 적석식 고인돌무덤(2014. 7.29)

- 중도 유적 출토 비파형 청동단검(좌)과 선형동부

존의 주장을 뒤바꿀 수 있는 귀중한 유적입니다. 적석식 매장유구埋葬遺構는 중국 요령성 우하량 홍산문화에서 익히 보아온 터라서 발해연안에서 유행하고 있는 그 분포지역의 묘제墓制라는 것을 자연 알게 됩니다. 그래서 우리나라 청동기시대 문화의 원류를 규명할 수 있는 정말로 귀중한 유적입니다. 이런 유적을 절대로 파괴해서는 안 된다는 신념에서 "춘천중도유적, 레고랜드와 바꿀 수 없다"라는 제호로 여론에 제언提言했습니다. [『세계일보』 2014년 8월 4일 오피니언 참조]

한반도에서도 청동기시대의 원형 적석유구積石遺構가 종종 보입니다. 이것은 둥그런 제사유적과 원형 적석유구입니다. 1996년부터 1999년까지 경상남도 진주 남강댐 수몰지구 내의 옥방玉房 유적에서 제가 발굴을 했는데 크기는 지름이 4m가 더 됩니다. 우하량 II지역의 원형 적석유구보다는 규모가 작습니다만 역시 원형 적석유구입니다. 이곳 원형 적석유구 밑에서 석곽이 확인되었습니다. 석곽 위에 원형으로 돌을 덮어 평편한 시설을 한 것을 보면 석곽을 보호하는 역할뿐만 아니라 무덤 주인공의 제사와도 관계가 있는 시설이 아닐까, 혹시 원형 적석유구가 무덤의 보호와 제사를 겸한 시설로 볼 수 있지 않을까 생각하고 있습니다. 원형 적석유구는 제가 발굴한 다음 유구 자체를 선문대학교 박물관에 이전 복원해 놨습니다.

이 원형 적석유구는 발굴을 완료하고 나서 물에 잠기기 전에 매립하여야 되는데, 사실 매립이 아니라 댐 공사가 완료되면 자연 물 속에 매몰되어 파괴되는 것입니다. 실제로 발굴 후에 유적들은 모두 없어졌습니다. 그곳에는 저의 발굴팀 말고도 16개 발굴팀이 들어가 발굴하고 있었습니다. '이것은 나한테 천하의 기회다. 이 유적은 물속에 묻혀서는 안 된다. 어떤 방법을 동원해서라도 이 유구는 댐으로 수몰되기 전에 이전 보존해야만 한다'고 생각하였습니다. 지금은 댐이 완성되어 물이 차서 '진양호'라고 하는 대단히 큰 호수가 진주에 있습니다. '매우 귀중한 유적인 이 원형 적석유구가 매몰돼서는 안 되겠구나 만일 다음에 이런 문화유적을, 이런 원형 적석유구들을 주변 문화유적과 비교 연구하기 위해서는 이를 꼭 보존해야 되겠다'는 각오를 당시에 단단히 했습니다. 그래서 이 적석유구를 큰 돌뿐만 아니라 자갈돌, 모래알까지도 모두 콘테이너 박스에 넣어서 실어와 아산 저의 밭에 거의 7, 8년 보관하고 있었습니다. 마침 제가 소속해 있는 선문대학교에서 도서관을 신축하면서 방 하나를 마련하여 콘테이너 박스에 보관하고 있던 적석유구를 다시 옮겨와 복원했습니다. 다행히 전시할 수 있는 공간 하나를 구하여 그대로 이전 복원했습니다만 만일 이것이 이전 복원이 되지 않았으면 동북아시아의 석묘문화를 비교 연구할 수 없었을 것입니다. 지금은 중요한 고고학 자료로서 돌덩이 하나하나 모래알 한 톨 한 톨이 모두 보물이 되었습니다. 그래서 저는 이것을

▪ 진주 옥방 원형 적석 유구
(선문대학교 진주남강유적 전시실에 복원)

▪ 진주 옥방 석관묘와 필자(1998)

이전 복원해 놓고 나서 시베리아 기원설 문제가 제기되면 반드시 제가 이전 복원한 원형 적석유구를 직접 보여줍니다. 앞으로 많이 연구에 공여할 것으로 생각합니다. 제가 발굴한 이외의 지역에서도 이와 같은 원형 적석유구가 여러 기 나왔습니다. 그러나 다른 것들은 묻히고 없어졌습니다.

구 소련(러시아)에서 원형 적석유구가 발굴되었습니다. 알타이대학과 일본 쯔쿠바筑波대학이 공동으로 알타이 지방의 페시체르킨 로크 Peshcherkin log에서 적석총을 발굴했었습니다. 이 유적은 원형 적석유구의 형태를 취하고 있어 동북아시아의 이런 유형과 자주 비교되고 있습니다. 조사자는 알타이 지방의 페시체르킨 로크 적석총은 아파나시에프Afanasyevo시기의 쿠르칸으로, 그 시기는 대체로 기원전 2000년 전후시기(B.C. 3000年紀末~B.C. 2000年紀初)로 추정하고 있습니다. 여기서 'B.C. 3000년기年紀'라고 하는 것은 기원전 2999년에서 2001년까지를 의미하고, 'B.C. 2000년기年紀'라고 하는 것은 기원전 1999년에서 1001년까지를 말하는 것입니다. 그것은 돌무덤(石墓)에 대한 원류를 말할 때 근거 자료가 되고 있습니다. 축조방법으로 본다면 형태나 규모가 비슷하지만 홍산문화의 원형 적석유구보다 연대가 늦습니다. 홍산문화의 가장 대표적인 유적인 우하량 유적 Ⅱ지점에서는 석관묘, 석곽묘, 적석총 등 많은 돌무덤이 분포돼 있는데, 이 유적의 연대를 기원전 3500~3000년으로 보고 있습니다. 이로 미루어 보면 양자의 연대가 1,000년 내지 1,500년의 차이가 있다는 것을 알 수 있습니다. 고고학은 연대가 매우 중요합니다.

대릉하 유역의 이른바 홍산문화는 석관묘石棺墓가 크게 유행했습니다. 우하량 유적 Ⅱ지점에서는 대형 적석총 안에서 27기의 석관묘가 발굴되었습니다. 1호 적석총 구역 안에 27기의 석관묘가 있었는데 지금은 15기의 석관묘만 남아있습니다. 석관묘는 판석이 잘 남아있고 어떤 것은 석관을 덮었던 뚜껑돌의 일부가 남아있습니다.

청동기시대 석관묘는 중국의 길림성 송화강 유역에 많이 분포돼 있습니다. 그 가운데 송화강 유역 길림시 서단산西團山과 동단산東團山에서 발굴된 석관묘가 유명합니다. 이들 석관묘들은 특별히 '서단산문화'라고 합니다. 서단산문화는 기원전 1000년 전후시기로 보고 있습니다. 기원전 3000년의 우하량 유적 Ⅱ지역의 석관묘와는 시간적 갭이 한 2000년 정도 되지만, 이것은 중간 지점인 요동반도와 길림 지방과 지리적 범위가 아주 가까이 있기 때문에 전파나 혹은 발전단계 과정을 거쳐 한반도로 연결될 수 있었다고 보여집니다.

한반도에도 청동기시대에 조성된 석관묘가 널리 분포돼 있습니다. 한반도의 대동강 유역이나 재령강 유역 그리고 한강 유역에 석관묘가 많이 분포돼 있습니다. 한반도의 석관묘는 대체로 기원전 1000~500년경으로 보고 있습니다.

물론, 낙동강에도 석관묘가 널리 분포돼 있는데, 그 지류인 남강 유역인 진주 옥방玉房 유적에서 제가 적석유구와 석관묘를 발굴하였습니다. 이들 묘제는 요동반도와 길림 지방의 묘제와 매우 유사합니다. 한편, 옥방 유적에서도 옥이 많이 나왔습니다. 그리고 옥을 제작하는 공방이 발견되었습니다. 특히, 빗살무늬토기와 빗금무늬토기가 출토되었습니다. 이외에도 옥방 유적의 석관묘에서는 빨간 홍도紅陶가 나왔습니다. 홍산문화의 적석총이나 석관묘에서는 흔히 홍도가 출토되고

있습니다. 홍도와 같은 계열의 빨간 홍도입니다. 공간적, 시간적으로
갭이 있지만 중간 과도지점과 과도시기를 거쳐 한반도에 이르렀을 것
입니다.

대릉하 유역에서 한반도에 오기까지는 요동반도와 길림지방을 거
쳐야 합니다. 그런데 요동반도에는 노철산老鐵山 적석총, 사평산四平山
적석총 그리고 강상崗上과 루상樓上의 석곽묘 등 청동기시대의 돌무덤
들이 많이 분포되고 있습니다. 중간의 지점이 바로 요동반도 노철산
유적이라고 하는 곳입니다. 이것도 보면 석곽이 이렇게 있습니다. 그
러니까 대릉하에서 한반도로 바로 전파 되었다고 하기보다는 요동반
도를 거쳐서 온 것으로, 이것은 기원전 2000년, 지금으로부터 4,000
년 이상 된 것입니다.

대릉하 유역의 우하량 유적 II지역의 제단으로 추정되는 원형 적석
유구의 동쪽에 원형 적석부와 방형 적석부가 접합된 복합적인 구조를
갖춘 유구가 조사되었습니다. 이 유구는 마치 전방후원의 형태를 취
하고 있어 고고학적으로 매우 주목되고 있습니다. 위는 원형이고 아
래쪽은 방형입니다. 평면은 원형과 방형이 붙어 있는 모양입니다. 여
러분은 고대문화에 관심이 많으시니까 일본 고대문화에도 관심을 많
이 가지고 계실 것입니다.

일본 고분의 특징은 고고학용어로 '전방후원분前方後圓墳'이라고 합니
다. 일본의 오사카나 그 부근의 사카이堺市나 나라 등지에 전방후원분
이 분포되고 있습니다. 이런 전방후원분의 원류에 대해서도 많이 논의
되고 있습니다. 우리나라에서는 전라남도에서 요즘 몇 기가 확인되고
있습니다. 그래서 일본의 어느 학자는 성급하게 소위 임나일본부任那日

本府와 연계하여 이야기하고 있습니다. 일본 사람들이 한반도로 건너와서 호남지방에 이런 무덤을 만들었을 것이라는 겁니다. 그들은 그렇게 주장하고 있지만 그것은 기원후 5세기 정도입니다. 일본에 있는 이른 것은 기원후 3세기 정도입니다. 일본에서 전방후원분이 유행한 시기는 야요이彌生시대 후기에서 고분시대로 들어가는 3세기 말에서 5세기까지라고 합니다.

　홍산문화의 우하량 적석총의 전방후원형은 실제로 두 기가 겹친 형태로 하나의 대형 무덤구역으로 볼 수 있는데, 각기 앞은 방형이고 뒤는 원형이기 때문에 그것들의 형태를 보면 전방후원형前方後圓形으로 볼 수 있습니다. 전면 유구는 방형으로 평편하게 축조되었기 때문에 제단으로 볼 수 있겠고, 후면은 전면보다 한 단 높게 원형으로 축조되었는데 지름은 방형의 너비와 같이 조성하였습니다. 뒤에는 원형이기 때문에, 그래서 대체로 앞쪽은 제사 지낼 때 사용하던 장소이고 뒤는 분묘 시설입니다. 요즘 쓰는 산소山所를 보면 원형에다가 앞 상석이 놓여 있고, 옛날이나 지금이나 유사하다고 생각됩니다. 이것은 앞으로 논

■ 우하량 Ⅱ지점 전방후원형

■ 일본 오사카시의 전방후원분

의가 많이 되어야 하는데, 여기서 보면 원 둘레에다가 토기를 박아두고 연결을 했습니다. 이것은 일본 전방후원분에서 많이 보는 '하니와埴輪'와 비슷한 것입니다. 그런데 여기서 보면 그릇에 바닥이 없이 뻥 뚫린 무저無底라고 합니다. 바닥이 없는 원통형기圓筒形器를 쭉 둘러놓았습니다. 서울 몽촌산성 저장용에서 출토된 원통형 토기는 서기 200년 전후 시기로 보고 있습니다. [임영진:『몽촌토성』, 2001, p.119] 제사용이었는지 아니면 신앙적 요소가 있는 것인지는 지금 중국 학계에서도 중요한 연구대상이 되고 있습니다. 이렇게 원형 적석유구 주위에 빙 둘러 세워 놓았습니다. 그런데 광주광역시에서 이런 형태의 전방후원분이 발굴되었는데, 무덤 주변에 원통형 토기를 둘렀습니다. 이런 무덤을 쓰는 묘제가 호남 지역에서 종종 발견되고 있어 더욱 우리의 관심을 끌게 하고 있습니다. 그리고 일본에서는 일찍이 전방후원분의 주위에서 '하니와'라고 하는 토기가 많이 나오고 있습니다. 그래서 혹자

- 몽촌산성 출토 원통형토기   - 일본 전방후원분의   - 우하량 원형제단의
  (200년 전후)   하니와(3C)   채도 원통형기

는 일본의 전방후원분이 호남 지역으로 전해졌을 것으로 보고 있습니다.

물론 시간적으로는 4, 5천년이나 갭이 있지만 그런 예를 여기서 볼 수 있는 겁니다. 압록강 중류 자강도 초산군 연무리, 운평리 그리고 자성군 송암리 등지에서 고구려시대의 비교적 이른 시기의 적석총이 분포되고 있는데, 초산 운평리와 자성 송암리 압록강 변에 많은 적석총이 분포되고 있습니다. 그 중 후면은 원형적석이고 앞면은 방형적석인 이른바 전방후원형의 돌무덤이 발견되고 있어 조사자들은 이들 돌무덤과 일본의 전방후원분과는 서로 통하는 것으로 두 나라 사이의 문화적 관계를 시사해 준다고 합니다. 그것이 일본으로 내려갔을 것이라고 보고 있습니다. 압록강 중류 자강도 지방의 전방후원형의 돌무덤은 대릉하 유역 우하량의 전방후원형 돌무덤과의 연관성도 주목됩니다. 앞으로 서로 비교 연구해야 할 중요한 유적들입니다.

돌(石)을 사용하여 인간의 무덤을 만드는 습속은, 물론 유럽의 지중해 연안의 여러 민족들이 돌무덤을 사용하고 있지만 동아시아 지역에서는 시베리아나 중국보다도 발해연안의 동이민족의 묘제라고 생각합니다. 동이민족의 묘제를 보면 돌을 채취하는 방법이라든가 판석을 짜 맞추든가 쌓아 올리는 축조 방법, 무덤의 구조 등이 같다는 것입니다. 물론 목적은 사람을 매장하는 것입니다. 그리고 사자와 함께 매장하는 유물들은 상당한 시간을 두고는 있지만 같은 유형의 유물을 쓰고 있습니다. 그렇다면 이러한 묘제를 쓴 민족이 발해연안에서 살아가면서 성장 발전해 왔을 것이라고 보고 있습니다. 그러니까 이러한 돌무덤을 사용하는 묘제는 계속해서 이어져 전승되었을 것이라고 보는 것입니다.

우하량牛河梁 유적 II지점은 여러 가지 많은 내용과 의미를 가지고 있는 유적인데, 특별히 돌무덤은 우리의 청동기시대의 돌무덤과 매우 근접한 문화 유형으로 우리의 큰 관심을 갖게 하고 있습니다. 우하량 II지점의 적석총을 쓰던 사람들은 발해연안에서 살던 사람들일 것입니다. 발해연안에서 살던 사람들과 이동은 있었겠지만 서로 교류하면서 대릉하大凌河유역이나 요동반도, 그리고 한반도 지역에 분포해서 살았을 거라고 생각합니다.

그러나 지금은 우하량 II지점의 적석총과 제단은 대형 돔Dome으로 덮여져 있어서 유적을 보호하는 데는 좋을지 모르겠으나 우리가 답사하고 참관하기에는 많이 부자유스러울 것 같아 안타깝습니다.

고대 우리 민족의 무덤에 대한 축조방법이라던가 목적, 또 후대인의 선조들의 무덤에 대한 숭배 즉, 조상 숭배입니다. 조상을 숭배하는 습

= 우하량 II지점 홍산문화 유적 앞에서 필자(1993.5)

속은 지금이나 그때나 같았다고 생각합니다. 매장하는 풍습도 같고 그릇이나 옥을 매장하는 풍습도 같습니다. 홍산문화의 특징은 빗살무늬토기와 옥기가 동반돼서 매장되고 있는 풍습이 매우 유사합니다.

대릉하 유역의 홍산문화 시기의 고대인들은 석관묘, 석곽묘, 적석총과 같은 돌무덤(석묘石墓)을 사용했습니다. 이런 묘제墓制는 시베리아의 석묘보다는 시기가 빠릅니다. 여기도 석관石棺이 있습니다만, 구조적으로는 유사할지 몰라도 제일 중요한 것은 시간입니다. 홍산문화의 석묘는 시베리아의 석묘보다 시간적으로 이릅니다.

고고학과 역사는 '시간학時間學'입니다. 시베리아의 석묘는 시간적으로 홍산문화보다 훨씬 늦게 출현하고 있습니다. 또 하나는 지리적으로 엄청나게 먼 거리에 있습니다. 그리고 인종적으로 민족적으로도 서로가 다릅니다. 시베리아 그쪽의 인류는 세계 3대 인종 중에 하나인 코카시안Caucasian이라고 하는 백인종白人種이지요. 또 하나는 니그로이드Negroid가 있지요. 흑인종黑人種입니다. 그러나 또 하나 인종인 황인종黃人種은 몽고로이드Mongoloid입니다. 몽고로이드는 지금의 몽고인

- 우하량 Ⅱ지점 돔Dome 내부 공사 현장 (2012.7)

- 우하량 Ⅱ지점 돔Dome 완공 후 전경(2013.7) 우하량 Ⅱ지점 홍산문화 유적이 유리 돔으로 덮혔다

Mongolian을 지칭하는 것이 아니라 40억이나 되는 동아시아의 황인종들을 지칭하는 학명學名입니다. 그래서 시베리아 그쪽 사람들은 우리와 인종도 다르고 지리적 조건, 자연적 조건이 다른, 우리와는 너무 멀리 떨어진 지역에 있는 인종적으로 다른 사람들입니다. 백인종들이지요. 기후와 자연환경은 더 말할 것도 없습니다.

돌로 축조된 석관묘 적석총과 같은 이런 묘제는 그 당시 발해연안에서 살고 있던 이른바 동이민족이 사용하던 고유한 묘제입니다. 이런 고대 묘제는 시베리아에서 온 것이 아닙니다. 오히려 저는 그 반대로 동아시아, 발해연안 지역에서 시베리아로 건너갈 수 있다고 생각합니다. 그 주장을 지금은 보류하고 있습니다만, 충분히 가능성이 있다고 생각합니다. 시간이 1,500년이나 차이가 있는데 오히려 이런 동아시아, 발해연안의 돌무덤 양식이 시베리아 쪽으로 건너갔을 수도 있다고 생각합니다. 인류도, 문화도 건너 갈 수 있다고 생각합니다.

왜냐하면, 자꾸 개척해 나가면서 우리는 조선 말기나 일제강점기 말기에 북간도로 많은 사람이 이주해 갔습니다. 물론 항일 독립운동을 하려고 가신 분이 계시지만 함경도 사람들은 일본사람들이 핍박하니까, 농사도 제대로 못 지으니까 두만강 건너가서 농사짓기 위해서 가신 분들이 많습니다. 옛날에 발해연안에 살던 민족도 여기서 좀 더 사람들이 많이 살지 않는 시베리아 쪽으로 건너가서 개척할 수도 있었을 것입니다. 그때에 이런 묘제들을 가지고 갈 수 있지 않겠는가 하는 생각입니다. 후반부에 언급한 이야기들은 학문적으로 아직은 제가 강조는 않고 있습니다.

앞에 제가 1988년에 『한국학보』50집에 「발해연안 석묘 문화의 원류」라는 논문을 발표한 바 있다고 했습니다. 홍산문화의 묘제와 우리 나라의 고대 묘제와 비교 연구한 논문입니다. 상당히 큰 문장인데 저는 이 문장을 소중하게 생각하고 있습니다. 그 당시 논문 맨 말미에서 발해연안의 묘제가 발해연안에서 시베리아 쪽으로 퍼져 갈 수 있다는 개연성을 비쳤습니다. 그러나 강조하진 않았습니다. 시베리아 지역에서의 고고학 발굴 현장도 가봤고, 블라디보스토크에서의 학술대회도 참가해 봤습니다.

역설적으로, 이제부터는 발해연안의 묘제나 일부 인류가 시베리아로 건너갔다는 주장을 할 수가 있을 것 같습니다. 그 동안에는 민속학적 자료들과 민속과 관련된 문제들이기 때문에 제가 적극적인 주장을 못했습니다. 그러나 지금은 확신을 가지고 있습니다. "온 게 아니라 갔다. 인간도 갔다. 문화도 갔다." 왜냐하면 발해연안의 인종도 황인종이기 때문입니다. 구 소련 모스크바대학의 키세레프C.B.Kiselev 교수가 1949년에 저술한 『남시베리아고대사』에 의하면, 시베리아 지역의 인류학적 조사에서 "카라스크 시기의 주민 중에는 동남방의 몽고인종 화북형華北型의 인류가 예니세이 강Yenissey江 중류 유역에 대량으로 유입되어, 카라스크 시기 주민 중에는 화북인과 만주인 그리고 조선인에 매우 접근한 특수유형으로 구성되었다"고 하였습니다. 그리고 "예니세이강 중류에 유럽인종이 출현한 것은 처음이었다"고 하였습니다. 이로 미루어 보아 카라스크 시기(B.C. 1200~700)에 그 쪽 시베리아 지역에서 백인종Caucasian인 시베리아 인이 이주移住해 온 게 아니라, 오히려 동북아시아에서 올라 간 몽고인종Mongoloid의 인골들이 예니세이강 중류 지역에서 출현하고 있다는 사실을 인류학적 조사연구를 통해서 확인했습니다. 그리고 예니세이강 중류의 주민 중에 유럽인인 백인종 Caucasian이 타가르Tagar 시기(B.C. 700~100)에 출현한다고 하였습니다. 이는 한반도나 만주 지역의 청동기시대의 인류가 시베리아에서 온 게 아니라는 것이 증명되고 있습니다. 여기서 시베리아 쪽으로 갔을 것이라는 겁니다. 오히려 청동기시대에 한반도나 만주 지역의 동북아시아의 인류Mongoloid가 시베리아 지역으로 이주해 갔을 것이라는 사실을 알게 되었습니다.

우리나라의 삼국시대 초기에 고구려나 백제, 신라에도 큰 돌무덤이 많이 분포되고 있습니다. 이들 고분은 겉에는 돌로만 쌓은 적석총도 있지만 봉분封墳을 한 고분이 많이 있습니다. 이 고분의 봉분 안에는 석곽이나 석실을 안치하고 그 위에 돌을 덮고 다시 그 위에 흙으로 봉분을 만든 이른바 적석목곽분이라고 하는 것입니다. 이를 적석목곽봉토분이라고도 하는데, 목곽을 설치하고 그 위에 적석을 하고 다시 그 위에 흙(봉토)을 올리는 그런 무덤을 쓰고 있습니다. 신라나 가야도 마찬가지입니다. 가야도 돌무덤이고, 경상북도 고령 지산동고분은 여러분들도 잘 아시겠지만 순장殉葬 무덤으로 유명합니다. 순장을 많이 한 고분들을 보면 위에는 봉분을 했지만 밑에는 전부 적석목곽입니다. 그런 돌무덤이 삼국시대와 가야시대까지 이어졌는데, 그것은 동북아시아의 발해연안에서 계승되고 있는 전통적인 묘제입니다. 이 지역에서 분포되고 있는 돌무덤이 요동반도를 거쳐서 한반도로 내려온 것으로 볼 수 있지요. 동쪽으로 두만강 유역에서도 많이 나옵니다. 심지어 옛날 소련인 러시아의 연해주에서도 석관묘와 같은 돌무덤이 보이고 있습니다.

이런 돌무덤들은 중국에서 말하는 이른바 동이민족의 분포지역에서 사용한 묘제였습니다. 특히 "인간의 삶과 매우 밀접한 관계가 있는 묘제, 무덤의 양식이다." 전 그렇게 보고 있습니다. 이렇게 문화적으로 밀접하게 관계되고 유사한 문화를 가지고 있으면 민족적으로도 매우 관계가 깊다고 생각합니다. 그래서 문화의 동질성은 곧, 민족의 동질성과도 연관된다는 생각을 저는 가지고 있습니다.

우리 민족 문화의 기원 문제를 주제로 말씀드렸습니다. 그 중에서도 돌무덤에 대해서 비교적 많이 거론하였습니다. 무덤은 우리의 삶 중에서 중요한 한 부분입니다. 우리는 탄생하고 결혼하고 죽는 것입니다. 우리 인류의 3대 특징 중에 하나가 죽는 것입니다. 경사스러운 것은 아니겠지만 그런 3대 특징 중에 탄생해서 경사스럽게 결혼하고, 그다음에 인류로서 마감을 하는 것이 죽음인데, 그만큼 죽는다는 것은 우리 삶에 있어서 중요한 부분입니다. 여러분들도 부모님이나 조부모님을 보내드린 경험이 있을 겁니다. 저도 그랬습니다. 그건 누구에게나 다가오는 일입니다. 하지만 어떤 삶이든 그 마감은 대단히 성스러운 것입니다. 그래서 옛날에는 남녀노소를 불문하고 가는 자한테는 엄숙히 보내드린다고 했습니다. 우리 조상들이 거대한 돌을 가지고 매장된 시체를 보호했다는 것은 그만큼 그들의 죽음을 보호하고 숭상했다는 것을 말하는 것입니다.

지금 우리 봉분도 보면 잘 알 수 있습니다. 다른 나라를 많이 여행했었지만 우리의 봉분처럼 아늑하고 따사로운 분위기는 없습니다. 중국에 가면 이상하게 초분같이 표식하나 꽂아놓고, 어느 것은 형태도 없습니다. 옛날 한 나라 때는 비석 같은 것을 세웠습니다. 당 나라 때

귀족들이 하던 것을 지금 우리는 선산에다 묘소를 조성하고 비석도 세우고 성소처럼 조성하고 있습니다. 지금은 땅이 부족하여 많은 사람들이 화장을 합니다. 아니면 수목장을 하기도 합니다. 그런데 수목장을 하는 데도 대단히 경건하게 치러집니다. 일반적으로 목사나 스님을 모신다든가 합니다. 아니면 원로를 모시기도 합니다. 그만큼 죽음에 대해서 가장 공경하게 모셨던 민족이 우리 한민족입니다. 옛날에는 은殷 나라에서도 그랬습니다. 우리나라에 석관묘도 그렇지만 고인돌 무덤이 전국적으로 3만기 이상이 있습니다. 엄청난 돌을 가지고 무덤을 만들고 내부에 있는 시신을 보호하는 시설을 했습니다. 무덤은 그만큼 기념비적이고 경외심을 일으키게 해 주는 대상입니다. 그것은 기념비적 역할뿐만 아니라 다른 여러 가지 기능을 하고 있습니다.

우리 고분문화를 공부하다 보면 무덤은 영성체의 숭배의 대상이고 제사의 대상이고 기념물이라고 하는 것은 우리가 효와 충을 상징하는 것과 같다고 생각합니다. 유교에서 말하는 그런 개념들이 우리한테서 나올 수밖에 없습니다. 저렇게 부모를 공경하고, 조상을 공경하고, 저렇게 잘 모시고 기념하며 때 마다 제사를 올리고 있습니다. 그렇다면 저는 우리 민족이 가진 충효사상과 유교문화가 주검을 공경하고 숭배하는 사상으로부터 나왔다고 생각합니다. "살아있는 분을 공경하는 것도 중요하지만 돌아가신 분에 대한 공경이 더욱 중요하다." 이런 신앙심이 충효사상으로 발전한 것이 아닌가 그리고 유교로 발전한 게 아닌가 생각합니다.

30여 년 전에 이런 내용을 『유교신문』 칼럼에 쓴 적이 있습니다. 제사와 갑골을 얘기하면서 선유교先儒教 즉, 유교의 원류에 대해서 말한

적이 있습니다. 우리나라 유교 학자들은 경학연구를 많이 하고 있습니다. 실제로 제가 관련 연구를 부탁한 적이 있는데, 고고학적인 것은 잘 안하고 계십니다. 오늘 강의는 그런 의미에서 여러분들이 우리 묘제에 대해서 다시 한 번 되새겨 보는 좋은 기회가 됐으면 합니다.

여러분, 짧은 시간에 발해연안의 묘제에 관해 말씀드렸는데 이해하시기가 조금 어려운 점이 많이 있었을 거라고 생각합니다. 의문나시는 점도 있을 거라고 생각합니다. 부족한 점을 많이 지적해 주시면 다음 기회에 더 자세히 말씀드리겠습니다. 오늘 강의는 여기서 끝내겠습니다.

감사합니다.

4강

'발해연안문명'의 옥기문화玉器文化

안녕하세요. 이형구입니다. 이번 시간은 앞 시간에 이어서 '발해연안문명'에 대해서 말씀드리겠습니다. 이번 시간에는 주로 지난 시간에 얘기했던 몇 가지 중요한 주제들에 대해서도 짚고 넘어가야 할 것 같습니다. 우리는 발해연안의 고대문화 중에서 중요한 특징 중의 하나가 '옥기문화玉器文化'라고 했습니다. 중국에서는 옛날이나 오늘이나 특별히 옥玉에 대해서 관심을 많이 가지고 있는데, 우리도 어르신들이나 특히 할머니들이 옥에 대한 애착을 많이 가지고 있습니다.

동양의 고대인들은 마음속으로 옥을 선호했을 것으로 보입니다. 더 나아가서 옥이라고 하는 것을 신앙적으로 중요시하지 않았나 추측됩니다. 옥은 우선 생물을 연상하게 하는 녹색을 띠고 있어서 생명력을 가지고 있는 생명체生命體 같고, 변하지 않는 영생불멸永生不滅을 상징하는 것으로 생각하고 있었을 것으로 추측됩니다. 변하지 않고 영생한다는 사상입니다. 또 파래서 생명력과 활력소를 가지고 있다고 믿고 있습니다. 그래서 인류는 옥을 특히 선호했던 것 같습니다. 주검을 매장할 때 보면 신변에 옥을 손에 쥔다든가 팔찌로 낀다든가, 귀걸이, 목걸이를 한다든가 그랬습니다. 그렇게 옥을 신변에 많이 지니고 있습니다. 특히 발해연안에서는 옥을 아주 오래전부터 선호했던 것 같습니다. 이런 풍습의 흔적으로 알려진 가장 이른 시기는 지금으로부터 8000년 전 발해연안에서 신석기시대 유적들이 발견되면서 알려지게 되었습니다. 이 유적들 가운데에는 발해연안 북부의 사해査海 유적과 흥륭와興隆窪 유적이 있습니다. 이들 발해연안 북부의 신석기시대 유적에서 옥이 나왔습니다. 특히 대릉하大凌河 유역의 '홍산문화紅山文化' 유적에서 옥을 많이 사용하고 있습니다.

옥기는 발해연안에서 일찍부터 애용하고 있었습니다. 앞에서 이미 말씀드린 바 있는 '사해·흥륭와문화' 유적에서 빗살무늬토기와 함께 옥기(玉玦)가 출토되었습니다. 홍산문화 유적에서는 적석총이나 석관묘에서 옥이 많이 나오고 있습니다. 특히 대릉하 유역 우하량牛河梁 유적에서는 옥으로 만든 용龍의 형상을 한 옥용玉龍이 많이 나오고 있습니다. 여러 가지 옥기 중에서도 옥으로 만든 용의 형상이 매우 주목됩니다. 용은 잘 아시겠지만 상서동물祥瑞動物입니다. 원래 무형의 상서동

■ 서요하 출토 홍산문화 옥용　　　　■ 우하량 출토 옥용

물을 유형有形의 동물상으로 형상화시킨 용이 처음으로 나온 곳은 서요하 상류의 삼성타랍三星他拉이란 곳입니다. 이 옥용玉龍은 홍산문화에 속하는 유물인데, 크기는 26cm 정도 됩니다. 그것은 아마 허리 부분에 구멍을 뚫어서 끈을 끼워서 가슴에 걸었던 게 아닌가 하는 생각이 듭니다. 'C'자형의 형태를 나타내고 있는데 용의 얼굴과 머리모양은 마치 말이나 돼지의 얼굴을 하고 있고, 용의 목덜미는 바람에 날리는 말갈기 모양을 하고 있고, 안으로 휘감은 것처럼 꼬리는 뱀의 꼬리모양을 하고 있어 틀림없는 용의 형상입니다. 이것은 옛 문헌에 말한 "馬首 蛇身 魚麟 鳥爪"와 같은 모습대로 생겼습니다. 이와 같은 용의 형상을 한 옥용은 모두 적석총이나 석곽묘 그리고 석관묘에서 나오는데 주로 매장된 사람의 가슴 부위에 놓여 있었다고 합니다. 아마 천지간天地間을 소통하는 상징동물이 아니었을까 생각됩니다.

은殷 나라는 상商 나라라고 하고 합쳐서 은상殷商이라고도 하는 나라로, 동이東夷민족이 세웠다고 하는 중국 역사상 가장 이른 시기의 왕조국가입니다. 은 나라는 기원전 18세기~11세기에 걸쳐서 발해연안 서쪽 황하 중하류에서 고대국가를 형성했던 나라입니다. 은 민족이 즐

▪ 은허 옥용 각종

겨 사용했던 장식 중에 하나가 옥기입니다. 이것을 보면 용모양으로 생겼는데, 옥용의 머리 부분이 홍산문화에서 보는 옥용과 같고, 꼬리 부분도 이렇게 변합니다. 'C'자형으로 변해서 꼬리가 있고 용의 머리 가 있습니다. 당시 이런 옥을 애용했는데 그 당시 사람들이 특히 옥을 선호했고, 죽어서도 옥을 신변에 지님으로써 영생불멸한다는 믿음과 그런 종교적인 관념을 가지고 있지 않았을까 저는 그렇게 생각합니다.

홍산문화에서는 옥으로 만든 거북이 조각이 나오고 있습니다. 요령 성박물관 메인 홀에는 우하량 5지점의 1호 적석총이 복원 전시되고 있습니다. 이 적석총 안에는 주로 옥기가 매장되었는데, 매장 인물의 양 손에 옥으로 만든 거북이를 쥐고 있습니다. 거북이는 용과 마찬가 지로 상서동물입니다. 역시 대릉하 유역의 홍산문화 적석총이나 석관 묘에서 많이 나오고 있습니다. 용은 지금도 그렇지만 고대에도 실제 존재하고 있던 동물이 아니라 상상의 동물이었습니다. 거북이는 지금 도 실제 살고 있습니다만 장수를 한다는 의미에서 당시 사람들도 거 북이를 많이 좋아했고 신변에 지니고 있었던 것으로 보고 있 습니다. 그 당시 홍산문화인ㅅ들은 거북이도 상서스 러운 동물로 생각하고 애용했던 것 같습니다. 죽 은 뒤에도 옥으로 만든 거북이 조각을 많이 묻 은 것은 혹시 지신地神과의 소통을 위해서 부장된 것이 아닌가 추측됩니다. 조사자는 이 무덤의 주 인공을 무인巫人으로 보고 있습니다. 이 무덤의 구 조나 부장 유물로 보았을 때 신석기시대에는 당시

- 홍산문화 옥 거북

의 사회조직의 수장酋長은 곧, 무인을 겸하고 있었기 때문에 무덤의 주인공이 무인을 겸한 수장급 인물이었을 것으로 볼 수 있을 것 같습니다.

우하량 16지점의 4호 적석총에서 특별히 주목되는 것은 매장 인물의 머리맡에서 출토된 '역逆 S'자 형태를 한 옥으로 만든 봉황새 조각입니다. 조사자는 이 옥으로 만든 새 조각을 옥봉玉鳳이라고 하였습니다. 이 옥봉은 대단히 아름답고, 크기는 19.5cm로 상당히 큰 편이며 조각도 목을 뒤로 돌린 '역 S'자 형태를 하고 있는 아주 특이한 형태입니다. 이와 같이 발을 안으로 모으고 꼬리를 내리고 머리는 뒤로 제낀 '역 S'자형의 조각은 동북아시아 청동기 문화에서 주목되는 청동기 동물문의 형태입니다. 다음 청동기시대 강의에서 말씀드릴 기회가 또 있을 것입니다만 이런 '역 S'자형의 청동기 조각이 청동기시대 유물에서 종종 보이고 있기 때문입니다.

동북아시아의 청동기나 옥기 중에 새나 호랑이, 말 조각 형태의 '역 S'자형 자세를 시베리아나 스키타이에서 유래되었다고 보는 경향이 있습니다. 우리나라는 이런 조각 형태까지도 시베리아에서 온 것으로 생각하고 있습니다. 그러나 사실 그렇지가 않습니다.

시베리아의 이런 '역 S'자형 조각은 아주 늦은 시기인 기원전 4~3세기경에 보이고 있습니다. 이른바 스키타이 문화Scythian Culture라고 하는 청동기에서 이런 'S'자형의 동물형태가 보

■ 우하량 XVI 지점 4호 적석총 출토 옥봉

이고 있습니다. 그런데 시베리아나 스키타이보다 훨씬 빠른 기원전 4000~3000년 경의 홍산문화의 옥조각에서 이미 보이지 않습니까? 동북아시아에서는 발해연안에서 이런 '역 S'자형 동물 조각이나 장식으로 애용하였습니다. 새나 호랑이라든가 말이라든가 여러 동물의 형태에서도 이런 '역 S'자 형태를 많이 쓰고 있습니다. 특히 은 나라에서 이런 형태를 많이 취하고 있는데, 기원전 4000~3000년 경에 홍산문화에서 유행했던 새 조각의 형태를 취하고 있는 것을 보면 발해연안에서 보이는 새 조각의 공통된 특징이라고 볼 수 있을 것 같습니다.

홍산문화 조각 가운데 우하량 적석총 유적에서 새 모양의 옥 조각이 많이 나오고 있습니다. 그 중에는 제비 모양을 한 옥 조각도 있습니다. 날개가 펼쳐 있는 형상이 마치 제비가 날으는 모양을 하고 있는 것 같습니다. 그리고 요녕성 부신阜新 호두구胡頭溝 석관묘에서도 옥으로 만든 새 조각이 출토되었는데, 마치 조그마한 솔개(효鴞)같아 보입니다. 객좌喀左 동산취東山嘴 유적에서는 녹송석綠松石으로 만든 솔개가 나왔습니다. 이렇듯 홍산문화에서는 새 조각이 많이 보이는데, 대부분

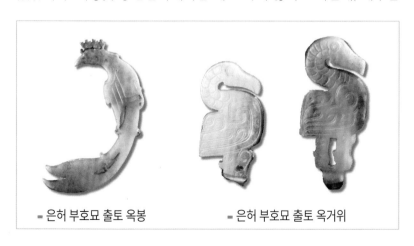

- 은허 부호묘 출토 옥봉   - 은허 부호묘 출토 옥거위

이 적석총이나 석관묘에서 출토되고 있다는 것이 주목됩니다. 새 조각을 피장자 인물의 머리맡에 놓은 것으로 보아 천신天神과의 소통을 상징하는 의미에서 부장된 것이 아닌가 추측됩니다.

한편, 은 나라에서도 옥으로 만든 새 모양의 조각이 많이 나오고 있는 것이 특징입니다. 주로 은 나라 수도 은허殷墟에서 출토되고 있는데, 이런 새 조각이 홍산문화의 새 조각의 형상이나 조각 기법과 대단히 유사합니다. 은허에서도 제비의 조각이 출토되고 있어 시사하는 바가 많습니다. 우리가 잘 알고 있듯이 은殷은 그 시조 설契이 제비의 알에서 탄생하였다고 하는 난생설화를 가지고 있는 민족입니다. 그것은 바로 우리 고대 국가의 건국신화가 난생설화卵生說話인 것과 같습니다. 은 나라의 새 조각들은 마치 앞에서 보았던 용의 조각과 많은 공통점을 갖

￭ 요령성 부신阜新 호두구胡頭溝 출토 옥조

￭ 객좌 동산취 출토 록송석 올빼미

￭ 은허 출토 옥조(제비)

고 있어 매우 주목할 만한 현상입니다. 은 나라의 이런 새 모양의 옥 조 각들은 홍산문화와 매우 밀접한 관계가 있다는 점을 보여줍니다.

중국학자들도 은 나라의 고대문화는 홍산문화와 연결되는 문화라 고 추정하고 홍산문화가 황하 하류 유역으로 전파됐다고 보고 있습 니다. 그래서 중국학자들도 은 나라의 민족 구성원 중 일부는 동이족 이라고 생각하고 있습니다. 옥기문화는 동이족의 고대문화 중 하나입 니다. 중국에서 가장 이른 시기의 옥기문화 역시 동이족의 분포지역인 발해연안에서 출현하고 있고, 이 민족이 가장 많이 애용하였습니다. 발해연안에서 다시 은殷으로 내려가서 지금으로부터 3,500년 전에 은 에서 이런 옥기문화가 꽃을 피웠다고 보여지고 있습니다. 물론 우리 도 옥 장식을 좋아하고 요즘도 옥을 좋아하는 사람들이 많이 있습니

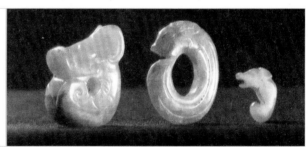

■ 홍산문화 옥용 (B.C.3500)   ■ 은허 출토 옥용 (B.C.14세기 경)

■ 경북 오포리 출토 곡옥(청동기시대)   ■ 경주 출토 곡옥(신라)   ■ 가야 황금관식 곡옥

다. 특히 이런 옥은 서양보다는 동양에서 많이 애용되고 있습니다.

이와 같이 옥의 변천 과정을 볼 수 있는데, 이런 옥이 청동기시대에 요동반도와 한반도에 와서는 어떻게 발전하였는가 살펴보는 것도 매우 의미가 있다고 생각합니다. 요동반도나 한반도에서는 용 모양의 곡옥曲玉이 자주 출토되고 있는데, 이런 용 모양의 곡옥이 홍산문화의 옥용에서 유래된 것이 아닌가 추측됩니다. 그리고 길림성 연길 지역에서도 곡옥이 출토되었습니다. 한반도에서는 함경북도 옹기, 함경남도 북청, 그리고 충청북도 제천, 충청남도 아산·부여, 대전시 괴정동, 경상북도 영덕 등지에서 청동기시대의 곡옥이 출토되었습니다. 이것은 제가 조사한 경상남도 진주 남강의 옥방 유적에서 나온 것입니다. 옥방 유적의 곡옥은 황옥을 사용하였는데, 곡옥의 상부에 구멍을 뚫고 머리 부분에는 약간의 선을 그어 입을 상징하고 꼬리 부분은 비교적 둥글게 처리하였습니다. 이들 곡옥들은 대부분이 청동기시대의 석관묘나 고인돌무덤에서 나온다는 사실은 홍산문화의 돌무덤에서 옥기가 나오고 있는 것과 상통하고 있어 매우 흥미를 자아내고 있습니다.

옥은 고대인들의 신앙적 요소를 가지고 있다고 생각합니다. 이런 옥의 특징으로는, 특히 용 신앙이라든가 새 신앙, 거북이 신앙 등은 동이민족의 장생長生 신앙으로 우리 민족과 매우 밀접한 관계가 깊다고 봅니다. 사실 역사시대에 와서도 삼국의 건국설화를 보면, 고구려 주몽은 알에서 태어나고, 신라의 박혁거세도 알에서 태어났으며, 석탈해도, 김알지도 알에서 태어났다고 『삼국사기』에 기록하고 있습니다. 또 가야의 시조인 김수로왕도 알에서 태어났다고 『삼국유사』에 기록하고 있습니다. 모두 난생설화卵生說話를 가지고 있습니다. 동북아시아의 고대국가의 건국신화에서 난생설화가 많이 나타나고 있습니다. 그것은 은 나라의 시조가 제비의 알에서 탄생하였다고 앞에서 얘기한 바 있는데 은의 시조와 우리나라 삼국의 시조가 난생설화인 것과 매우 밀접한 관련이 있습니다. 이 건국신화는 실제로 생존하고 있었던 인물에 대한 신격화입니다. 우리 조상들은 실제로 알에서 태어나지는 않았습니다. 그것은 한 인간을 지도자로 추대하는 과정에서 이 인물을 신격화하여 그 인간으로 하여금 통치자로서의 전제성專制性을 부여하는 행태라고 할 수 있습니다. 그래서 백성을 다스릴 수 있는 초 특권을 행사하는 것입니다. 마치 현대 우리들이 대통령을 선출하여 대통령한테 '무한권력'을 주는 것처럼 고대국가에서도 시조를 신격화神格化함으로서 왕통이 이어지고 왕이 백성을 다스릴 수 있는 권력을 부여하지 않았나 생각합니다. 이러한 국가 시조의 난생설화를 가지고 있고 은殷 민족이나 한민족은 모두 동이족으로, 또한 신앙적 요소를 갖고 있는 옥을 애용하는 습속 역시 동이민족의 공통적인 문화 행태가 아닌가 생각합니다.

　고대민족의 기원과 고대문화의 기원을 얘기할 때 가장 중요한 문화의 형태 중에 하나가 묘제墓制입니다. 우리의 고대 민족 문화의 대표적인 묘제는 돌무덤이라고 하는 석묘石墓입니다. 석묘는 적석총이나 석곽묘 그리고 석관묘 등입니다. 이런 돌무덤들은 일반적으로 시베리아에서 왔다고 알려져 왔지만, 제가 실제로 고고학 발굴이나 고고학 자료를 통해서 연구를 하고 발해연안이 그 기원지라고 주창하였습니다. 제가 돌무덤의 기원을 발해연안에서 찾아야 할 것이라고 하는 주장은 누차 해왔습니다. 돌무덤 중에 우리 민족과 아주 밀접한 관계에 있는 무덤이 우리가 잘 아는 고인돌무덤입니다. 일명 지석묘支石墓라고도 합니

북방식 고인돌무덤 (지석묘)

■ 요동반도 석목성 고인돌무덤

■ 평양 문흥리 고인돌무덤

■ 강화도 고인돌무덤

■ 전북 고창 고인돌무덤

남방식 고인돌무덤 (지석묘)

■ 느티나무와 고인돌무덤(강화도)

■ 강화도 고인돌무덤

■ 평안남도 고인돌무덤

■ 일본 북구주 고인돌무덤

다. 우리가 말하는 고인돌무덤은 충남지역에도 많이 있습니다. 특히 해안지역인 보령이나 서산 등지에 분포되고 있습니다. 이 고인돌무덤은 대부분 산 구릉 위에 세워져 있는데 이것은 일명 '북방식北方式'이라고 해서 한강 북쪽에 많이 나타나는 형식입니다. 북방식은 탁자卓子 모양 같아서 탁자형이라고도 합니다. 북쪽에 많이 분포하고 있다고 해서 붙여진 이름이기도 하지요. 그리고 다리가 없고 바로 밑에 매장된 시신을 안치하고 그 위에다가 큰 돌을 올려놓은 형식이 있습니다. 여기에 자갈 같은 것도 올려놓고 있습니다만 이런 형태의 고인돌무덤을 '남방식南方式'이라고 합니다. 주로 한강 이남에 많이 분포하고 있습니다.

북방식은 석관 형태의 구조물을 지상에 구축하고 덮개돌을 덮은 고인돌무덤을 말하며, 지하에 관을 매립하고 지상에 바둑판 다리 같이 작은 돌을 깔고 그 위에 대형 돌을 덮은 것을 남방식이라고 합니다. 이밖에 관을 매립하고 많은 돌을 깔고 바로 덮개돌을 얹은 이른바 '개석식蓋石式' 고인돌무덤이 있습니다.

유럽에서 돌맨Dolmen이라고 하는 돌무덤을 중국에서는 석붕石棚이라고 합니다. 돌무덤의 모양이 돌로 만든 책상과 같이 생겼다고 해서 '책상 붕棚'자를 써서 이것을 석붕이라고 합니다. 그리고 일본사람들은 돌(석石)을 괴였다고 하여 '괴일 지支'자를 써서 지석묘支石墓라고 번역을 하여 썼습니다. 보통 '고인돌'이라고 많이 쓰고 있지만 고인돌은 즉, 괸돌(지석支石)이라야 맞지요. 그래서 지석묘의 묘墓 자는 분명 무덤 묘 자이기 때문에 저는 '고인돌무덤'이라고 쓰고 있습니다. 이 구조물은 그 목적이 무덤이기 때문에 '고인돌무덤'이라고 해야 한다고 생각합니다. 왜냐하면 돌로 네 벽을 세우고 덮개돌을 덮으면 석관石棺 모양의 무덤 형태가 됩니다. 발해연안의 요동반도에 이런 고인돌무덤들이 백여 기가 있습니다. 그러나 요하遼河를 건너지는 못했습니다. 중국에서는 산동반도에서 고인돌무덤이 보이고 있습니다. 1937년 무렵 일본이 중국 북부를 점령 후에 일본인에 의해 고인돌무덤(석붕石棚이라고 하는)이 조사된 적이 있습니다. 제가 1990년대에 산동을 수차 방문했는데 그때는 이미 없어져서 못 찾았습니다. 그곳에도 새로 도시가 생기고 개발되면서 고인돌무덤이 파괴되거나 없어진 것 같습니다.

한반도에서는 평양 부근에 고인돌무덤이 많이 분포되고 있습니다. 혹시 여러분 중에도 가보신 분이 계실 것입니다만 대부분은 신문이나 방송에서 많이 소개된 것을 보신 분이 계실 것입니다. 평양 동쪽의 강동군 문흥리 대박산에 1994년에 조성된 '단군릉檀君陵'이 있습니다. 이 '단군릉' 부근에 고인돌무덤이 있습니다. 모두 7기가 있는데 아마 '단군릉' 조성 시에 잘 정비된 것 같았습니다. 한 쪽 면은 하나가 쓰러져 있는 것이 있고 장축으로 공간이 뚫려 있는 것도 있었습니다. 원래는 석관처럼 네 벽이 막혀 있었던 것이지만 구들장이나 주춧돌 같은 근대 건축물의 석재로 쓰기 위해 떼어낸 흔적이 보이고 있습니다.

강화도에는 고인돌무덤이 많이 분포되고 있습니다. 강화군 송해면 부근리富近里 고인돌무덤은 사적 135호로 지정되어 있는데, 남한에서는 제일 큰 고인돌무덤입니다. 이 밖에 제가 1980년대부터 찾아내고 실측 조사하고 발굴 정비한 고인돌무덤이 근 100기에 달합니다. 제가 한국학대학원(현 한국학중앙연구원 부설)의 연구생들과 함께 조사한 자료들을 중심으로 『강화도 고인돌무덤(지석묘)조사연구』라고 하는 책을 1992년에 냈습니다. 강화도에는 북방식이 40여 기가 발견되었고 남방식도 40여기가 발견되었습니다. 이때 조사된 자료가 바탕이 되어 2001년 11월, 유네스코UNESCO 세계문화유산에 등재되었습니다.

익히 잘 알고 있는 바와 같이 고인돌무덤에는 북방식北方式과 남방식南方式이 있습니다. 이 북방식은 경기도 포천이나 강원도 금화에 분포되어 있고 그쪽에도 북방식 고인돌무덤이 보입니다. 이른바 북방식이라고 하는 고인돌무덤이 더러는 양 벽체(지석)와 덮개돌만 남아 있는 것도 있습니다. 처음부터 노출된 형태의 무슨 석조기념물로 보는 경우가 있지만 원래는 양쪽 벽체가 모두 막혀 있었습니다. 원래 지상에 석관같이 네 벽이 막혀 있었고, 막혀 있던 양 벽이 떨어져나가 관통된 것처럼 보이는 것입니다. 네 벽이 석관 같이 막혀 있는 고인돌무덤을 직접 확인할 수 있는 유적이 강화군 내가면 오상리에 있습니다. 이 오상리鰲上里 고인돌무덤은 제가 찾아내서 발굴하여 복원한 후에 부근리 고인돌무덤과 함께 인천시 기념물 제16호로, 2001년 11월에 유네스코 세계문화유산으로 등재된 대표적인 유적입니다. 오상리 고인돌무덤은 지상에 석관 형태로 된 지석이 잘 남아 있습니다.

전라북도 고창에 북방식 고인돌무덤 하나가 있습니다. 북방식이 고창까지 내려가 있지만, 한강 이남지방에는 남방식이 많이 있습니다. 이런 북방식은 많이 있지 않습니다. 그래서 북방식 고인돌무덤이 요동반도, 대동강유역, 한강유역에 주로 분포하고 있고, 호서 지방과 호남 지역에는 비교적 희소합니다.

과거에 함경도에서는 고인돌무덤이 안 보였습니다. 그런데 최근 발표된 북한 자료를 보니까 함경북도에서도 나온다고 합니다. 고인돌무덤은 사실 우리나라 전 지역에서 보이고 있습니다. 제가 요동반도에 직접 가서 보니 북방식만 있는 게 아니라 그곳에서도 남방식이 보입니다. 중국에서는 대석개묘大石蓋墓라고 불리는 것으로 그것은 일종의 남방식입니다. 남방식은 제주도에서도 발견됩니다. 제주도 공항에 내리면 공항 앞 입구 쪽에 고인돌무덤이 보입니다. 옛날 제주대학에 있었던 것인데, 공항이 생기고 제주대학이 옮겨가면서 공항 입구의 오른편에 이전해 놓았습니다. 제주도에 있는 고인돌무덤은 밑받침이 조금 뭉둥그리하게 바둑판식으로 생겼습니다. 이런 유형은 일본 북구주 지방에까지 전해졌습니다. 남방식 고인돌무덤은 북한 평안남도에서부터 일본 북구주까지 분포되고 있습니다. 북구주 쪽에서도 아주 북쪽에 있는 우리 제주도와 가까운 지역에서 많이 보입니다. 일본 본토에서는 안 보입니다.

우리나라 강화도에서도 고인돌무덤이 많이 없어졌습니다. 강화도의 어떤 고인돌무덤은 주민들이 느티나무 밑에다 평상으로 만들어 놓았습니다. 고인돌무덤은 지금도 파괴가 많이 되고 있습니다.

■『한국고고학개설』(1973) 표지

사실 우리가 주의해야 할 것은 기존학설에서 이런 고인돌무덤도 시베리아에서 전래돼 왔다고 보고 있었다는 사실입니다. 김원룡 교수는 『한국고고학개설』(1973, p.93)에서,

혹시, 시베리아 청동기시대 묘제에 보이는 '거석巨石'사상이 형태를 바꾸어 이와 같은 지석묘로 되었는지도 알 수 없다.

고 약간의 의문을 보이다가 다음 페이지(p.97)에서,

우리의 석상분이 시베리아 청동기 문화에서 유래하고 있음은 틀림없다고 생각되는 바이다. 시베리아 지방의 석상분은 이렇게 남만주를 거쳐 우리나라로 들어와 처음에는 단독구조로서 있다가 남방식지석묘의 지하구조로 발전, 크기도 세장해져 석관보다는 석곽이라고 해야 하게 되어 갔고, 이것이 점점 장대화해서 삼국시대 고분기의 영남지방 석곽묘로 변화해 간 모양이다.

라고 지석묘의 시베리아 기원이 "틀림없다"고 확신하고, 그 전래과정을 상세히 설명하면서 그것이 삼국시대 고분으로까지 발전하였다고 했습니다. 그러나 저는 그 주장도 옳은 생각이 아닌 걸로 생각하고 있습니다. 이런 식으로 지금까지는 고인돌무덤이 시베리아에서 기원했다고 말해 왔습니다. 시베리아의 석관묘(혹칭, 석상분)가 한반도에 건너와서 고인돌무덤으로 변하고 그것이 삼국시대 고분으로 변했다고 하는 것입니다. 이것이 우리나라 고대 묘제의 외래설外來說의 '전범典範'입니다.

제가 1990년대부터 2000년대에 걸쳐서 일본이나 중국에서 개최되는 국제학술대회 때 종종 만나던 북한학자들에 의하면 북한에서도 1990년대 중반부터 '고인돌'이라고 하던 것을 '고인돌무덤'이라고 바꾸어 부르고 있다고 하는 말을 들었는데, 실제로 북한의 간행물을 보니까 모두 고인돌무덤이라고 쓰고 있었습니다. 이것을 보고 진정한 남북 학술교류가 이루어졌구나 하는 생각에 혼자서 감개한 적이 있었

습니다.

북한에서 단군릉이 성역화되기 전인 1994년까지는 북한 학자들도 '고인돌'이라고 그랬습니다. 모든 서적에서 '고인돌'로 표현했습니다. 우리나라도 그렇고, 제가 『강화도 고인돌무덤(지석묘) 실측조사연구』라고 하는 책을 1992년에 출판했습니다. 그 책을 받아본 사람들 중에 고인돌무덤을 전문적으로 연구하는 북한 고고학자 석광준石光濬 선생이 저한테 직접 얘기를 전해줬는데, 자기들도 '고인돌' 명칭을 이형구 선생의 식대로 '고인돌무덤'으로 바꿨답니다. 1995년 일본 오사카 학술회의 때 고인돌무덤을 조사한 자료를 중심으로 쓰여진 이형구 교수의 책(『강화도 고인돌무덤(지석묘)조사연구』)을 보고 자극받아 자기(석광준)도 대동강 유역에서 고인돌무덤을 조사했다는 것입니다. 그전까지는 대동강 유역에 고인돌무덤이 몇 기가 있는지 몰랐다고 합니다. 그런데 조사해보니까 고인돌무덤이 1만여 기가 나왔다는 겁니다. 그리고 이것들의 명칭도 고인돌무덤으로 바꿔야 된다고 생각했다고 합니다. 1995년 이후 출판된 북한의 모든 책에서는 '고인돌' 명칭이 '고인돌무덤'으로 바뀌었습니다. 여러분도 아마 북한 책들을 접할 기회가 있으셨을 것입니다. 여기에도 북한에서 출판된 책이 나옵니다. 고인돌무덤 관련 부분을 보게 되면 한번 보십시오. '고인돌무덤'이라고 쓰고 있습니다. 우리 한국 학계에서만 유일하게 '고인돌'로 쓰고 있습니다. 고인돌무덤이라고 쓰지 않습니다. 한문으로는 지석支石 + 묘墓라고 해놓고 한글로는 고인돌이라고만 쓰고, 무덤이란 말을 쓰지 않고 있습니다. 묘墓자의 뜻은 무덤이고, 축조 목적도 무덤입니다. 우리 부모님이나 할아버지 할머니께서 돌아가셨을 때 축조하는 분묘의 목적은 돌아가신 분의 무덤을 보호하는 시설입니다. 제단을 두고 옛 조상을 추모하고 제사를 지내는 신앙적인 장소라고 생각합니다. 또 추석 때나 제사 때 집안 식구들이 모여서 얘기를 나눕니다. 년중 추수감사절기에 지내는 시제時祭에는 멀리 가서 살고 있는 자손들이 묘소에 찾아와서 대가족이 모여 제사를 지냅니다. 제사가 끝나면 준비한 음식을 먹고 서로 이야기를 나누고 고민거리를 같이 걱정하며 그것들을 풀기 위해 집회소에서처럼 토론을 합니다. 이것이 바로 하나의 부족사회입니다. 고인돌무덤도 마찬가지입니다. 고인돌무덤은 인간(수장이나 지도자급)의 무덤이면서 제사장소이고 또 사회조직의 회의장소라고 할 수 있습니다. 그리고 기념적인 장소입니다. 그래서 기념적인 의미를 가지고 있기 때문에 고인돌무덤을 '거석문화巨石文化'라고도 합니다.

어떤 학자들은 북방식 고인돌무덤의 양 측면 판석이 없이 뚫려 있다고 해서 무덤으로 보지 않는 학자도 있습니다. 그러나 고인돌무덤의 목적은 주검을 매장하는 무덤이었습니다. 한쪽 옆에 있는 부분들은 구들장이나 계단으로 놓고 주춧돌로 쓰기 위해서 떼어내갔습니다. 강화도 고인돌무덤을 보면 깨진 흔적이 많이 발견됩니다. 지금도 그런 흔적들이 많이 있습니다. 덮개돌이 없어져서 두 다리만 보이지만 원래는 무덤이었습니다. 그런데 『한국고고학개설』 1973년 판이나 1986년 판에 보시면 이런 고인돌무덤은 "시베리아 전래의 석상분石箱墳(즉, 석관묘)이 우리나라 서북부에서 고인돌로 확대, 발전한 것이라고 보는 것이 합리적인 것 같다"라고 그렇게 지속적으로 주장하고 있습니다. 이 책은 지금도 매년 재판이 됩니다. 지금도 한국 고고학의 '교과서' 같은 책입니다. 또, 같은 1973년이나 1986년 판에서 "이 석상분에서 발전한 것이 고인돌이란 점에서…, 우리나라의 돌널(石箱)은 시베리아의 그것이 굴장법과 함께 펴져 내려 온 것이다"라고 분명하게 시베리아 기원설을 계속 강조하고 있습니다.

시베리아에 있는 석상분이라는 것도 이른 시기의 것이 기원전 2000년, 지금으로부터 4,000년 전의 것입니다. 그러나 우리 한민족과 관계있는 동이민족의 매장풍습이라고 할 수 있는 홍산문화의 적석식 석관묘는 기원전 4000~3000년에 유행한 묘제입니다. 그 시기는 시베리아보다 무려 2,000~1,000년이나 앞섰다고 볼 수 있습니다. 그런데 우리 학계에서 일반적으로 고인돌무덤은 시베리아에서 기원된 것으로 알려져 있습니다. 오히려 발해연안 대릉하 유역에 있는 적석식 석관묘가 요동반도로 건너오면서, 밑에 판석이 높아지면서 개석이 커진 요동반도의 고인돌무덤으로 변한 것으로 보는 것이 더 합리적인 해석일 것입니다. 그러나 요동반도와 한반도의 고인돌무덤은 발해연안에서 발생한 특별한 묘제라는 생각이 듭니다. 우리가 앞서 보아왔던 춘천시 중도 적석식 고인돌무덤이 바로 그것입니다.

과거에 일본사람들이 시베리아 기원설을 주장해 왔고, 또 김원룡 교수가 1973년 판이나 마지막 판인 1986년『한국고고학개설』에서도 같은 주장을 하고 있지만 새로운 고고학은 그렇지만은 않다는 것을 말씀드리고 싶습니다. 사실, 고고학은 항시 새로운 자료가 나오면 변해야 합니다. 제가 주장하는 이른바 학설이라는 것도 언젠가 또 다른 자료가 새롭게 나온다면 변할 수밖에 없는 것입니다. 고고학에서 학설이라는 것은 언제든지 새로운 자료가 나오면 그 자료들을 근거로 바뀔 수가 있다는 것입니다. 그런데 새로운 것이 나오는데도 고정관념을 깨지 않는다는 것은, 특히 학문적으로 고고학이 발전할 수가 없다는 것을 말하고 있습니다. 그러나 잘못된 것은 고쳐야 학문입니다.

이른바 북방식이나 남방식 고인돌무덤이 요동반도나 한반도에 공존하고 있는데, 그렇다면 이러한 돌무덤(석묘石墓)을 쓰는 주인공은 어떤 사람들인가 궁금하지 않겠습니까? 우리 한반도에 받침돌을 세운 북방식 고인돌무덤은 1천기가 못 됩니다. 이런 남방식이라고 하는 고인돌무덤은 정확한 통계는 아닙니다만 호남지방만 해도 거의 2만기가 있다고 합니다. 지금 전국적으로 고인돌무덤의 숫자는 약 3만기가 넘게 분포되고 있다고 합니다. 그런데 이것들을 시대적으로 본다면 기원전 1000년부터 기원전 200년까지 존재하고 있다고 보여집니다. 한반도에서는 기원전 3세기에는 철기시대에 들어갑니다. 기원전 3세기에 토광, 목관묘가 나온다든가 중국에서 새로운 묘제가 들어오고 있습니다. 이런 고인돌무덤이 약 1천년 가까운 시기에 함경북도에

■ '우리의 기원지'라고 착각하고 있는 바이칼Baikal호 주변. 부르한 바위 뒤로 프리모르스키 산에는 9월인데 눈이 덮히고 왼쪽 알혼Olkhon섬은 사질 건초지대로 인류가 살아가기 어려운 곳이다.(2013.9.15)

서부터 제주도까지 분포하고 있습니다. 학자들의 견해를 빌린다면, 요동반도에 있는 고인돌무덤의 편년은 기원전 2000년, 지금으로부터 4,000년 전입니다. 이곳에서는 북방식뿐만 아니라 남방식 고인돌무덤이라고 볼 수 있는 대석개묘大石蓋墓도 보이고 있습니다. 요동반도의 고인돌무덤의 시작은 대석개묘에서 출토되는 유물의 연대와 여러 가지 상황으로 봤을 때 기원전 2000년경으로 보고 있습니다. 과거 우리나라에서는 강화도 고인돌무덤의 경우를 보면 대략 기원전 700년으로 봤습니다. 그러나 강화도 오상리 고인돌무덤은 제가 발견하여 발굴하고 복원·정비해 놓은 유적입니다. 오상리 고인돌무덤을 발굴할 당시 출토되는 유물들의 내용을 보니까 기원전 1500~1000년 사이로 편년할 수 있었습니다. 저 뿐만 아니라 당시 몇몇 학자들도 저의 견해를 지지했습니다. 왜냐하면 빗살무늬토기 후기에 보이는 '단사선문短斜線紋'이라고 하는 '짧은 빗금무늬' 토기들이 많이 나오는 것을 보면 신석기시대 후기 빗살무늬토기가 퇴보하며 사라지기 전에 이 짧은 빗금무늬토기들이 출현하고 있지 않은가 생각합니다. 저는 지금까지의 연구를 통해서 요동반도에서는 고인돌무덤이 기원전 2000년경에 나타나고 있고, 한반도에서는 기원전 1500년경에 북방식 고인돌무덤이 나타나는 것으로 보고 있습니다. 남방식 고인돌무덤은 북방식과 거의 비슷한 시기에 사용했다고 보는 견해도 있습니다만 북방식보다 조금 늦은 시기에 시작되었다고 보는 견해도 있습니다.

북방식 고인돌무덤은 어떤 것은 언덕(구릉丘陵) 위에 분포하고 있습니다. 평지보다는 아래를 조감할 수 있는 지형을 선택해서 조성한 것으로 보입니다. 아래에서는 그것을 우러러 볼 수 있습니다. 강화도 부근리 북방식 고인돌무덤만 봐도 구릉 위에 위치하고 크기가 6m로 상당히 큽니다. 대단히 웅장하지요. 요동반도의 북방식 고인돌무덤도 대부분 구릉 위에 위치하고 있고, 어떤 것은 7m나 됩니다. 제가 요동반도에 가서 조사할 때 보니까 높이도 제가 서 있는 크기보다도 더 큽니다. 높이가 2m나 됩니다.

우리가 서울에 가 보면 명동에 위치한 천주교 성당이 우뚝 솟아 장엄하고 위압적으로 내려다보는 것처럼 지은 것은 그것을 우러러 보라고 그렇게 지은 것입니다. 밑에서는 올려다보는 숭앙심이나 경배하는 마음을 갖게 되고, 위에서 내려다보는 것처럼 권위와 위엄을 상징하는 것과 마찬가지입니다. 저는 이것을 보면서 명동성당의 위치가 바로 밑에서 보면 아주 우러러 보이고 위에서 보면 고압적으로 내려다보이는 것은 마치 북방식 고인돌무덤을 대하는 것과 같은 생각을 하게 됩니다. 그래서 발해연안의 고대사회의 묘제는 종교적 면이 내재되고 있다는 것을 짐작하게 합니다.

대형 북방식 고인돌무덤은 고임돌(支石) 크기와 덮개돌(蓋石)의 크기가 5m이상이나 되고, 무게는 큰 것은 50~70t이고 작은 것이라 해도 30~40t 정도 됩니다. 이런 것 하나 채석하고 운반하려고 해도 쉽지 않았을 것입니다. 어떻게 채석하고 운반을 했는지, 거기에 어떻게 축조했는지 참 불가사의不可思議한 점이 많습니다. 그만한 크기의 돌을 채석하기도 힘들고, 이것을 운반한다는 것도 당시의 지면 사정으로는 쉽지 않았을 것 같습니다. 제가 20여년 전에 호남 지방의 영산강 유역에서 발굴하는 데를 방문한 적이 있었는데, 가서 보니까 농지개혁을 한다고 도로를 곧게 낸다고 농로에 있는 고인돌무덤(남방식)을 치우기 위해서 발굴을 하게 됐다고 했습니다. 크기가 집채만한 것입니다. 그 당시 농지개혁하고 도로를 내려고 발굴하는 것이었지만, 우선 50~70t이나 되는 고인돌무덤의 덮개돌을 들어내기 위해서는 대형 포클레인이 그곳으로 들어가야 하는데, 그것을 들어올릴만한 포클레인을 구하는 것도 문제지만, 설사 있다고 해도 그 큰 차량이 이곳에 들어올 수 있는 도로를 개설할 수도 없는 실정이었습니다. 한 20여 년 전이니까 아마 포클레인이 들어갈 수 있는 길도 없었고, 그것을 들어올릴 수 있는 포클레인도 그 당시는 5t이나 10t짜리 정도 밖에 없을 때입니다. 지금 같이 현대문명이 발달되었는데 그곳을 들어갈 수도 없고 나갈 수도 없는, 그런 것을 들어 올리는 포클레인도 없고 어떻게 할 방법이 없었을 것입니다. 그때 당사자들이 기상천외의 방법을 찾아냈습니다. 그것은 고인돌무덤 밑에 다이너마이트를 매설하고 폭파시키는 것이었습니다. 그렇게 해서 고인돌무덤을 폭파시켰습니다. 그렇게 폭파시켜 놓고도 또 문제가 생겼습니다. 폭파된 덮개돌 조각도 옮길 방법이 없었습니다. 궁여지책으로 개울가까지 밀어서 옮겼습니다. 정말 그렇게까지 농지개혁을 해야 하는지 지금도 의문이고 그렇게 '위대한' 인류의 문화재를 파괴시켜야 하는지, 아니면 도로를 좀 비켜 가도 될 텐데 하는 아쉬움이 듭니다.

저는 농로를 내기 위해 그렇게 한 것을 비판하는 게 아니라 현대문명에서도 고인돌무덤 하나를 쉽게 옮기지 못한다는 것을 강조하는 것입니다. 적당히 옮길 수 있는 기계도 없습니다. 물론 인천항이나 부산항에서 200t이 넘는 것을 옮기는 포클레인도 있겠지만 그것은 고정식이고 산간도로에 들어가 50~70t을 들어 옮길 수 있는 이동식은 없다고 합니다. 아마 지금도 불가능할 것입니다. 혹시, 헬리콥터도 못 듭니다. 가라앉습니다. 그런데 당시에는 이것을 옮겨 왔다는 사실입니다. 그것은 불가사의입니다.

　어떻게 채석했는지도 궁금합니다. 일반적으로 고인돌무덤 주변에는 채석장이 없습니다. 지금도 채석장으로 사용된 것으로 보이는 바위가 있는 곳은 2~3km 밖에 있습니다. 그런데 그 큰 돌덩어리를 이 언덕 위까지 가지고 오려면 몇 번의 골짜기를 건너야 하고 구릉을 넘어야 올 수 있고, 결코 가까운 거리도 아닌데 만만치 않았을 것입니다. 이것을 누가 어떻게 옮겼는가도 의문입니다. 그 당시 한 사람이 죽었을 때, 매장된 사람이 수장이나 군장 같으면 그 사회의 백성들에 의해서 옮겨져 축조됐을 것입니다. 저는 그 당시에 국가가 있다고 확언은 못합니다만 그렇다고 국가에 준하는 사회조직마저 없었다고는 보지 않습니다. 그 당시에는 엄청난 사회조직이 있어서 인력을 동원할 수 있는 전제권력

■ 고창 죽림리 고인돌무덤

專制權力이 있었기 때문에 가능했을 것이라고 생각합니다.

영화나 다큐멘터리로 이집트 피라미드를 옮길 때의 그림을 보면 전쟁포로나 노예로 보이는 수많은 사람들을 동원해서 그것을 옮기고 축조하고 있습니다. 우리도 그렇게 하지 않았을까 생각해 봅니다. 만일 노예를 썼더라면 그것은 전제국가라고 보아도 될 것입니다.

우리도 마찬가지였습니다. 이집트만 거대 문명이었고, 그 지역에만 왕권이 있었고 우리는 작으니까 왕권이 없었다? 그것은 아닐 것이라고 생각합니다. 저는 그 당시 초기국가가 존재하였으며, 일정한 형태의 전제성을 가지고 집권할 수 있었던 사회조직이 있었으며, 그 조직의 수장이 인력들을 동원해서 이것을 만들어서 앞선 수장이나 당사자의 사후 주검을 묻었다고 생각합니다. 그 자리는 수장을 기념하고 추모하는 장소며 공동 집회장소이기도 합니다.

강화도의 고인돌무덤도 상당히 높은 위치에 축조되었습니다만, 평양 강동군의 고인돌무덤도 직접 가서 보니까 벌판을 내려다 볼 수 있는 높은 데에 위치하고 있었습니다. 고창 고인돌무덤도 마찬가지입니다. 여기도 마찬가지입니다. 요동반도에는 대련시 금구나 석목성이라는 곳에 가보면 한결같이 고인돌무덤들이 강화도와 같이 능선 위에 분포하고 있습니다. 모두 그 지방 수장의 무덤이라고 생각됩니다.

북방식 고인돌무덤들 중 어떤 것은 이동할 수 없을 정도로 상당히 커서 포클레인을 가지고도 이동할 수 없어 다이너마이트로 터트려야만 조각으로 이동이나 운반이 가능합니다. 고창에서도 그런 일이 더러 있었습니다. 옮기기를 포기했습니다. 지금의 고창 것은 유네스코 UNESCO가 세계문화유산으로 등재하였기 때문에 누구도 손을 못 대고 있습니다. 강화도도 그렇고 지금 같으면 인력으로도 옮길 수도 없고 포클레인으로는 옮길 수 있을지 모르겠지만 이동하는 것이 문제일 것 같습니다. 실제로 상당히 큰 거석들이 구릉(언덕) 위에 분포되어 있는데, 옮기는 것도 불가사의하지만 이런 남방식 고인돌무덤은 일반적으로 한 10~20기가 몰려 있습니다. 북한에도 가보면 한데 몰려서 분포되어 있습니다. 북방식 고인돌무덤은 좀 독립되어 있는 경우가 많은데 남방식 고인돌무덤은 몰려서 분포되어 있습니다. 그래서 이러한 묘제를 쓸 수 있었던 사람들은 상당히 권력이 있는 지배층이었을 것이라고 생각합니다. 지방 호족이라던가 수장 같은 사람 말입니다. 그 당시 지방분권이 되어 있었다고 아직 학문적으로 접근을 하지는 못하고 있습니다. 예를 들어서 충청남도에서도 서산, 예산, 아산, 보령 지역에 주로 분포되어 있습니다. 그리고 이런 묘제를 쓰는 무덤들이 몰려 있는 장소를 보면 그런 데서 무슨 사회집단이 형성되지 않았던가 생각하게 됩니다. 그것들이 바로 그들의 무덤이었을 것이기 때문입니다.

최근까지도 일반인들은 풍장도 하고 토장도 하고 있습니다. 옛날에는 더욱 다양했다고 생각합니다. 그래서 저는 이 고인돌무덤들은 그 당시 상당한 집권세력, 저 큰 돌을 운반할 수 있는 인력을 동원할 수 있는 그런 사람들의 무덤이 아니었을까 하고 생각해봅니다.

지금까지 말씀드린 것 중에는 돌무덤, 고인돌무덤도 있습니다. 이것들과 발해연안에서 보이는 석관묘, 적석총, 이런 돌무덤들은 공통적인 선사시대 묘제의 형태라고 보여지고 있습니다. 그런데 조금 전에 제가 소개했던 옥들도 보면 대개 돌무덤에서 나오고 있습니다.

중국에 있는 은殷나라는 화북 평원의 충적층에 위치하고 있기 때문에 돌이 없는 지역입니다. 돌무덤을 사용하던, 발해연안 북쪽에서 살아오던 동이민족이 황하 하류 지역으로 이동하여 은 나라를 세웠습니다. 새로운 농경지에 나라를 세운 은 민족이 그쪽으로 가서 충적층만으로 형성된 대지에 맞게 토광묘나 목곽묘 또는 목관묘를 쓰게 되었을 것입니다.

발해연안에서 생활하던 동이민족은 돌을 가지고 무덤을 축조했습니다. 그런 돌무덤은 시베리아보다는 발해연안에서 살고 있는 동이민족의 공통적인 묘제이며 그들이 가지고 있던 공통적인 매장습속입니다. 그런 돌무덤에서 옥기가 많이 나옵니다. 우리나라에서도 여러 지역에서 석관묘나 고인돌무덤을 발굴할 때 옥 대롱구슬이라든가 용형龍形이라고 하는 곡옥曲玉 같은 유물들이 나오고 있습니다.

발해연안 북쪽 대릉하 유역의 홍산문화의 묘제는 뭐라고 말씀드릴 수 있냐면 여기 바로 이 지역입니다. 그곳에는 무덤뿐만 아니라 제단이 있고 신전도 있습니다. 중국학자들은 홍산문화의 특징인 제단과 신전 그리고 돌무덤을 문명의 3대 요소라고 합니다. 그들은 이것을 문명의 조건이라고 합니다. 사실 과거에는 이것을 문명으로 보지 않았습니다. 중국학자들은 황하문명만 문명으로 보았는데, 황하는 여러 가지 문명 조건들 중에서 문자가 나옵니다. 그렇기 때문에 서양 사람들은 중국 황하문명을 세계 5대 문명 중의 하나로 명명했습니다. 그런데 최근 1980년대 이후 홍산문화 관련 유적들이 집중적으로 발굴 조사되면서 중국학자들은 중국의 고대문명으로 황하문명만 있는 것이 아니고 요하나 대릉하 유역에도 고대 문명이 있다고 주장하고 있습니다.

그런데 발해연안 북부에 분포되어 있는 홍산문화 유적 중에서 용이 나옵니다. 홍산문화에서 나온 용 형상의 옥 유물을 중국학자들은 옥용이라고 부릅니다. 용이 이렇게 꼬리를 감싸고 있습니다. 은 나라에서 나오는 용에도 귀가 있습니다. 귀가 조금 더 형상화돼 있고, 용의 꼬리가 감싸고, 몸체에는 무늬가 조각돼 있습니다. 이것은 마치 물고기의 비늘을 연상합니다. 이런 것들은 은 나라 수도 은허殷墟에서 나온 것입니다. 은허에서 나온 것 중에는 끈을 꿰는, 목에 거는 끈을 끼우는 구멍이 뚫려 있는데 여기에 바로 꿸 수도 있습니다. 이것도 은허에서 나온 것입니다. 이것들은 기원전 13세기경의 것이라고 합니다. 홍산문화의 옥용은 기원전 3500년 경의 것입니다.

우리나라에서는 일찍이 경상북도 영덕군 오포리 유적에서 처음으로 곡옥曲玉이 나온 바 있습니다. 이 곡옥曲玉은 청동기시대 것입니다. 여기에도 입모양이 있고, 구멍이 있고, 이것은 양쪽에서 귀걸이로 사용했었습니다. 그런데 이것이 신라로 오면서 신라 것에도 똑같이 구멍을 뚫고, 형태가 거의 비슷합니다. 여기 입모양이 있고, 여기도 보면 입의 모양을 형상한 약간의 크랙이 있습니다. 우리나라에서는 용이라고 하지 않습니다. 어떤 학자는 태아 설에 대해 말하고, 혹은 누에 같다고 하는 사람도 있습니다. 어떤 학자들은 짐승의 이빨이라고도 하고 있는데 저는 용이라고 보고 있습니다. 이런 용이 변천해 왔을 것이라는 말입니다. 그런데 신라에 와서는 이런 것

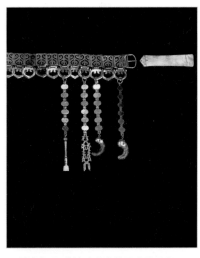

■ 천마총 금제 허리띠의 황금관식 곡옥(신라)

도 있지만 신라의 금관이나 허리띠(혁대) 장식을 보면 곡옥의 머리에 금으로 모자를 씌우고 행엽형杏葉形 장식까지 달았습니다. 아주 곡옥 예술의 극치에 달합니다.

용형 곡옥은 이렇게 변화를 해온 것입니다. 신라에는 금으로 장식이 된 금 곡옥도 있습니다. 금관에 수십 개의 곡옥을 달고 금 행엽 같은 것으로 장식해서 사용하고 있습니다. 그래서 이러한 형태들은 거슬러 올라가면 은 나라, 그리고 대릉하 유역의 홍산문화 유적에서 또 더 오랜 시기의 흥륭와문화나 사해문화에까지 거슬러 올라갈 수 있습니다. 발해연안에서 신석기시대까지 올라가고 삼국시대에 와서는 신라 지역에서 크게 유행해 왔다는 것을 알 수 있습니다.

지금까지 홍산문화의 특징 중에 하나인 옥기문화를 얘기했습니다. 이제는 옥기문화와 함께 홍산문화에서 중요한 신전에 관해 말씀드리겠습니다. 우하량에는 돌무덤이 있고 제사지내는 제단이 있고, 그리고 신전이 있습니다. 신전이 있다면 신앙의 대상을 모신 종교적인 장소가 있었다는 것이지요. 우하량 II지점에서 도로를 건너 북쪽으로 이어지는 구릉으로 약 900m 올라가면 우하량 제I지점 '여신묘女神廟'건축지 유적이 나옵니다. 이 유적이 우하량 신전입니다. 이 유적은 1983~1985년까지 요령성문물고고연구소에 의하여 발굴됐습니다. 현장에서 여인의 조각이 출토되어 이 유적은 '우하량 여신묘'라고 명명되었습니다. 저는 1993년에 요령성문물고고연구소 소장과 요령성문물국장을 지낸 곽대순郭大順 선생과 동행하여 현장을 처음 방문한 적이 있습니다. 곽 선생은 북경대학 고고학과 출신으로 요령성 내의 많은 고고학 조사를 실시한 저명한 고고학자입니다. 저와는 북경대학의 학술회의에서 함께 발표하고 토론하기도 했던 분인데 학술회의가 끝나고 그 먼 길을 저와 동행하여 우하량의 고고학 현장을 안내해 주셨습니다. 우하량 유적은 이분이 직접 발굴한 현장도 많이 있습니다. 그 후에도 대릉하 유역의 홍산문화 유적들을 답사하는 데 동행해 주고 손수 안내해 준 가까운 지인입니다. 지금도 많은 지도와 협력을 해 주

- 우하량 여신묘 유적 전경 조감도 (요령성문물고고연구소 제공)

- 우하량 여신묘 출토 여신 두상

- 우하량 여신묘의 여신상(소조 복원)

- 우하량 여신묘 출토 여신 유방

- 우하량 5지점 적석총 출토 여인상

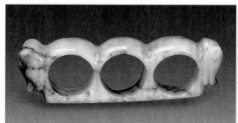

- 우하량 16지점 출토 쌍웅수삼공옥기雙熊首三孔玉器

- 우하량 여신묘 출토 곰 하악골 유체

는 분입니다. 2009년 7월, 2010년 4월에 KBS 역사스페셜을 촬영할 때에도 현장을 같이 동행해 주셨습니다.

우하량 제Ⅰ지점 '여신묘女神廟' 건축지 유적은 남북 길이 25m, 동서 2~9m의 반수혈식 건축입니다. 75㎡나 되는 당상히 큰 건물지가 나왔습니다. 건물지의 방향은 북향인데 20° 정도 편동입니다. 평면은 '中'자형으로 남북장축의 중심부에 주실을 두고 좌우측실과 북실 그리고 남실로 한 동을 이루고 있고, 본 건물 남쪽에 별도로 동서장축으로 된 단실건물이 있는 독특한 건축구조입니다. 벽채도 나왔는데 그 벽채에 벽화를 그린 흔적도 발견되었습니다. 여신묘 건축지 내부에서 각종 신상이 출토되었습니다. 이들 신상들은 하나같이 소조상塑造像이었습니다. 신상의 조각들은 모두 흙으로 빚어서 음지에서 말린 후 마광磨光한 것입니다. 혹, 이 신상들은 직접 불에 구운(소제燒製) 것으로 착각하는데, 구운 것이 아니라 말린 것(소제塑製)입니다.

이 여신묘 건축지의 주실 서측에서 인간의 실물대 크기의 두상이 출토되어 조사자들을 놀라게 했는데, 두상의 조각이 매우 사실적이고 이목구비가 전형적인 몽고인종의 특징을 취하고 있다고 하였습니다. 특히 양 눈의 동자를 담청색 옥석을 상감하였습니다. 얼굴의 안상은 좀 뚫어지게 주시하고 있고 입가에는 약간 웃음기가 감돌고 있으며, 표정은 조금 과장된 듯 하고, 표현은 사실적으로 생생하게 생명력이 완전하고 풍부하게 묘사되었고 조출되었으며, 여성의 면상을 신격화神格化하고 있습니다. 그래서 이 여인 두상을 여신상女神像이라고 하였습니다. 주실의 중심부에서 지름이 19.5cm나 되는 유방乳房 조각과 인체의 3배나 되는 귀(이耳)의 조각이 나왔으며, 서측실에서는 인간의 2배 정도 되는 얼굴 부위와 팔목 부위, 넓적다리 부위 등이 수습되었습니다. 이 소조 유방은 실제 인체보다 3배가 더 큽니다. 상당히 규모가 큰 소조상입니다.

실제 인간의 크기와 비슷한 여인 두상이 있는가 하면 신체보다 2배 3배되는 인체 부위들이 출토되는 것으로 보아 여러 구의 신상이 모셔졌을 것으로 추정되고 있습니다. 모셔진 신상은 출토 유물의 정황으로 미루어 보아 모두 여신일 것으로 추측됩니다. 요령성문물고고연구소에서 출판한 『우하량유지牛河梁遺址』(2004)에 의하면 여신묘의 내부에서는 여신상 조각 이외에 신상의 주변에서 곰(熊)의 하악골下顎骨과 발톱 부위의 소조상이 출토되었고, 실물로 곰의 하악골이 출토되었다고 하였습니다. 여신전에서 여신과 함께 곰의 실체와 곰의 조각 형상이

▪ 동산취 유적 전경 조감도 (요령성문물고고연구소 제공)

발견되었다고 하는 사실은 매우 주목됩니다.

우리는 이 곰의 조각이 여신과 함께 신앙의 대상이 되었을 것이라는 추측을 하게 되어, 더욱 흥미를 자아내게 하고 있습니다. 이 문제는 앞으로 우리가 많은 관심을 가지고 주목해야 할 것입니다. 우하량의 높은 산허리에 위치해 남향으로 자리하고 있는 여기에 여신과 여러 신앙의 대상을 모실 수 있는 대단히 큰 건축물을 세워 종교적인 활동을 통해 이 일대의 거대한 사회조직을 과시하였을 것입니다.

조사자들은 우하량 제 I 지점의 여신묘女神廟 건축지 유적의 연대를 지금으로부터 5,500~5,000년경으로 보고 있습니다. 5,500~5,000년 전에 이미 이런 건물을 짓고, 벽에는 벽화를 그리고 신단에는 신상을 모시고 예배를 보았다는 말이 사실로 드러났습니다. 이 여신묘는 발굴후에 보호각을 세웠다가 지금은 영구적인 돔dome 형태의 건물을 지어 보호하고 있습니다.

우하량에서 약 40~50km 남쪽으로 떨어진 객좌현喀左縣 대성자진 동산취東山嘴 유적입니다. 동산취 유적에는 석관묘, 적석총, 원형제단

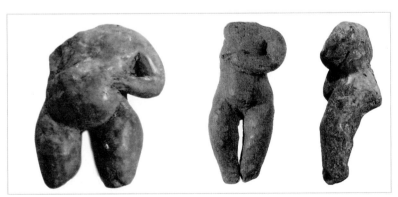

▪ 동산취 유적 출토 소조 임부상 1, 2

■ 함북 서포항 출토 여신상

■ 요서 서수천 유적 출토 여신상

■ 함북 농포동 출토 여신상

■ 울산 신암리 출토 여신상

■ 두만강 출토 인물상

■ 울산 반구대 출토 인물상

이 있습니다. 우하량에서 보셨던 유적 정황과 비슷합니다. 원형제단은 구릉 위에 위치하고 둥글게 돌로 축조되어 있습니다. 남쪽으로 상당히 넓은 평원 끝으로 대흥하가 내려다 보이는 구릉 위에 위치하고 있습니다. 동산취 유적은 1979~1983년에 곽대순 선생에 의해 발굴됐습니다. 동산취 유적은 중심부에 돌로 쌓은 제사건축지가 있습니다. 제사건축지의 평면은 방형으로 길이 11.8m, 너비 9.5m입니다. 제사건축지 중심부의 적석부분은 묘와 제사와 양성 공능을 갖추고 있는 것으로 추정하고 있으나, 혹 묘장墓葬으로 축조되었다가 후에 제단으로 개조되지 않았나 추정되고 있습니다. 제사건축지에서 남쪽으로 15m 지점에 원형제단이 있습니다. 석축 원형제단은 지름 2.5m입니다. 원형제단의 내외에서 20여 편의 도소인상陶塑人像이 출토되었다고 합니다. 여러 조각편 중에 2점은 소형 임부姙婦 나체입상으로 보였습니다. 머리 부분은 없이 출토되었는데, 하나는 높이 5cm 정도의 작은 소조상이지만 홍색을 발라 마연을 많이 해서 아주 반질반질하게 했습니다. 임신부의 형체는 사실성이 강하게 비치고 형상이 생생하게 표현되고 있습니다. 그리고 다른 하나는 거의 몸체만 남았습니다. 이들 임부상은 매우 비슷한 포즈pose를 취하고 있는데, 복부는 앞으로 나왔고 궁둥이는 풍만하고 왼팔을 불룩한 복부 위에 얹힌 폼form이 영락없는 임신부의 모습입니다. 이외 또 2점의 임부좌상의 잔편이 발견되었는데, 크기는 실제 인물의 1/3 정도로, 이 2편은 아마 한 사람의 인체 조각으로 추정되고 있습니다.

　동산취 유적에서는 소형 여신상이 여럿 나왔습니다. 원래는 머리 부분, 상체, 다리 부분만 남아있었습니다. 임신부 소조상은 바로 토르소

torso 형식을 취하고 있습니다. 그래서 저는 이곳에서 발견된 소형 여신상을 일찍부터 '동양의 비너스venus'라고 했습니다. 최근 중국 연구자들도 이것을 비너스라고 그럽니다. 그런데 저는 1991년에 『한국고대문화의 기원』이라는 책을 냈을 때 비너스로 봤습니다. 오스트리아 빌렌돌프Willendolp에서 발견된 조각상도 바로 이런 것이라고 봅니다. 제가 김영사라는 출판사에서 증보판으로 『한국고대문화의 비밀』이라는 책을 냈는데, 여기에 '지모신의 숭상'이란 항목으로 이 여신상을 중점 소개한바 있습니다. 이 책에서 우하량 여신상이나 동산취 여신상을 '동양의 비너스'라고 했습니다. 비너스란 뭐냐? 지모신地母神입니다. 천신이나 지신 그리고 수신들을 각각 상징하는 것이 있다면 지모신은 풍요豐饒와 다산多産을 상징하는 지신입니다. 그러니까 임신한 여신상은 지모신을 상징하는 것입니다. 모두 지금으로부터 5,500~5,000년 전의 조각입니다. 이 시기의 발해연안은 농경시대입니다. 지모신은 바로 농경문화를 대표하는 신입니다. 중국 연구자들은 이 시기는 모계사회일 가능성이 높다고 보고 있습니다. 왜냐하면 신상의 대상도 여성이었습니다. 여기 소조상을 보면 당시 숭배대상이 여성으로 보여집니다.

동산취 유적에서 본 임신부 소조상은 아주 엉덩이가 쳐지고 가슴이 있고 배가 이렇게 나와 있는 소형 임신부 상입니다. 5cm 정도의 작은 임신부상에는 그 당시 신앙의 대상으로, 큰 신상은 제단에 모시고 이런 소형 신상은 마치 절에서 감龕이라고 하는 작은 상자에 부처님 상을 모시고 다녔던 것처럼 이 신상도 작은 크기나 표면이 반질반질한 것이 꼭 부처님 모시듯 했던 것 같습니다. 최고 권력자가 그것을 신으로 모셨는지 모르겠습니다만 손이 많이 가 있는 느낌입니다.

서요하 유역 적봉시 서수천이라고 하는 곳의 홍산문화 유적에서도 토르소 형식의 소조상이 나왔습니다. 석관묘가 여기에서도 보입니다. 소조상은 가슴이 넓고 허리가 날씬하고 가슴부위에 유방을 강조하고 있습니다. 전형적인 지모신 조각입니다.

이런 작은 소조상들은 발해연안 북쪽에서 출토된 것을 소개했지만 물론 요동반도에서도 많이 보이고 있습니다. 그리고 두만강 유역에서도 나오는 인물상입니다.

한반도에서는 함경북도 농포동이라는 유적에서 나왔습니다. 농포동 유적은 구석기, 신석기, 청동기시대까지 오랫동안 사람이 계속 살았던 지역입니다. 이곳에서 토르소 형식의 여인상이 출토된 적이 있습니다. 여인상의 가슴이 아주 풍만해 보이고 팔장을 낀 것 같은 포즈가 마치 동산취 유적에서 출토된 여신상과 매우 닮았습니다. 겉 표면도 아주 반질반질하게 마연이 되어 있습니다. 이것도 여신상일 가능성이 많이 있습니다. 조사자들은 이 토르소형 여인상을 신석기시대 후기에 속한 것으로 편년하고 있습니다.

함경북도 서포항 유적에서도 여인의 상반신 흉상胸像이 출토되었습니다. 서포항 유적은 함경북도 웅기군 굴포리에 있는 잘 알려진 유적입니다. 기원전 4000~3000년 신석기시대의 빗살무늬토기가 많이 출토되었습니다. 이 서포항 유적에서 일찍이 여인상이 발굴이 되었는데, 여인상은 토르소 형식이 아니라 팔은 가슴에 감추고 있는 흉상 형식입니다. 머리 부분이 가슴 부위보다 큰 가분수형으로 유방은 가슴 위 어께에 가깝게 받쳐서 아주 작게 상징적으로 달아 놓았습니다.

근래에 울산 신암리에서도 여인상이 나왔습니다. 이것도 가슴이 있고 골반이라든가 엉덩이가 보이는 임신부상입니다. 이것도 한국의 비너스가 아닌가 생각을 합니다.

한반도의 인물상하면 뭐니 뭐니 해도 울산 반구대암각화의 인물상일 것입니다. 반구대암각화에는 여러 인물상이 나오는데 주로 선각으로 처리되고 있으며 오른쪽 하단에 새겨진 인면상은 비록 얼굴만 표현했으나 유일한 정면상입니다. 이 인면상의 강렬한 두 눈과 강직한 코, 근엄한 입의 표현은 당시 어떤 지도자의 인물을 신격화하여 조각한 작품이 아닌가 생각하고 있습니다.

그런데 반구대암각화를 이야기 할 때마다 이것이 시베리아에서 전래된 기법이라고 이야기를 합니다만 그렇지 않습니다. 시베리아나 몽고 것 하고는 다릅니다. 전부 우리 것입니다. 이런 인물상을 다 살펴보면 그것은 신석기시대 것입니다. 이것은 신석기시대 유적입니다. 반구대도 신석기시대까지 올라갈 수 있습니다. 반구대암각화 연구가 하인수 선생은 『울주 대곡리 반구대암각화』(2013)에서 "기원전 3000년 전후한 시기에는 반구대암각화 유적이 존속하였음은 분명하다"고 하였습니다. 어떤 사람들은 반구대 얘기를 할 때마다 모두 시베리아에서 왔다고 합니다. 시베리아 만능시대 같습니다. 여러분 다시 말하지만 우리 민족은 시베리아 사람하고 한 군데도 닮지 않았습니다. 이 문제는 앞에서 여러 차례 강조하였기 때문에 여기서는 좀 다른 비유를 하겠습니다.

인류학적으로, 우리 민족의 체질이나 혈청, 두발, 아무 데도 시베리아 사람들과 닮은 데가 없습니다. 물론 이때 발해연안에서 살던 사람들을 보면, 지금의 우리처럼 생긴 사람들이 대부분이고 여신상의 모습도 전형적인 몽고인종Mongoloid의 특징을 가지고 있다고 하였습니다. 저 시베리아 사람들은 코카시안Caucasian입니다. 세계 3대민족의 하나로 코카시안이 있습니다. 세계 3대 민족은 흑인종, 황인종, 코카시안입니다. 그 중에서 황인종이 몽고로이드라고해서 그걸 우리가 몽고 사람으로 착각을 하고 있습니다. 몇 해 전에 우리나라를 대표하는 분이 몽고를 방문해서 그곳에 있는 울란바토르대학에서 강연하면서 몽고가 우리 민족의 고향이라는 이야기를 하셨습니다.

중국 역사연구자들의 칭기즈칸成吉思汗Cinggisgan에 대한 인식은 정복자이기 전에 무법자입니다. 세계를 정복하는 데 무작정 초전박살初戰搏殺 작전을 썼습니다. 우리 군대 표현으로 초전박살이라는 것은 "첫 전투에서 때려죽이자"는 표어인데, 순식간에 잔인하고 무자비하게 도륙하는 굉장히 공포와 전율이 엄습하는 전쟁입니다. 강의 중에 강한 표현을 써서 죄송하지만, 제가 왜 그런 표현을 사용했냐면 그것은 근본적으로 잘못된 전법이요 전술이기 때문입니다. 그것을 숭배하고 배우자는 데 문제가 있습니다. 여러분도 컴퓨터를 모두 가지고 있을 겁니다. 모 회사의 컴퓨터에 한 번 들어가 보시면 첫 화면에 초원草原이 뜰 것입니다. 너무 자주 보시니까 오히려 기억이 안 나실지 모르겠습니다만 거기에 나오는 초원이 어떤 초원인 줄 아십니까? 그게 우리 대관령에 있는 초원입니까? 아니면 서산농장에 있는 초원입니까? 바로 몽고 초원입니다. 몽고초원을 왜 우리 컴퓨터에다가 집어넣고 세계 방방곡곡에 알려야 합니까? 바로 칭기즈칸이 속도전speed으로 세계를 정복했다는 전술을 흠모하는 사람들의 칭기즈칸 우상화의 상징이기 때문입니다. 한때 어느 정치인은 '몽골 기병처럼 서민 속으로'라는 슬로건slogan으로, 우리나라의 지도자를 꿈꾸고 있는 사람이 몽고기병을 꿈꾸고 있었습니다. 참으로 기가 차는 역사의식입니다.

우리에게는 고유의 신호 전달체계인 봉수烽燧제도가 있었습니다. 그것은 기마騎馬전파보다도 더 빨랐어요. 그것을 위한 봉화대도 있고 봉수대도 있고 모든 것이 평화적인 시설이고 평화롭게 이용되었습니다. 그런데 몽고초원을 컴퓨터의 첫 화면에 떠올려 그들을 기억하게 하는 것은 오늘날의 컴퓨터통신으로 당시 몽고인들이 칭기즈칸의 기마 속도전법으로 빠르게 이동해서 초전박살 내는 작전을 연상시키기 위한 것이었겠지만, 그와는 반대로 평화로운 인류를 무자비하게 죽이고 도륙하였던 인간들을 기억나게 하고 있습니다.

실제로 댁에 가셔서 시간이 되시면 인터넷에 들어가 보시던가 아니면 서점이나 도서관에 가셔서 몽고나 칭기즈칸 관련 책이나 자료를 찾아보시고 확인해보시기 바랍니다. 또, 우리 『고려사』 중에 몽고가 고려를 침범했을 때 기록을 한 번 읽어보시기 바랍니다. 「고종세가」 '고종 18년(1231)조'에 보면, 11월 28일에 몽고병들이 압록강을 넘어와서 평주성平州城을 점령하는 상황을 기록으로 남기고 있습니다.

몽병蒙兵이 평주平州에 이르러 평주에서 몽고의 첩자를 가뒀으므로 먼저 평주를 멸하고자 경술庚戌(11월 28일) 야밤 미명에 성중으로 돌입하여 주관州官을 죽이고 그 성을 쳐부수고 인호人戶를 모두 불 태우니 계견鷄犬까지 하나도 남은 것이 없었다.

고 하였습니다.

몽고병蒙古兵이 야밤을 이용하여 고려의 평주성(오늘의 평산平山)을 치는데 가옥을 불사르고 사람을 모두 죽이고, 닭새끼 한 마리 개새끼 한 마리도 남기지 않고 모두 다 도륙하고 방화했다고 하니 그 잔인무도함을 짐작할 수 있습니다. 우리 국가가 편찬한 역사책에 그렇게 몽고침략에 대해 기록하고 있습니다. 칭기즈칸의 아들 오고타이窩闊台가 징기스칸의 뒤를 이어 고려정벌에 나서는데, 징기스칸의 살륙 도살하는 전법까지도 그대로 이어 심야에 성을 쳐들어가 깊이 잠자고 있는 성민은 물론 닭새끼, 개새끼도 한 마리 남기지 않고 살아있는 것은 모두 다 죽였다고 하니 성 내 인민들이 단 한 사람도 남아나지 않았습니다. 어린 아이도 그랬습니다. 그러니까 압록강을 넘어오자마자 닥치는 대로 다 죽여 버리는 것입니다. 그게 바로 칭기즈칸 전술과 전법이었습니다. 그러니까 그러한 전율과 공포 때문에 그 다음에는 가는 곳곳마다 다 엎드려 복종하게 하는 것입니다. 그랬기 때문에 소수의 병력으로 세계를 지배했던 것인데, 그것은 잔인무도한 초전박살 전술로 생물의 씨 하나 안 남기는 그런 무자비한 전술과 전략으로 세계를 상대로 전쟁을 해서 지배한 것입니다.

무슨 경제연구소에서는 『CEO칭기스칸』(2006)이 나오고, 심지어 부자의 지름길이라는 『금융상품 완전정복』(2007)은 "위대한 전쟁 영웅인 칭기즈칸의 리더십에서 빼놓을 수 없는 것이 포용과 공정한 분배이다"라고 황당무계荒唐無稽한 무슨 표어처럼 내 걸었습니다. 이 책들이 우리나라 금융계에서 필독서로 읽히고 있다고 합니다. 세기적인 무자비한 정복자 칭기즈칸에게 '포용包容'이나 공정분배公正分配라는 용어는 언어도단言語道斷입니다.

사실 몽고족을 대표하는 칭기즈칸도 몽고로이드Momgoloid 중 한 사람입니다. 그러나 몽고인들은 지금 40억 몽골로이드 중에 400만 정도에 불과합니다. 그렇지만 우리 한민족은 8,000만 명입니다. 그런데 우리나라를 대표하는 분이 우리 민족을 왜 몽고인이라고 했는지 궁금합니다. 그리고 또 이해할 수 없는 사실은 전직 국립기관장이라는 사람이 2006년 7월에 몽고의 울란바토르에서 열린 '나담'이라는 '몽고 건국 800주년 기념축제' 행사에 참가했습니다. 글쎄! 그냥 의례적인 참가라면 그러려니 하겠지만 왜 한국의 "국악國樂의 시원始原을 찾기 위해 몽골의 초원에서 한바탕 국악 잔치를 벌인 것"인지 모르겠습니다. 어떻게 몽고가 우리 국악의 시원지인지 위험천만한 발상입니다.

우리나라 국립기관장을 맡았던 사람이 단원들을 데리고 가서 노래하고 춤추고 그랬다고 신문에, TV에 크게 났습니다. 저는 그건 문제가 있다고 생각합니다. 그렇다면 역지사지易之思로 우리가 일본의 '건국기념일'(2.11)이나 '천황탄생일'(12.03)에 국립기관의 장을 맡았던 사람이 단원들을 데리고 가서 도쿄 황궁 앞에서 춤추고 장구치고 노래하는 것과 무엇이 다르겠습니까? 우리는 불과 60여 년 전의 그 원수에게는 우리민족의 철천지원수徹天之怨讐라고 합니다. 그런데 800년 전이란 시간은 망각을 해도 돼서 그런지 무감각해지고 있습니다. 물론 역사와 친선 활동은 다릅니다. 그러나 국립기관장 출신의 참여는 일반인이 개인적으로 친선 활동하는 것과는 다른 것 아닙니까? 전직 국가기관의 장도 국가를 대표하는 사람입니다.

800여 년 전의 몽고인들은 우리 민족의 철천지원수였습니다. 140

년 가까이 우리 고려를 침략하고 괴롭히고 지배해 왔습니다. 강화도 고려 항몽抗蒙 40년 중에 그 유명한 경주 황룡사 9층탑과 대구 부인사 符仁寺 초조대장경을 불태운 것도 그들입니다. 당시 최대 사찰인 황룡사가 몽고병들에 의하여 건물 한 채도 안 남기고 다 타 버렸습니다. 전국을 11차례나 쑥대밭으로 만들어 놓았습니다. 몽고병들은 고려 정벌전쟁을 할 때마다 공포와 전율로 우리들을 굴복시키고 복종하게 만들었습니다. 정말로 138년이나 되는 시간을, 일제강점 35년보다 4배나 되는 긴 시간을 철저하게 지배했습니다. 지금 우리는 쉽게 글로벌Global시대라고 해서 역사의식마저 버린다면 잘못 되어 가는 것이 아니겠습니까?

지금 우리나라 굴지의 기업의 사장단 최고 경영자CEO들이 '칭기즈칸의 인간정벌법人間征伐法'을 배우고 추종하고 있습니다. 그것은 잘못된 것입니다. 우리 전국에 있는 젊은이들에게 커다란 영향력을 행사하고 있는 기업의 수장들, 다시 말하면 최고 경영자CEO라고 하는 사람들이 지금 칭기즈칸을 숭배하고 칭기즈칸처럼 되고 싶어 합니다. 몽고병의 기마 전달망을 현대 통신의 수단으로, 전리품戰利品 분배를 '공정분배公正分配'라고 도착倒錯된 생각을 가지고 칭기즈칸을 숭배하고 있습니다. 그 사람들이 이른바 '4E'라고 하는 '칭기즈칸의 경영철학'을 외우고 배우고 야단입니다. 그것은 곧, Envision(비전), Enable(능력), Energy(정력), Empower(위엄)라고 하는 구호口號입니다. 천하의 침략자의 침략경영의 전형典型입니다.

침략자의 균등한 공정분배라는 게 고작 약탈한 전리품戰利品을 피지배 민족들에게 되돌려주는 것인데, 그것을 우리나라의 대기업의 최고 경영자CEO가 숭상하고 배운다니 이해할 수 없습니다. 그것은 칭기즈칸이나 몽고병의 전법으로 우리가 장려할 일은 아닙니다. 칭기즈칸의 군대처럼 초전박살 내서 모든 것을 씨 하나 안 남겼는데, 바로 오늘날의 한국의 칭기즈칸 추종자들도 씨 하나 안 남기고 골목골목 싹쓸이 경영하고 있습니다. 칭기즈칸과 몽고 군대의 침략전쟁에 사용된 전술은 무자비하게 도륙을 일삼는 잔혹한 침략전쟁이었습니다. 그런 침략자가 살인자 앞에 무저항하는 피정복민을 살려주었다고 그것을 '칭기즈칸의 관용정신寬容精神'이라고 하는 일부 한국인의 의식을 의심하지 않을 수 없습니다. 우리나라 대기업의 CEO들이 이런 '칭기즈칸의 관용정신'이나 '칭기즈칸 전법戰法'을 배우고 있습니다. 그런데 왜 대기업들이 그런 칭기즈칸의 빗나간 관용정신이나 칭기즈칸의 잔인무도한 살육과 도살전법을 배우기를 좋아하는지 알 수 없습니다. 그 대표적인 사례 하나를 소개하겠습니다.

한국 기업인들은 13세기 몽고민족의 위대한 정복사에 유난히 깊은 관심을 기울였다. 그 중심에는 칭기즈칸이 있었다. (『동아일보』 2005.12.15, B3)

기업인들이 세계를 지배하는 세계기업이 되기 위해서 '칭기즈칸의 경영전략經營戰略 10가지'를 뽑아 좌우명을 삼았습니다. 너무 기가 차서 더 말하지 않겠습니다. 요즘은 한류韓流까지도 해외시장을 넓히는 데 칭기즈칸의 경영전략을 개발해서 써 먹는다고 합니다. 하지만 무력으로 세계를 정복한 칭기즈칸의 전법이나 전략이 아니더라도 우리는 고려시대에 이미 봉수烽燧라는 발달된 통신 방법이 있었고, 세종대왕의 과학정신·창조정신·기술정신이 있었습니다. 그보다 훌륭한 고구려 광개토대왕의 부국강병책이 있었고 장보고의 해양 개척정신이 있었습니다. 그리고 이순신 장군의 일당백一當百의 불굴의 감투정신敢鬪精神이 있었습니다. 우리는 선제공격先制攻擊보다는 저항정신抵抗精神을 사랑하는 민족이었습니다.

미국의 유명한 일간지인 '워싱턴 포스트Washington Post'(1996년 4월 19일자)가 세계를 정벌한 정복자conqueror인 칭기스칸을 지난 1,000년 동안의 동서의 영웅 가운데 '제일영웅'으로 뽑았다고 하는 것을 대서특필大書特筆한 것은 칭기스칸의 말발굽에 한 번도 밟혀보지 않은 구미歐美나 일본과 같은 민족이나 나라들에서나 희화戲化하는 짓이지 우리와 같은 몽고의 지배를 받았던 민족들이 들어서는 안 되는 희화戲話입니다.

왜냐하면 실제 우리 민족과 함께 몽고의 지배를 받았던 중국인들의 대對 칭기즈칸 관觀은 정반대입니다. 1992년, 중국사회과학원에서 편찬한 『중국대백과전서』 「중국역사」 I 의 '칭기즈칸成吉思汗cinggisgan' 란에 보면,

작전 면에서는 유목부락과 전쟁 시에 익힌 야만성과 잔혹성이 큰 특징이고, 성격 면에서는 피정복지 주민을 대규모 살육殺戮과 도살屠殺을 일삼으면서 성곽과 마을을 무자비하게 훼멸하는 극히 파괴적인 성질을 대단히 많이 가지고 있는 인물이다. (作戰具有從游牧部落戰爭帶來的野蠻殘酷的特點, 大親模屠殺居民, 毁滅城鎭田舍, 破壞性很多)

라고 평하였습니다. 그것은 마치 1231년 11월 28일 몽고병이 야밤에 고려 평주성을 침략하여 닭새끼, 개새끼 한 마리도 남기지 않고 인호人戶까지도 도륙 방화한 침략상을 연상케 합니다. 칭기즈칸이, 칭기즈칸의 말발굽에 한 번도 밟혀보지 않은 자들의 우상일 수는 있어도 우리가 숭배해야 할 대상은 절대 아닙니다.

제가 하는 말이 절대 추상적인 이야기가 아닙니다. 고고학적 자료를 가지고 있습니다. 물론 제가 고려 때 이야기를 하면 의문을 가지실 것입니다. 강화도에 관한 이야기를 했지만 강화도에 대해서는 제가 지금까지 30여 년을 답사하고 발굴하고 연구해 왔고, 30권이 넘는 보고서와 저서를 가지고 있고, 지금도 조사하고 공부하고 국방사적을 보존하는 데 노력하고 있습니다. 강화도는 몽고 침략시기에 우리 민족이 몽고와 맞서서 39년을 저항했던 고려의 수도首都였습니다. 그런 중요한 역사적 의미가 있는 수도를 우리가 어떻게 취급했는지 궁금하지 않습니까? 사실, 모두가 거들떠보지도 않았던 때도 있었습니다. 그곳을 저는 30년 이상을 조사하고 발굴하고 연구하고 보존했습니다. 당시 박정희朴正熙 대통령은 강화도의 항몽恒蒙 유적을 개발하다가 돌아갔습니다. 그 후 1979년부터는 폐허가 되었습니다. 그런데 제가 1981년 귀국 직후부터 나서서 지금까지 30여 년 동안 강화 역사·문화유적을 조사하며 연구하고 보존해 오고 있습니다. 인천시 문화재위원도 20년 가까이 했습니다. 지금은 그 '책무'를 정부와 지방자치단체에 넘겼습니다.

1981년대부터 지금까지 제 사비를 들여가면서 강화도의 역사 문화유적을 조사하고 연구해 오고 있습니다. 강화도는 제가 이곳에 가지고 있는 연민憐憫의 정情 뿐만 아니라 정말로 강화에서 우리가 몽고와 투쟁하며 견딘 '고려 항몽抗蒙 39년'은 우리 민족에게는 400년보다 더 소중한 시간이라고 생각하기 때문입니다.

전 세계를 무력으로 지배했던 몽고와 저항해서 39년을 버티고 그러한 투쟁을 바탕으로 몽고로부터 우리 민족 국가의 왕권王權을 유지할 수 있었던 고려입니다. 역사는 가정假定이 없지만 그래도 한 번쯤 가정해 본다면, 만일 고려가 몽고인들에게 저항하지 않았더라면 바로 중국 송宋나라처럼 다 없어졌을 것입니다. 중국 송나라 왕조의 흔적은 모두 없어졌습니다. 그러나 우리 고려는 39년을 저항했기 때문에 고려는 왕권을 유지시킬 수 있었고, 고려 자국自國의 모든 풍습을 인정받은 것(불개토풍不改土風)입니다. 우리 민족이 강화도에서 39년을 그들의 침략을 견뎌냈기 때문에 몽고도 할 수 없이 부마국駙馬國이지만 고려인에 의한 고려 왕권을 유지하도록 인정한 것입니다. 그런 중요한 역사적 의미를 가지고 있는 강화도를 우리는 너무 모르고 등한시하며 방치하고 있습니다. 그렇기 때문에 누누이 말씀드린 대로 지금 일부에서 칭기즈칸 전법이니 전략이니 하면서 칭기즈칸을 흠모하는-심지어 이즘ism화化하는 풍조는 권장해서는 안 되는 것이라고 생각합니다.

그런 류의 논조나 책을 읽은 우리 국민들이 그런 무자비한 자를 영웅시하고 찬양한다면 지금 같은 세상에 부정한 일이 엄청나게 많이 생기는 것은 당연합니다. 자신에게 대항하는 사람을 죽이고 그를 제거해도 결과만 좋으면 된다! 절대로 그렇게 해서는 안됩니다. 진행과정의 대상이 자신에게 대항하는 사람이라면 그 사람이나 집단을 살인하든 약탈하든 초전박살을 내든, 그래서 상대에게 최대의 전율과 공포를 조성하는 것, 과정보다는 결과만을 중요시하는 것이 바로 '칭기즈칸이즘'입니다. 그걸 찬양하고 숭상하고 있다는 것은 잘못돼도 크게 잘못되었다는 것입니다. '칭기즈칸리더십'이니 '칭기즈칸 전법'이니 '칭기즈칸 전략'이니 '칭기즈칸이즘'이니 그런 것을 배우고 실행하는 것이 세계화고 글로벌 시대라고 하는지 도대체 이해할 수 없습니다. 그런 칭기즈칸 식式 전략 전술을 추종하여 오늘의 성공의 귀감龜鑑으로 삼자고 하는 정신은 '몰정신沒精神'이라고 밖에 달리 할 말이 없습니다.

2004년 여름 국내의 유력 일간지에서 『징기스칸Genghis Khan』이란 제호題號의 메트로판 월간잡지를 낸다는 광고가 연일 나오고 있었습니다. 『징기스칸』이란 잡지의 창간사에서,

징기스칸이 상징하는 세계 제 1의 효율성, 개방과 관용 그리고 평화와 번영은 우리 잡지의 기조가 될 것입니다.

라고 하였습니다.(표제에 '징기스칸'으로 표기되었음)
글로벌 시대에 칭기즈칸 정신으로 칭기즈칸의 관용, 평화 운운하고 있는데, 칭기즈칸과 관용과 평화가 어울린다고 생각하십니까? 여러분들께서도 이것이 어울리는 조합이라고는 생각하지 않으실 것입니다.
『징기스칸』 창간호가 나오기 전에 제가 명백한 근거 자료를 제시하여 제호 변경을 요청하는 17페이지 분량의 '제호 변경 건의문'을 내용증명으로 대형 언론사의 발행인에게 발송했습니다. 이런 제호를 다는

것의 부적절성을 지적하고 꼭 내겠다고 한다면 잡지 제호를 바꿔서 내는 것이 좋겠다고 건의했습니다. 내가 말로 떠들기만 하면 남의 집 잔치 상에 재 뿌리는 격이고 사업 방해하는 것으로도 생각할 수 있습니다. 그래서 한 개인의 의견에 불과한 것이 아니라 사회성을 가지고 있는 건의이기 때문에 '내용증명'으로 정중하게 건의했습니다. 모두 저의 역사관에서 나온 대의명분이었습니다. 사실 언론은 '4대 권부權府'의 하나입니다. 그 사회적 파급효과가 얼마나 큰지는 여러분께서 잘 아실 겁니다. 만약 그대로 발행된다면 그 파급효과가 상상을 초월할 것입니다. 어떤 사람들은 칭기즈칸을 '평화주의자'라고 합니다. 또 침략자가 약탈한 전리품戰利品을 나눠 주는 게 '공정분배'라는 겁니다. 그걸 내세워서 글로벌 시대에 칭기즈칸을 상징하는 『칭기스칸』이란 제호로 잡지를 내게 됐다는 것입니다. 그래도 2004년 9월 창간호가 나왔습니다.

'민족지라는 자부심이 많은 언론이니 꼭 바꾸겠지' 하고 기다렸습니다. 마침내 2005년 6월호에 제호가 바뀌어 나왔습니다. 잡지 발행인의 '개명, 개호의 변'에 보면

독자 중에 민족문제라든가 관련 징기스칸 명칭에 대해서 문제점을 제기해 그걸 바꾸느라 시간이 걸렸다. 그래서 결국 제호를 바꾸게 되었습니다.

라고 분명히 밝혔습니다. 그것은 언론사의 승리勝利였습니다. 잡지의 내용도 칭기즈칸이 정복자나 약탈자의 대명사로 보이는 면이 있어서

칭기즈칸의 냄새를 버리고 톱 클래스Top class를 향하여 달리는 '이 시대 리더들의 이야기'를 다루는 잡지로 새롭게 재출발한다고 하였습니다. 우리나라의 최고의 잡지를 지향하는 잡지의 제호도 바뀌었습니다. 지난 9호까지의 통권번호도 버리고 새로이 창간하듯이 다시 '통권 1호'로 시작되는 새로운 잡지를 내 놓았습니다. 역시 민족지답다고 생각했습니다. 정말로 큰 결단을 내린 데 대해 존중하며 감개했습니다.

『징기즈칸』이란 제호를 바꾸니까 또 다른 "칭기즈칸"이란 복병이 나타났습니다. 여러분도 잘 아시겠지만 우리 국가 공영방송에서 2005년 9~12월에 "칭기즈칸成吉思汗-위대한 리더십"이라는 제목으로 중국 내몽고 전시대電視㙱(TV방송국)가 제작 감독 출연한 드라마를 30회에 걸쳐 방영했던 것을 기억할 것입니다. 그것을 방영하기 전에 제가 공룡같은 거대 공영방송에 맞섰습니다. 제가 어떤 신문에 칼럼을 써서 "칭기즈칸"을 방영해서는 안 된다고 반대했습니다.

칭기스칸 설화는 우리가 이순신 장군을 추모하고 기념하는 것처럼 오늘의 몽고 사람들이 자기들의 조상을 숭상하고 찬양하기 위해서 만든 것입니다. 그것을 방영하기 전에 제가 공영방송을 향해 정복자를 찬양 선전하는 드라마 방영을 중지할 것을 건의했습니다. 제가 서울의 유력 일간지에 "'이순신' 후속작後續作이 '칭기즈칸'이라니"라는 제목의 칼럼을 써서 "칭기즈칸"이란 드라마를 방영해서는 안 된다고 주장했습니다.

그때『고려사』「고종세가」에 나오는 몽고병의 평주성平州城 침략 기록을 얘기했습니다. 몽고병들은 야밤에 쳐들어와 모두 잠들어 있는 성안의 백성은 물론 개나 닭새끼 하나 남기지 않고 모두 도륙 방화하고, 우리를 침략하고 지배했는데 그 몽고병들의 수장을 찬양 선전하는 이야기를 어떻게 방영할 수 있느냐고 했습니다. 그러나 공영방송은 중단없이 30회나 방영했습니다. 800년이나 지난 먼 옛날 일인데 그런 걸 가지고 무얼 그러나 하는 식으로 밀어 붙여서 그러는구나, 우리는 그렇게 밖에 볼 수 없었습니다. 아마 언젠가는 '이등박문伊藤博文'이 그 후속작으로 나올지도 모르겠다고 했습니다.

얼마 전 서점에 가서 보니 『밀레니엄맨 칭기스칸』(1998)이 계속 찍혀 나오고, 『칭기스칸의 리더십 혁명』(2006)이 나오고, 『칭기스칸이즘』(2008)이라고 제목을 붙인 책이 나오고, 『칭기즈칸리더십』(2006), 또 『칭기즈칸 리더십』(2010)이란 책이 나오고 있는 것이 눈에 띄었습니다. 왜 지금 이런 책들이 관심을 끌고 있는지 모르겠습니다. 도대체 '밀레니엄맨Milleniumman'이니 '칭기스칸 리더십Chinggis khaan Leadership'이니 '칭기스칸이즘Chinggiskhaanism'을 배워야 세계화 시대, 글로벌 시대

■ 몽고 고원에 우뚝 선 칭기스칸 동상 원경(2013.9). 몽고인들이 숭배할 동상일지언정 한국인이 쳐다 볼 동상은 아니다. 그것은 야스쿠니신사靖國神社를 찾아가는 것과 무엇이 다른가.

를 살아가는 사람이라고 생각하는지 궁금합니다. 그런 정신이나 태도는 추호도 배워서는 안 된다고 생각합니다. 심지어 "우리의 몸에는 징기즈칸의 피가 흐르고 있다!"고 감격표시(!)까지 하면서 '망발妄發'까지 서슴없이 책에서 당당하게 쓰고 있습니다. 이 망발은 누구의 망언을 두고 하는 말이 아니라 '무심 중에 또는 자기 조상에게 욕이 되게 말하는 것'을 두고 한 사전적인 말임을 인지해 주기 바랍니다. 사실 과거 피해 당사국인 중국에서는 어느 간행물에도 '밀레니엄맨'이니 '칭기스칸리더십'이나 '칭기스칸이즘'이라는 용어用語를 찾아볼 수 없습니다. 이것들은 우리나라 만의 신조어新造語일 뿐입니다.

왜 '칭기스칸이즘'을 배워야 세계화하고, 글로벌 시대로 간다고 하는지 도대체 알 수 없습니다. 그와 같은 결과가 전국적으로 퍼져나간 것이 '몽고텐트'인지도 모르겠습니다.

저는 '세기의 정복자'라고 하는 칭기즈칸의 군대와 맞서 싸운 우리

■ 고려 항몽의 성지인 참성단의 입구에 설치된 '몽고텐트' (2012. 10. 3)

민족을 무한히 사랑하고 자랑스럽게 생각합니다. 그래서 고려사에 문외한門外漢으로 무뢰한無賴漢인걸 자괴自愧하면서도 『고려왕조의 꿈 강화 눈 뜨다』(이너스, 2011)라는 이름으로 강화 항몽抗蒙 39년의 고려역사의 흔적을 현지 언론인과 함께 책을 낸 적이 있습니다. 고려 항몽抗蒙 39년은 세계역사상 제일의 저항사요 승리사입니다. 그래서 그 긴 전쟁을 견디게 해 준 고종高宗 임금을 존경합니다. 그리고 강화도의 고려 항몽 39년의 유적은 당연히 세계 제일의 문화유산입니다.

그동안 여기서 말씀드린 몽고나 몽고인은 오늘의 몽고나 몽고인을 지칭한 것이라고 생각하지 마십시오. 오늘날의 한韓·몽蒙 간의 친선교류와는 다른 차원의 과거의 역사를 말하는 것입니다.

감사합니다.

5강

'발해연안문명'의
갑골문화甲骨文化와 동이東夷민족

안녕하십니까? 지금까지 우리 문화를 밝히기 위해서 발해연안 고대 문명을 강의해 왔던 이형구입니다.

오늘은 특별히 제가 그동안 평생 심혈을 기울여 연구해 왔던 한 주제입니다. 갑골문화甲骨文化라고 하면 여러분뿐만 아니라 학계에서도 생소한 문화의 한 부분입니다. 중국에서는 갑골학甲骨學이라고 부릅니다. 우리는 그동안 '갑골'이라고 하는 것은 중국학이지 우리하고는 좀 먼 학문이라고 생각했습니다. 우리하고는 별로 관계없다고 생각해 왔습니다.

중국 사서를 보면 『삼국지』 「동이전」 부여 조에,

> 군사활동이 있을 때는 하늘에 제사 지내는데 소를 잡아 소의 체골로 점을 쳐서 길하고 흉한 것을 정하는데 체골이 떨어지면 흉하고 합쳐지면 길하다.(有軍事亦祭天 殺牛觀蹄 以占吉凶 蹄解者爲凶 合者爲吉)

라고 하였습니다. 그리고 고구려에서도 점복占활동을 하였음을 알 수 있는데, 『태평어람太平御覽』에 이르기를 "군사 활동이 있을 때는 하늘에 제사 지내는데 소를 잡아 소의 체골로 점을 쳐서 길하고 흉한 것을 정한다(有軍事亦祭天 殺牛觀蹄 以占吉凶)"라고 했습니다. 이는 부여와 같은 풍습을 가지고 있음을 알 수 있습니다. 일국의 군사를 움직일 수 있는 것은 왕권王權만이 가능합니다. 이로 미루어 보아 부여의 점복기사는 왕실의 점복활동을 기록한 것이라고 볼 수 있습니다. 이와 같은 왕실 점복 활동은 은 나라에서 볼 수 있습니다. 한편, 부여와 고구려는 국가 대사가 있을 때마다 점복활동을 했음을 알 수 있습니다. 이러한 점복 습속은 신석기시대와 청동기시대에 발해연안에서 성행했던 동이민족의 습속이었습니다. 그 후 은殷 나라에서 점복습속이 유행했습니다.

지금부터 꼭 30년 전입니다. 우리 한반도를 비롯해서 중국의 산동반도, 요동반도, 발해연안 주변 고대문명을 밝혀내기 위해 제가 1975년부터 관련 논문을 쓰기 시작했는데 그 당시부터 갑골도 우리 한반도하고 깊은 관계가 있지 않을까 하는 생각을 가지고 있었습니다.

여기서 그동안은 발해연안문명의 여러 문화들을 깊이 천착해 나가면서 갑골에 대해서는 고대 문명을 규명하기 위해서 좋은 장르지만 그렇게는 깊이 들어가지는 못했습니다. 그러다가 국립대만대학에서 석사를 마치고 박사코스를 밟으면서 갑골문화의 기원에 대해서 고고학적으로 파헤쳐 나가기로 마음먹고, 갑골학 교수나 은허학殷墟學 교수님들한테서 주로 수강을 받으면서 문자학과 금석학도 같이 수강하면서 새로운 자료를 찾고 갑골문화의 기원을 밝히는 데 관심을 많이 갖게 되었습니다.

갑골甲骨이라고 하는 것은 거북이 등껍질을 갑甲이라고 하는데 실제로는 배 바닥을 씁니다. 그리고 짐승 뼈를 골骨이라고 하는 데 짐승의 어깨뼈 즉, 견갑골肩胛骨을 말하는 것입니다. 갑골이라고 하면 거북이 뼈와 짐승의 뼈라고 할 수 있습니다. 골은 짐승의 골이라는 것이고, 갑이라고 하는 것은 거북이 등이 아닙니다. 거북이의 배 바닥이고 거북이 등껍질이 아닙니다. 대개 등껍질로 착각을 하기도 합니다. 갑골을 거북이 등껍질에다 하는 것은 아주 드문 경우입니다. 거의 없다고 해도 과언이 아닙니다. 기어 다니는 쪽입니다. 거북이 배 바닥을 이용해서 점을 치는 것입니다. 이쪽을 많이 사용하고 소나 짐승의 뼈는 거의 다 어깨뼈에 했습니다. 물론 두개골도 어쩌다가 사용하는 경우도 있습니다. 그건 아주 드문 예입니다. 또 갈비뼈(肋骨)를 사용하는 경우도 더러 있지만 아주 드문 예입니다. 이른 시기에는 주로 짐승의 어깨뼈에 불을 지져서 점을 쳤습니다. 이를 '복골卜骨'이라고 합니다. 원시 갑골입니다. 이렇게 짐승의 어깨뼈를 사용해서 점占을 치는 행위인 복골의 복은 즉, '점을 친다'는 말입니다. 무인들이 점치는 행위를 오늘날에 와서는 무속으로 치부하고 있지만 고대국가에서는 점을 통해서 모

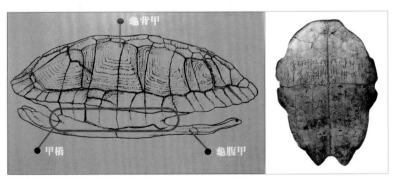

■ 거북이 측면도와 구갑(복갑)

든 일의 행위를 결정하였습니다. 동양에서 점을 본다는 것은 거북이의 배 바닥과 짐승의 어깨뼈로 점을 쳐서 정치나 일상생활을 해왔던 것을 의미합니다. 그래서 동양에서는 아주 중요한 고대문화의 한 형식입니다. 그것을 한마디로 정의한다면, 오늘날 우리가 늘 일상생활에서 사용하는 법전法典 같은 것입니다. 아니면 신앙생활하면서 보는 경전 같은 것입니다. 불교의 불경이나 이슬람교의 코란과 같은 것을 말합니다. 유교 같으면 『논어』와 『맹자』 등의 경전經典과 같은 것입니다. 갑골이 그런 역할을 해왔다고 봅니다. 유교는 기원전 5세기 경에 동양에서 정형화된 종교·교육인데, 유교도 알고 보면 유교가 발생하기 전에 있던 갑골문화에서 발생해서 형성해 왔다고 보입니다. 『주역周易』도 그렇습니다.

우리 고대문화는 갑골과 관계되지 않은 것이 없습니다. 그만큼 갑골문화는 고대사회에서 정치를 하던, 일상생활을 하던 경전과도 같은 그러한 귀중한 문화라는 것을 말씀드리고 싶습니다. 신석기시대 초기는 대체로 이런 동물의 뼈, 특히 사슴이나 양, 돼지의 어깨뼈를 가지고 점을 쳤습니다. 은殷나라에 와서는 소의 어깨뼈를 가지고 점을 쳤습니다. 장딴지 뼈가 아닙니다. 거북이 뼈는 소 뼈보다도 늦게 은 나라 중기에 나타납니다.

우리는 갑골하면 처음부터 이런 거

= 소와 견갑골

북이 뼈에 썼고 소 뼈 쓴 것은 아니라고 생각합니다. 그런데 저는 지금으로부터 3,500년 전인 아주 이른 시기에 짐승의 뼈를 쓰고, 이런 소 뼈를 가지고 점을 치고, 우리나라에도 뼈점이 이미 사용되었다고 믿어왔기 때문에 공부를 해왔습니다. 실제 제가 이 논문을 쓰고 발표한 뒤에 국내에서 갑골이 발견되었습니다. 그래서 제 자신도 깜짝 놀랐고 '정말 공부한다는 게 이런 것이구나' 하는 희열을 느끼면서, '그래서 공부를 하는 것이구나' 하는 그런 생각을 해본 적이 있습니다.

이것은 우리나라에서 처음 발견된 갑골甲骨입니다. 보시면 사슴 뼈입니다. 돼지 뼈가 아니고 사슴 뼈인데 여기에 점을 친 흔적이 있습니다. 1981년에 동아대학이 지금 김해시청 근처의 부원동에서 발굴했는데, 발굴 당시는 갑골인지 몰랐다고 합니다. 지금 발굴 당시 사진은 동아대 정중환丁仲煥 교수님이 저한테 제공해줘서 처음으로 알게 되었습니다. 그 당시 우리나라에서는 갑골인지 몰랐습니다. 일반적으로 발굴을 하게 되면 수습된 유물들을 정리합니다. 물로 세척하기도 합니다.

- 경남 김해시 부원동 출토 복골(가야)

그런데 세척하는 과정에 다 없어졌습니다. 동아대학에 가면 이만큼 정도만 반질반질하게 남아 있습니다. 당시 현장에 있던 일부 남은 사진들을 종합해 보면 점을 쳤던, 불로 지졌던 자리가 보이기 때문에 갑골이 틀림없다는 것을 알게 되었습니다. 그 후로 우리나라에서도 전국적으로 많은 갑골이 발견되고 있고, 작년에는 서울의 백제, 한성백제 수도인 풍납토성 안에서 백제 왕궁을 발굴할 때 소 뼈로 점을 쳤던 갑골이 나왔습니다.

제가 30년 전에 처음으로 갑골문화가 우리나라에도 있었을 것이라고 생각하고 연구 논문을 발표했습니다. 물론 문헌을 통해서 고증해 왔는데 백제에도 있었을 것이라고 믿었습니다. 그런데 30년 만에 다시 서울 송파구 풍납토성風納土城 안의 한성백제 왕궁유적에서 갑골이 발견되어 또 한번 놀랐습니다. '갑골문화가 중국에만 있는 문화가 아니고 우리 고대사에서도 상당히 보편적으로 있었던 것이다.' 저는 이렇게 생각하게 되었습니다. 아마 여러분들도 문헌을 통해서 지금까지 연결은 안 시켰을 것입니다. 그러나 『삼국사기』 「백제본기」 의자왕 조에 보면, 백제의 의자왕 20년(660)에 웬 귀신鬼神이 궁궐에 들어와 "백제망百濟亡 백제망百濟亡" 하고 땅으로 들어가자 왕이 이를 이상하게 여겨 신하를 시켜 파보니 거북이가 있었는데, 거북이 등에 "백제동월륜百濟同月輪 신라여월신新羅如月新"이란 글씨가 쓰여 있었다고 합니다. 그래서 왕이 무자巫子에게 물으니 곧이 곧 대로 "만월은 지는 달이요. 반월은 앞으로 커가는 달입니다"라고 했습니다. 그러니까 백제는 곧 망할 것이고, 신라는 흥할 것이란 겁니다. 의자왕이 이런 해석을 한 무자를 죽이자 다른 신하가 반대로 "이것에서 달이 둥글다는 것은 왕성한 것이요 새롭다는 것은 미약하다는 이야기입니다" 하니 의자왕이 마음을 놓았다고 하는 기록입니다. 이는 점복활동을 통하여 백제의 멸망을 예견한 기록이라고 보여집니다. 이 기록은 갑골문에서 보는 복사卜辭입니다.

저는 이 기록을 주목했습니다. 제가 1981년에 대만 고궁박물원에서 발행하는 학술지 『고궁계간故宮季刊』에 3회에 걸쳐 「渤海沿岸早期無字卜骨之研究-兼論古代東北亞諸民族之卜骨文化」라는 비교적 긴 논문을 내 놓은 바 있습니다. 그 당시 『삼국사기』 의자왕 조에서 보이는 거북이와 묵서 얘기는 분명히 갑골의 행위에 관한 기록이라고 생각했습니다. 그것이 작년에 정말 한성백제 왕도인 풍납토성에서 나왔습니다. 백제 의자왕은 부여에 있었지만 의자왕 훨씬 전부터 서울에 있던 한성백제 수도에서 갑골을, 더욱이 소 뼈다귀에 쓰는 갑골 점복을 행사했다는 것을 알게 되었습니다. 여러분 기억나십니까? 『삼국사기』를 보면 무인巫人이 왕이었던 적이 있습니다. 신라는 여러분이 잘 아시는 박혁거세 다음에 제2대왕 남해 차차웅南海次次雄인데 "차차웅이란 혹은 차충차충이라고도 한다. 일연一然이 주주에 이르기를 '김대문金大問이 말하길 방언方言으로 무巫 즉, 무당을 이르는 말이다. 무당은 귀신을 모시고 제사를 올리는 까닭에 사람들이 무당을 두려워하고 존경한다. 마침내는 존경받는 어르신을 차충이라고 부르게 되었다.'"라고 하였습니다. '차차웅'이라는 것은 임금을 뜻하기도 하지만 무인이라는 뜻이기도 합니다. 사실 혁거세도 왕이라는 뜻입니다. 이사금尼師今도 임금님의 별칭이라고 그럽니다. 그런데 차차웅이라는 것이 무엇이냐 하면 무인이라고 그럽니다. 무인, 우리나라 말로는 무당이라 그 말입니다.

임금이 무인이었습니다. 그것은 바로 우리가 이야기 하고자 하는 중국 은殷나라에서도 갑골甲骨하는 사람들이 바로 왕 즉, 무인이었습니다. 점복 행위는 전부 다 수장이 했습니다. 일반 평민이 하지 않고 왕이나 수장이 직접 했습니다. 남해왕이 직접 점을 쳤다고 보는 것입니다. 이것을 우리가 제정일치祭政一致 사회라고 합니다. 여러분, 단군도 제정일치시대 사람입니다. 고조선도 제정일치시대, 신라도 제정일치시대였던 것입니다.

『삼국사기』「신라본기」소지왕 10년(488) 조에 보면,

10년 여름 6월에 동양에서 눈이 여섯 가진 거북이를 헌상하였는
데 배 바닥에 글자가 쓰여 있었다.(十年 夏六月 東陽獻六眼龜 腹下有文字)

라고 하였습니다. 이는 분명 거북이 배 바닥인 구복갑龜腹甲으로 점을
친 다음 무언가의 글자를 남겨 놨다고 하는 기록입니다. 구복갑으로
점을 친 것은 은殷나라 때부터 있어 왔던 풍습입니다. 이런 구복갑 점
복 풍습이 신라에서도 유행한 것을 보면 동이인 은과의 관계를 짐작
할 수 있습니다.

신라도 그렇지만 가야도 『삼국유사』「가락국기」에 보면, 김수로왕
의 탄생설화를 아실 것입니다. 그것을 우리는 구지가龜旨歌라고 그러지
요. 김수로왕은 알에서 태어났습니다. 김수로왕의 탄생 그리고 9개 촌
장(간干)들이 그를 왕으로 추대하는 과정을 기록으로 남긴 것입니다.
왕을 선출하는 과정은 훌륭한 민주주의 절차와 과정을 거치는, 정말
우리나라 고대사회에서 모범적인 제왕帝王의 추대 기록으로 보고 싶습
니다. 그 나라의 수장인 임금을 선출하는 과정과 그 과정을 묘사한 것
이 「가락국기」라는 것입니다.

거기에 보면, 구지라는 곳에 2~300명이 모여 집회하는데 "어디서
'거기 누구 있느냐(此有人否)' 하니 9간干이 대답하기를 '우리들이 여기
있습니다(吾徒在)', 또 묻기를 '내가 있는 곳이 어디냐(吾所在爲何)' 하기에
'구지입니다(龜旨也)'라고 하였다"고 합니다. 여기에서 신령과 9간과의
대화가 마치 갑골문의 주문呪文을 적은 문복問卜과 점친 결과를 적은 복

사ㅏ辭를 담았습니다.

『삼국유사』에 보면, 하늘에서 6란卵이 내려옵니다. 9간干이 6란 중에서 하나를 선택합니다. 9간이라고 하는 것은 9개 소부족의 대표이고, 이들 9개 부족의 대표들이 모여서 6란에서 깨어 나온 동자童子 중에서 제일 잘난 동자 하나를 왕으로 선출하는 과정입니다. 6란이라고 하는 것은 여섯 후보를 말합니다. 우리도 후보를 대상으로 선거를 합니다. 지금 선거하는 후보나 그 당시 선출하는 거나 똑같은 것입니다. 그런데 그것을 9간이 씨족사회 혹은 부족사회 사람들이 구지봉, 지금 김해에 가면 구지봉이 있습니다. 구지봉에 모여서 왕을 선출을 하는데, 구지봉에 수백 명이 웅성거리는 소리가 울린다고 그랬습니다. 울리는 소리가 난다, 수백 명이 울린다는 것은 무엇을 의미하는가 하면 수백, 수천의 백성의 함성을 의미하는 이야기입니다. 임금을 선출하면서 유세나 농성이나 아니면 축제를 했을 것입니다. 제가 꾸며낸 이야기가 아니라 기록에 있는 이야기입니다. 『삼국유사』「가락국기」를 한번 보세요. 정말 훌륭합니다.

신령한 주문이 이어지는데,

구야! 구야!	龜何龜何
머리를 내밀어라	首其現也
내밀지 않으면	若不現也
구어 먹겠다	燔灼而喫也

라 하였습니다. 우리는 이를 '구지가龜旨歌'라고 해서 문학적 수사로 보

고 있습니다. 그러나 이 또한 갑골문의 문사問辭와 닮았습니다.

우리는 문학적으로만 해석을 합니다. 그러나 이것은 갑골 행위 그대로입니다. 구지龜旨는 '거북이의 뜻'이란 말입니다. 지旨자는 '뜻 지'자입니다. 구지, 구지봉, 바로 거북이의 뜻입니다. 하늘의 뜻이 바로 구지입니다. 거북이가 점지占旨해 주는 복사卜辭란 말입니다.

구지가는 하늘이 내린-점지한 것입니다. 하늘에서 점지해서 왕은 하늘이 내린 힘과 권위가 있습니다. "하늘이 점지하셨다"는 말을 어르신들로부터 종종 들으셨을 겁니다. 그리고 거북이가 점지한 것은 하늘에서 점지한 것 같이 불변하다고 그랬습니다. 여기서 점지란 바로 '점지占旨'입니다. 여기서 뜻 '지旨'자는 점칠 '복卜'자와 이를 '왈曰'자가 합쳐서 '점친 뜻'을 의미하는 회의會意문자입니다. "하늘이 점지占旨하셨다." 점지는 점친 결과를 의미하는 것입니다. 구지가의 구지도 마찬가지입니다. 구지 즉, 귀지龜旨는 거북이의 뜻이란 겁니다. 그것은 거북이 점의 결과라는 것이지요. 바로 하늘이 내린 진리眞理라는 것입니다.

그걸 우리가 문학으로만 해석하고 있습니다만, 고고학적으로 가야 건국시기 무렵의 갑골이 김해 부원동에서 발견되었습니다. 구지봉에서 바로 몇 백 미터 전방에 있습니다. 그런데 여러분도 아시겠습니다만 김수로왕이 왕위에 오른 것이 기원 42년입니다. 1세기입니다. 그런데 이것은 동아대학교 박물관에서 고고학적으로 발굴된 것인데 이 갑골의 시기도 가야 건국시기와 비슷합니다. 보통 점복은 샤먼shaman이라고 말할 수 있는데, 고고학적으로 출토된 이 유물 연대와 구지가의 김수로왕이 추대되는 연대가 거의 일치하고 있다는 사실을 꼭 점쳐서 맞춘 것 같습니다. 고고학적이란 점복과 같이 신기합니다.

그런데 아직도 많은 사람들은 제 얘기를 안 믿고 있습니다. 제가 하는 학문적 주장이나 말을 제대로 믿지 않고 저를 무슨 무당 보듯 합니다. 저는 이 문제를 수십 년을 연구해 왔고 지금도 아주 신심을 다해서 추구하고 있습니다. 우리 고대국가는 그냥 신화만의 국가가 아니었습니다.

수로왕이 6란에서 나왔는데 미소년이 되었습니다. 은 나라 천을天乙 같은 신체에, 한 나라 고조 같은 용모에, 요임금 같은 눈썹에, 순임금 같은 눈동자를 갖춘 가장 훌륭한 청년을 뽑아 가락국의 첫 번째 개국 왕으로 모시는 과정을, 갑골이라고 하는 점복활동을 통해 선출하는 행위입니다. 그 이후부터는 할아버지든 아버지든 모든 백성들은 왕을 숭배하고 떠받들고 신같이 모시게 되었습니다. 그렇게 해서 가락국의 건국자인 왕이 신격화神格化되는 건데, 알에서 깨어 낳았다고 누가 수로왕을 인간이 아니라고 합니까? 여러분 여기도 김씨 성 가진 분이 계시겠지만 제 어머니도 김씨에요. 우리나라의 성 중에 김씨 성이 가장 많습니다. 그런데 김씨들 족보를 보면 김해 김씨들의 시조는 수로왕입니다. 그런데 수로왕은 알에서 낳았다고 합니다. 사서에 보면 분명히 알에서 낳았다고 합니다. 그런데 정말 알에서 태어났으면 사람이 아닙니다. 정말 알에서 나왔으면 사람 아니고 '병아리'겠지요. 그런데 우리나라에서 제일 많은 성씨가 김해 김씨입니다. 역시 알에서 나왔다는 경주 김씨까지 합한다면 900만 명이 넘습니다. 그런데 거기서 경주 김씨는 김해 김씨에 비하면 적어요. 조금도 김해 김씨를 욕되게 하는 말이 아닙니다. 그들은 정말 훌륭한 민주정치를 한 대단한 씨족이고 우수한 민족입니다. 그래서 더욱이 그런 사람들의 시조가 알에서 나왔다는 것을 믿기는 어렵습니다. 만일 알에서 나왔으면 그 많은 김씨 성 가진 사람들이 모두 '병아리'여야 된다 이 말입니다. 말이 안 되는 말입니다. 지금 여기에서도 내 말이 우수개소리로 밖에 안 되는 소리라고 생각하는 분도 계실 걸로 알고 있습니다. 그런데 실제 김해 김씨 족보에도 수로왕이라고 되어 있고, 『삼국유사』에는 알에서 나왔다고 기록되어 있습니다.

아마도 6란 중의 하나에서 나와서 왕이 될 때까지는 병아리로 키웠을 겁니다. 그들이 거기서 6란 중에서 가장 미남이고, 의협심 세고, 건강하고, 지혜롭고, 덕이 있고, 자혜로운 그런 소년을 선택한 것은 이유가 있습니다. 많은 말들과 의미가 거기에 숨어 있습니다. 그래서 그것을 통해 추대를 하고 왕으로 모시고, 왜냐하면 모든 사람들이 그들이 추대한 미소년을 추앙해야 했기 때문입니다. 그렇게 되려면 인간이라면 불가능합니다. 황금알에서 태어난 하늘에서 내려온 인간이라고 생각되어야 합니다. 하늘에서 보내준 인간이라고 생각되어야만 많은 사람들이 숭배하고 따르고 그들의 신격화 대상이 될 수 있습니다. 그건 인간을 신격화 하는 과정에서 구지가가 나온 것인데, 구지가는 그냥하면 안되니까 이것은 분명히 하늘이 계시를 주는, 하늘에서 내리는 점이다! 그런 뜻으로 나온 것입니다.

여러분이 흔히 쓰는 "무엇 무엇의 귀감이 돼라"는 말 중에 '귀감龜鑑'이란 말이 있습니다. 귀감은 '구경龜鏡'이라고도 씁니다. 귀감의 감자는 바로 거울 '감'자니까 거울 '경'으로도 쓰지요. 귀감이란 바로 거북이와 거울의 합성어입니다. '거북이 귀龜'자와 '거울 감鑑'자입니다. 우리가 귀감이라고 하는 것은 바로 본보기로, 무엇의 모범이 되고 표준이 되라는 것입니다. 정의롭고 바르게 사는 정의의 엑기스 같은 것, 최고의 진리, 정답과 같은 것이 바로 귀감입니다. 거북이는 바로 하늘이 내린 진리이고 거울은 있는 그대로 비친 사실입니다.

학생을 가르치는 선생이면 먼저 학생의 귀감이 되라고 합니다. 바로 학생들로부터 '모범'이 되는 선생이 되어라 그것입니다. 여러분도 가정에서 부모로서 아버지는 아버지로서 자식들에게 귀감이 되어야 된다는 것과 같습니다.

우리나라 삼국시대의 개국 왕이 모두 다 알에서 나왔습니다. 여러분 백제, 신라, 가야만 그런 것이 아닙니다. 고구려도 그렇습니다. 고구려 시조 동명왕도 알에서 태어났습니다. 석탈해도 알에서 나왔습니다. 경주 김金씨의 시조 김알지金閼智도 그랬습니다. '알 새끼'입니다. 우리 민족은 알과 정말 밀접한 관계가 있습니다. 모두 알에서 태어난 '병아리'입니다. 그런데 그걸 병아리라고 생각하면 당연히 안 되는 것입니다. 우리 민족의 건국 시조를 신격화하는 과정에서 생겨난 것입니다. 그런 방식으로 그런 분한테 신권을 준 것입니다.

김수로왕을 내려 주신 것도 하늘에서 임금을 내려 주신 것입니다. 그는 인간이 뽑은 게 아니라 하늘에서 점지占늘를 해서 뽑은 것이다, 인간 중에서 9대표가 6란 중에서 하나를 골랐지만 하늘에서 내려 주신 것이라고 믿었습니다. 하늘로부터 신탁神託을 받아 하늘의 뜻을 왕에게 전한 것입니다. 우리가 일반적으로 말하는 카리스마charisma를 심어 준 것입니다. 백성들이 점을 친 결과 하늘이 왕에게 절대적인 권력과 권위를 내려 준 것이라고 선포하여 온 백성이 왕을 따르게 한 것입니다. 얼마나 멋있는 민주주의입니까? 「가락국기」에 나오는 구지가의 말을 보면, 우리는 미국이나 영국보다 훨씬 더 이전에 민주주의 정치를 했다고 할 수가 있습니다. 지금 미국의 간접선거처럼 수백 명이 주변에서 의논하고 유세하고 하는 과정에서 9간(9대표)을 뽑고 9간이 6관(6루보)를 선출한 다음 그 중에서 왕을 선출했습니다.

가장 비근한 예로 티베트Tibet의 달라이 라마Dalai Lama가 1959년에 중공中共 군에 의하여 수도 라사에서 쫓겨납니다. 그는 소승불교의 살아있는 신입니다. 티베트인의 최고의 정신적 지주(라마喇嘛)요 국왕입니다. 티베트는 지금도 독실한 불교국가입니다. 라마가 쫓겨나면서 중국 본토 정부에서 더욱 강압적인 공산주의정치를 하니까 티베트 국민들이 반항하기 시작합니다. 1959년, 달라이 라마가 티베트를 탈출해서 인도에 망명정부를 세우게 됩니다. 달라이 라마가 티베트를 떠난 후, 티베트에서는 새로운 라마를 선출합니다. 그런데 새롭게 선출된 라마의 나이가 3살이었습니다. 당시 3살 먹은 어린 아이를 라마로 선출한 것입니다. 티베트는 불교국가이기 때문에 나이 7, 80되는 노승들이 수천 명입니다. 그 노승들도 자기 손자나 증손자뻘 되는 어린 3살짜리한테 절을 하며 예의를 표합니다. 최고 지도자가 선출되면 숭배하고 복종하는 것이 종교요 곧, 국가의 섭리입니다. 그 라마의 나이는 비록 3살이지만 그 라마에게 신격을 부여하였습니다. 모든 노승들이 새로 선출된 라마를 한 마음으로 받들면서 그 라마가 하늘에서 내린 신탁神託(Oracle)으로 하늘의 말씀으로 생각하고 있습니다. 여러분, 불과 백여 년 전 일이지만 우리도 철종 다음에 고종이 등극할 때 고종이 불과 7살이었습니다. 7살이면 아무 것도 모르는 어린 아이입니다. 그래서 흥선대원군이 섭정을 합니다. 자기 아들(熙)이지만 대원군은

7살짜리 아들을 하늘같이 숭상했습니다. 신보다 더 신성하게 받들었습니다. 대원군이 자기 아들한테 존대말을 했습니다. 대원군은 아들을 하늘 같이 숭배했습니다. 이미 고종은 하늘에서 내린 왕이며 신이 내린 지도자이기 때문입니다. 3살 라마도 마찬가지였습니다.

고대사에서는 점을 쳤습니다. 진·한 교체시에 진시황이 죽고 나서 어수선해지고 대단히 혼란해집니다. 『한서漢書』「고조본기」를 보니까 기원전 206년에 한나라 유방劉邦(자 계季)이 한왕에 오르기 전, 유방이 진나라 패현沛縣의 현령인 패공沛公에 추대될 때 얘기입니다. 유방이 패현의 현령으로 나서려고 하지 않고 머뭇거리니까 측근들이 복서卜筮를 쳐서 "막여유계최고莫如劉季最高"라 유방만한 인물이 없다고 하는 점지占卜가 나왔다고 밀어붙이니 마지못해 패공에 오르게 되는 과정을 기록하고 있습니다. 복골이나 갑골로 점을 쳤을 겁니다. 그래서 유방이 기원전 202년 한漢나라를 세우고 한나라 첫 개국 황제인 고조高祖가 됩니다. 사마천은 『사기』「구책열전龜策列傳」에 이르기를, "예로부터 성왕聖王이 나라를 세우고 천명天命을 받아서 통치의 대업을 일으키려고 할 때 복서卜筮를 쳐서 임금을 뽑지 않은 적이 있던가?"라고 말하였습니다. 하늘로부터 신탁을 받아 왕위에 오르고 백성을 다스리려고 하였습니다.

은殷나라가 500년, 주周나라가 1,000년, 은주 모두 1,500년이나 왕도정치를 해왔고 진시황 때는 법전法典도 제정되었습니다. 그때는 강력한 군주주의의 왕도정치를 하고 있

■ 서울 풍납토성 출토 복골(한성백제)

었던 시기였지만 당시 고대사를 보면 군주나 지도자를 내세우면서 어떤 경우에는 점을 쳐서 대사를 결정하기도 하였습니다. 또,『한서』에 유방의 중손자인 대왕代王 유항劉恒이 황위에 오르기를 머뭇거리니까 제신들이 복구卜龜를 쳐서 '조득대횡兆得大橫'인지라 복인卜人이 말하길 "여위천왕余爲天王"이라, 두 말할 필요 없이 하늘이 내린 천왕이라는 좋은 점괘가 나오니 마지못해 수긍하는 듯 하면서 황위에 오릅니다. 그가 제3대 효문제孝文帝입니다. 이런 갑골행위는 기원전 3~2세기 한나라 초기에도 임금을 내세운다든가 황제를 옹립하든가 국가대사에 결정적인 역할을 했다는 것을 알 수 있습니다. 그래서 사마천은『사기』「일자열전日者列傳」에 이르기를, "한나라 대왕代王이 입궁할 때 복자卜者에게 물어서 천명을 받아 황제에 올라 이때 한나라에 태복太卜이란 관직을 두고 비로소 한나라가 흥성하게 되었다"고 하였습니다.

서울 풍납토성風納土城 내 한성백제 왕궁(하남위례성河南慰禮城)에서 출토된 갑골도 이런 역할을 했던 유물이 아닌가 추측해 봅니다. 2011년, 서울 송파구 풍납동 미래마을 발굴조사에서 소의 어깨뼈(우견갑골牛肩胛骨)를 사용하여 점占을 친 갑골이 백제왕궁지에서는 처음으로 발견 되었습니다. 소 어깨뼈는 길이 34cm로 상당히 큰 소의 것으로 불을 지진 흔적이 있는 7, 8개의 찬흔鑽痕이 남아 있었습니다. 아마 성우를 잡아 제사를 지내고 소 어깨뼈로 점을 친 듯합니다. 이는 부여나 고구려와 마찬가

■ 일본 이끼시마(壹崎島) 출토 복골(야요이시대)

지로 백제가 국가대사가 있을 때 점복을 행사하였음을 알게 되었습니다. 한성백제의 도성都城 즉, 풍납토성(하남위례성인) 안의 건물지의 왕실 건물에서 소 어깨뼈로 점을 친 갑골이 출토되었다고 하는 것은 대단한 의미가 있습니다. 그것은 다름아니라 왕실 갑골이라는 것이지요. 백제도 부여나 고구려와 마찬가지로 "군사 활동이 있을 때는 하늘에 제사 지내는데 소를 잡아 소의 체골로 점을 쳐서 길하고 흉한 것을 정한다(有軍事亦祭天 殺牛觀蹄 以占吉凶)"라고 했습니다. 일국의 군사를 움직일 수 있는 것은 왕권王權만이 가능합니다. 이로 미루어 보아 부여의 점복기사는 왕실의 점복활동을 기록한 것이라고 볼 수 있습니다. 이와 같은 왕실 점복 활동은 은 나라에서 볼 수 있습니다. 한편, 부여와 고구려는 국가대사가 있을 때마다 점복활동을 했음을 알 수 있습니

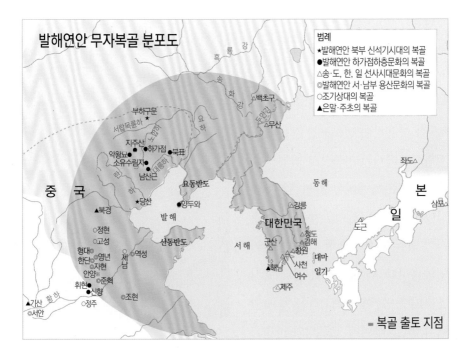

발해연안 무자복골 분포도

범례
★발해연안 북부 신석기시대의 복골
●발해연안 하가점하층문화의 복골
△송·도, 한, 일 선사시대문화의 복골
◎발해연안 서·남부 용산문화의 복골
○조기상대의 복골
▲은말·주초의 복골

■ 복골 출토 지점

다. 이와 같은 점복습속은 신석기시대와 청동기시대에 발해연안에서 성행했던 동이민족의 습속이었습니다. 그 후 은 나라에서 점복습속이 유행했습니다.

고대 문헌에 부여나 고구려가 갑골습속을 가지고 있고 백제나 신라도 문헌상으로 갑골행위가 있었을 것으로 추측되고 있어 우리 한반도에서도 갑골이 분명히 나타날 것이라는 예측을 하고 있었습니다. 그러나 1970년대까지만 해도 우리 한반도에서 고고학적으로 갑골이 안 나타나고 있지만 언젠가는 발견되리라고 믿고 있었습니다. 왜냐하면 현해탄의 일본 대마도 옆에 이끼시마壹崎島라고 하는 섬에서 갑골이 나왔습니다. 서기 3세기경의 야요이彌生시대 후기 그리고 고분시대의 복골이 나오고 있습니다. 이것은 김해보다는 2~300년 늦은 시기입니다. 한반도와 구주지방의 징검다리 같은 섬에서 갑골이 나오고 있는데 우리나라에서 안 나온다는 것이 오히려 이상합니다. 지리적인 조건이나 그 동안의 문화교류의 양상으로 봤을 때 틀림없이 나올 수 있다고 생각하였습니다. 일본에 있는 문화나 사상이 중국에서 한반도를 거쳐서 가는 것이 문화의 흐름이었습니다.

우리 문헌에 종교적 행위가 보인다면 틀림없이 그런 행위의 고고학적 근거가 있을 것이라는 강한 신심을 가지고 있었습니다. 그래서 이를 논증하기로 결심하였지요. 그 결실이 앞에서 잠시 언급한 「渤海沿岸早期無字卜骨之硏究-兼論古代東北亞諸民族之卜骨文化」입니다. 실제 제 논문대로 국내에서도 발견이 돼서 확인이 되니까 저는 한국 고대사에 존재했던 국가들이 그냥 보통 왕권국가가 아니라 실제 중국의 왕도정치에 버금가는 그런 국가가 있었을 것이고 그런 정치를 했을 것이라고 보고 있습니다.

  246쪽의 지도를 보시면, 동북아시아의 발해연안에서 갑골이 많이 보입니다. 특히 초기 갑골이 발해연안에서 많이 보입니다. 발해연안은 지난 몇 차례 강연을 통해서 말씀드렸습니다. 특히 우리 한민족의 고대문화가 산동반도나 요동반도와 한반도에서 많이 형성이 돼서 그 주변으로 전파가 된다는 말씀을 했을 겁니다. 그런데 갑골도 보니까 초기에는 대릉하 유역 하류 부근에서 이른 시기에 갑골이 나오고 있습니다. 가장 이른 시기는 기원전 3500년 경으로, 지금으로부터 5,500~5,000년 전입니다. 홍산문화보다 약간 늦은 시기입니다. 어떤 면에서는 약간 겹치는 시기라고도 할 수 있지만 그 시기 후반에 갑골이 나타납니다. 과거 은 나라에서 성행한 갑골이 이 산동반도 쪽에서 왔다고 생각했습니다. 제 은사인 석장여石璋如 선생님은 갑골의 기원을 산동반도로 보셨습니다. 대만이나 홍콩 그리고 중국 대륙에서는 갑골학이 많이 유행하고, 갑골학 학자가 수천 명이 있습니다. 그들은 대체로 갑골문자 중심으로 연구하고 있습니다. 문자중심의 갑골학 연구를

■ 은허 H127 갑골갱과 갑골군

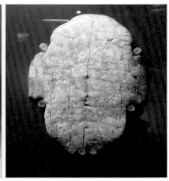

■ 은허 출토 구갑(복갑)

해 왔고, 고고학적 연구는 그렇게 많이 취급 안했습니다. 상대적으로 취약한 부분입니다.

석 선생님은 10년 가까이 은 나라의 수도였던 은허殷墟를 발굴했던 분입니다. 1936년에 소둔촌小屯村에서 지름 2m, 깊이 1m 되는 구덩이를 발굴했는데, 이 갑골갱甲骨坑에서 무려 17,804편의 갑골이 출토되었습니다. 1949년 석장여 선생님은, 중앙연구원이 중화민국 장개석 정부와 함께 대만으로 내려 와서 국립대만대학 고고학과에서 교수직을 함께 하셨습니다. 갑골갱에서 나온 17,804편도 석장여 선생님과 함께 대만으로 이송되었습니다. 지금 중국 은허박물원에는 갑골갱을 모형으로 만들어 복원해 놓았습니다. 실제 유물은 대만 고궁박물원에 일부 전시돼 있고, 대부분 유물은 대만 중앙연구원 역사어언연구소에서 석장여와 고거심高去尋 선생이 평생 정리하고 연구해왔습니다.

석장여, 고거심 두 분 선생님은 제가 대만대학에 유학하고 있을 때

= 중국 하남성 안양시 은허와 원하洹河 조감도

10년 가까이 갑골학과 은허학殷墟學을 직접 지도해 주셨습니다. 고거심 선생님은 석·박사논문 지도교수를 맡아 주셨고 석장여 선생님은 논문 평가심사위원장을 맡아 주셨습니다. 석장여 선생님은 갑골학에 대해서 지도해 주셨습니다. 특히 석장여 선생님은 은 나라의 갑골문화는 산동 용산龍山문화에서 발생하여 은허 쪽으로 왔다고 주장하신 분입니

■ 필자가 1987년 10월 2일 박사논문 구술고시 통과 후 대학측이 주최한 연회 시작전 고거심高去尋(중앙), 석장여石璋如(우) 교수님과 필자

■ 대만 중앙연구원에서 학술강연을 마치고 논평해 주신 석장여 선생님(당시 97세)과 필자(1999.6.24)

다. 석 선생님한테, 제가 보기에는 발해연안 북쪽에서 내려온 것 같다고 그랬습니다. 그러자 선생님은 학문이란 것은 새로운 것이다. 갑골학도 마찬가지로 새로운 것이 나왔으면 바뀌어야 한다고 말씀하셨습니다. "고고학은 항시 새로운 자료에 의해서 바뀌는 것이다. 갑골학이라는 것도 마찬가지다. 맘 놓고 쓰라"고 하셨습니다. 그래서 제가 논

■ 은허 부호묘 향당享堂 복원 모습(상)과 부호묘 내부(하)

문을 발표할 때마다 논평도 해주시고 그랬습니다. 그런데 외람된 얘기 같지만 지금도 중국에서는 제 얘기를 믿고 있습니다. 중국에서는 아직도 제가 발표한 주장을 믿고 있는 사람이 많이 있습니다. 물론 다른 새로운 자료가 나온다면 제가 얘기한 것은 옛날 얘기가 될 것이고, 또 다른 주장을 할 수 있을 것입니다. 다른 주장이 있을 수도 있지만 지금까지는 일반적으로 제 주장을 그대로 인식을 하고 있습니다. 그래서 갑골은 주로 발해연안에서 성장 발전했다고 말씀을 드리는 것입니다.

갑골문화가 가장 성행했던 곳은 은 나라였습니다. 은허에서 집중적으로 발견되고 있습니다. 은 나라 수도 은허는 원수洹水(원하洹河)를 끼고 북쪽에 자리 잡고 있습니다. 마치 서울 풍납토성이, 한강을 끼고 백제 수도 하남위례성이 있었던 것처럼 은 나라 수도 은허가 원하를 끼고 있습니다. 중국의 도성都城들은 꼭 강을 끼고 평지에 위치하고 있습니다. 산악에 위치하고 있지 않습니다. 많은 사람들이 풍납토성이 백제 수도가 아니라고 반대해도 제가 풍납토성을 한성 백제왕성이라고 끝까지 믿고 주장했던 것은 바로 중국의 도성들을 보면서 풍납토성의 위치도 그럴 수밖에 없다는 믿음을 가졌기 때문입니다. 은허도 강을 끼고 도성이 경영되었고 풍납토성도 강을 끼고 도성이 경영되었습니다.

은허는 20세기 들어와서 발굴을 시작했습니다. 1928년부터 제1차 은허발굴을 시작으로 1937년까지 10년 동안 15차례의 발굴을 했습니다. 신중국新中國 성립 이후에도 고고학 발굴은 계속되었는데, 그 가운데 가장 유명한 발굴이 은허5호 묘라고 이름 붙여진 이른바 '부호묘婦好墓'입니다. 지금 이것은 은허 유적과 함께 유네스코 세계문화유

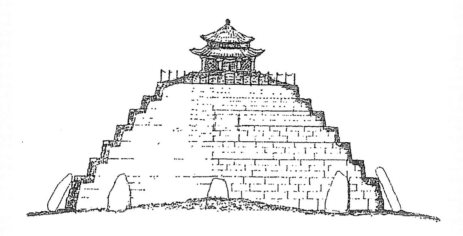

■ 장군총 향당 복원도(이형구 추정, 『동방학지』32, 1982)

■ 집안박물관 전시실에 진열된 태왕릉 향당 복원 모형(2013)

산으로 등재돼 있습니다.

부호묘(은허5호묘)는 1975년에 발견됐지만 실제 발굴은 문화대혁명이 끝나는 무렵인 1976년 봄·가을 2차에 걸쳐 실시됐습니다. 은허에서는 수천 기의 무덤이 발굴되었는데, 전부 도굴되었습니다. 그런데 이 부호묘만은 도굴이 안 됐습니다. 학자들은 도굴이 안 된 무덤을 '처녀분處女墳'이라고 합니다. 중국 문화대혁명 때는 아무것도 못했습니다. 그것이 끝나고 나서 이것을 발굴했습니다. 그런데 묘의 상면에 계단식처럼 단을 올린 건물지가 있었는데 그 밑을 파 내려가 보니 엄청난 무덤이 발견되었다고 합니다. 조사자들을 놀라게 한 것은 부장된 유물이었습니다. 이 묘는 처녀분이라서 무려 1,928점이라고 하는 엄청난 유물들이 나왔다고 합니다. 그 내용물도 유명하지만 그 묘위에 건물을 지었던 흔적이 발견되었는데, 그것이 묘 주인을 제사지내는 건물 즉, 사당으로 추정되는 건물이라는 것입니다. 그것을 이른바 '향

■ 1995.5.21 중국 낙양에서 개최된 '중국 상商문화 국제학술회의'에서
정진향(좌측부터 첫째), 유일만(두번째), 곽대순(네번째), 필자(다섯번째)

당享堂'이라고 합니다.

이런 향당은 중국 하북성 평산현 전국시대 중산국中山國 왕릉에서도 발견되었습니다. 중산국은 기자箕子의 후예가 세운 나라로 알려져 있습니다. 길림성 집안의 고구려 장군총이나 태왕릉에서도 이런 건물이 있었을 것으로 추정되고 있습니다. 그리고 서울 송파구 석촌동에 있는 백제고분인 석촌동 3호분에서도 기와와 전돌들이 많이 나와 저는 이 고분들 위에도 사당祠堂(즉, 향당享堂)을 지었을 것이라고 하는 논문을 썼습니다. 1982년에 연세대학교 국학연구원에서 「고구려의 향당享堂제도 연구」라는 제목으로 논문을 발표하고 『동방학지』 32호에 게재했습니다. 중국의 학자들도 제가 쓴 논문을 많이 인용하고 있습니다. 고구려의 장군총이나 태왕릉에서 나온 기와와 전돌들은 이런 사당을 지었던 흔적을 보여주는 유물입니다. 이 사당이 곧, 향당입니다. 작년 (2013) 5월에 개관한 집안박물관 2층 진열실에는 태왕릉을 모형으로

= 은허에서 필자와 함께 한 중국 여류 고고학자 정진향(좌), 유일만 여사(우, 2008.10)

제작 전시하면서 왕릉 정상에 '향당'을 세웠습니다. 32년 전의 저의 논문이 모형으로 재현되어 정말로 감개했습니다.

이 유적을 발굴한 사람은 중국 최초의 여성 고고학자인 정진향鄭振香 여사입니다. 정진향 여사는 북경대학 고고학과를 나왔지만 문화혁명 때는 하방下放이라고 해서 농촌이나 공사판에서 농사짓고 노동하고 살았습니다. 중국의 대표적인 1세대 여성 고고학자입니다. 저는 1993년 6월에 은허 공작참工作站에서 여러 날 기숙하면서 정 여사로부터 많은 교지를 받은 바 있었습니다. 정진향, 유일만劉一曼, 양석장楊錫璋 세 분하고 며칠을 유숙하면서 현장과 은허고고학을 배웠습니다. 이 시기는 아주 어려웠을 때인데 이분들은 멀리서 찾아온 학생같이 반갑게 맞아 주었습니다. 여기 이분은 유일만씨라고 합니다. 정진향 여사는 은허 발굴 분야에서 최고 전문가이고, 유일만 여사는 갑골문자 연구의 최고 전문가이십니다. 두 분 모두 다 북경대학을 나오신 분인데 지금도 안양 은허에 내려가서 수십 년을 사시면서 발굴하고 연구하고 계십니다. 정진향 여사는 최근에 남편이 편찮으셔서 북경으로 올라가셨습니다. 유일만 여사의 남편 공상성孔祥星 선생은 북경으로 올라 가 중국 역사박물관 부관장을 지냈습니다.(P. 303 좌에서 두번째) 유·여사의 나이가 76세인데도 연구에 정진하고 있습니다. 남편 공상성 선생은 유명한 동경銅鏡 연구자입니다. 두 분이 저술한 『중국고대동경』은 국내에서 번역본이 나왔지요. 그리고 양석장 선생은 북경대학 고고학과를 나와 은허에서 평생을 발굴하고 연구하고 있는 학자입니다. 이 분도 제가 1993년 여름에 은허를 방문했을 때 여러 날을 현장을 동행해 준 분입니다. 그런데 이분은 최근 건강이 안 좋아서 2008년 10월 은허를 방문했을 때는 안 계셨습니다. 1993년 여름 제가 은허를 방문하여 공작참工作站의 숙사에 유숙하고 있을 때 선생께서 애장하고 계시던 소련 고고학자 키세레프C.B.Kiselev의 『남시베리아 고대사』(1981, 중역본)는 지금도 제가 항상 들쳐보는 애장서가 됐습니다. 그런데 평생을 은 나라 수도인 은허를 지키면서 발굴하고 연구했던 이 분들은 현장에서나 각종 학술회의에서 자주 뵙는 분들이라서 저하고는 아주 가까운 분들입니다. 2008년 10월에 은허에 가니까 정진향 여사와 유일만 여사는 마치 친정 동생이 멀리서 찾아 온 것처럼 저를 반겨 주셨습니다.

우리나라에는 갑골문자가 있는 갑골이 단 한 점 있습니다. 서울대학교 박물관에 있습니다. 일제강점기에 경성제국대학에 있던 일본사람이 가지고 있던 것으로 일본이 패망당한 후 한국에 놓고 간 것입니다.

거북이 점은 주로 거북이의 배 바닥을 이용하고 있습니다. 거북이 배 바닥뼈를 가지고 점을 친 것입니다. 이것이 복구卜龜(혹칭 점구占龜)이지요. 그런데 불을 어떻게 지피느냐 하면 나무든지 숯이든지 불쏘시개를 만들어 여기에다가 불을 붙여서 거북이의 배 바닥에 대고 불로 지지는 겁니다. 물론 이때 주문呪文을 말하겠지요. 한 면에 점을 치면 뒷면에 금이 간단 말입니다. 불을 지지면 뒷면으로 이렇게 점 '복卜'자 처럼 터지는 겁니다. 터지면서 직선으로 내려치고 옆으로 터집니다. 그래서 점 복卜 자는 점쳐서 터진 모양입니다. 점 '복卜' 자는 곧, 상형문자象形文字입니다. 터진 것을 가지고 길게 터지고 짧게 터지고, 말하자면 터진 방향, 터진 모양을 가지고 즉, 조문兆文을 가지고 길흉吉凶을 판단하는 것입니다. 이렇게 점괘를 보는 것을 점복占卜이라고 합니다.

지금 이 거북이는 뒤에 고정이 되어 있습니다. 이렇게 보시면 이게 내장이 있는 내부입니다. 여기 안에서 불을 지지게 되어 있습니다. 불을 지지면 이 앞면에서 여기에 터집니다. 이런 식으로 터지게 됩니다. 터지는 것을 보고 점괘를 보는 것입니다. 그런데 그와 같은 갑골문자는 후대에 나오는 것입니다. 초기에는 문자가 없습니다. 예를 들어 은殷에서도 갑골문자는 십중팔구라고 했습니다. 갑골이 10이 나온다면 문자가 없는 게 8, 9라는 것이지요. 그리고 문자가 나온 갑골 10% 남짓한 중에서도 거북이 뼈(복구)는 10% 정도이고 나머지는 모두 소 뼈(복골)라고 합니다. 거북이는 남방에서 수입된 것으로 매우 귀한 것입니다. 당시 남방과 교역활동이 있었던 것으로 추측됩니다.

대체로 소 뼈에 갑골을 했고, 문자가 나온 것은 매우 적습니다. 지금까지 갑골이 20만 편 정도 나왔다고 그러는데 전부 다 문자가 있는 것은 아닙니다. 그리고 나온 것 중에서도 문자 6,000자 정도는 해석이

■ 국내 유일의 은허 출토 갑골
(서울대 박물관 소장)

■ 정진향, 유일만, 양석장 선생이 공동서명해서
증정한 『은허 발견과 연구』(1995.5) 내표

되고 해석을 못하는 것도 그 만큼 많습니다. 갑골은 은 나라에 와서 갑골문자로 형성이 되고 그 이전에는 문자 없이 점을 쳤었습니다.

실제로 우리나라에도 갑골로 점치는 습관이 있었습니다. 『삼국사기』에 점치는 행위라고 볼 수 있는 기사가 있지만 실제로 갑골이 발견된 것은 문자가 없는 무자복골無字卜骨입니다. 우리가 점을 치던 행위에는 문자가 안 보이고 있습니다. 물론 앞으로 나타날지도 모르겠습니다. 하지만 문자가 없다 하더라도 점치는 행위는 똑같은 것입니다. 점치는 재료도 똑같습니다. 점을 치기 위해 불로 지지는 방법도 고고학적으로 똑같고 터지는 것도 똑같습니다. 또 그런 것이 주로 나타나는 곳은 왕궁이나 상대적으로 중요한 어느 사회집단이 있었던 장소에서 나타나고 있습니다. 그 당시 사회의 최고 지배층이 거주하거나 사용하고 있던 장소에서 발견되고 있다는 말입니다.

점을 치는 것은 정치목적으로 사용되기도 하지만 그러한 행위는 갑골신앙이라고 하는 신앙과도 같은 것입니다. 점을 치는데 갑골을 사용하는 정치적인 도구일 수도 있습니다. 마치 우리가 잘 아는 불교에서 불경佛經을 통해 행사하는 영향력 같은 것처럼 말입니다. 마호메트

= 거북이 복갑 공치政治 작업

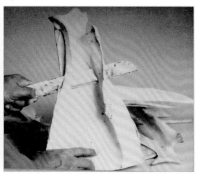
= 소 견갑골 공치 작업

도 마찬가지입니다. 이슬람에서는 코오란Koran이 곧, 법입니다. 기독교에서는 성경聖經말씀이 곧, 규범이요 법이라 하고, 그런 것처럼 그 당시는 갑골을 통해서 점을 치면서 하늘이 점지한 것으로 믿으며 신앙으로 믿게 됩니다. 그리고 그러한 행동을 정치적으로 풀려고 합니다. 그래서 우리 고대사에서도 제정일치 시대라고 한다면 바로 이런 경전 같은 점치는 행위나 도구를 통해서 정치와 신앙을 통제하지 않았나 보고 있습니다.

소의 견갑골이나 거북이 배 바닥 뼈를 골라서 골척骨脊을 잘라내고 다듬는 공치攻治 작업을 합니다. 제가 대만에 있을 때 장광원張光遠 연구원이라고 후에 대만 고궁박물원의 기물처장입니다. 제가 장광원 연구원의 실험하는 것을 도우면서 연구에 참여한 적이 있었습니다. 그런데 이것이 보통 칼로는 안 잘려집니다. 이것을 지금 자르려고 해도 잘 잘라지지가 않습니다. 일제 강철이나 중국제 강철도 그렇습니다. 다 부러져 버립니다. 독일제 강철로 만든 끌만 부러지지 않고 간신히 사용할 수 있습니다. 그런데 의문시되는 것은 그 당시 청동기시대에는 독일제 강철이 없을 뿐만 아니라 일반적인 철도 없었다는 것입니다.

■ 소 견갑골 뒷면 찬공鑽孔 　■ 찬공(원형)과 조공鑿孔(대추형) 세부

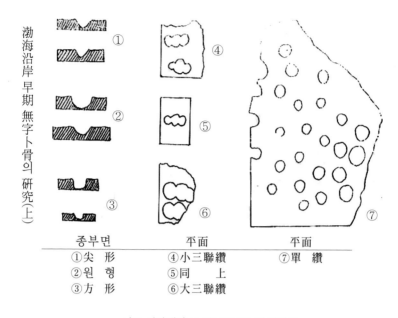

渤海沿岸 早期 無字卜骨의 研究(上)

종부면	平面	平面
①尖　形	④小三聯鑽	⑦單　鑽
②원　형	⑤同　　上	
③方　形	⑥大三聯鑽	

▪ 산동 성자애 출토 복골(용산문화) 찬공도

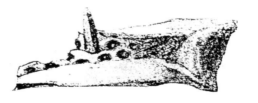

▪ 하남 정주 이리강 유적 출토 초기 상나라 복골과 동찬

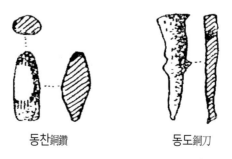

동찬銅鑽　　　　　　　동도銅刀

▪ 정주 이리강 유적 출토 복골 공구(『고고학보』1957. 1)

그 당시가 은殷(은상殷商이라고도 함)나라 때라면 기원전 1700~1100년에 존재했습니다. 기원전 11세기 주나라 초기 때도 갑골을 많이 하지만 그 후에는 갑골을 많이 하지 않고 있습니다. 대체로 기원전 1700~1000년 사이 700년 동안이 바로 중국에서 갑골을 가장 많이 사용하던 시기였다고 할 수가 있습니다. 물론 그 당시는 청동기시대입니다. 운석을 통해서 철이 나오는 경우도 있지만 그 당시에는 철기가 보편화된 적이 없는 시기입니다. 중국에서는 전국시대부터를 철기시대라고 부릅니다. 그러니까 기원전 5세기부터서야 비로소 철이 생성되었고 철로 무기나 농기구를 제작하였습니다.

여러분들 잘 아시겠지만 그 당시 청동은 물러서 무엇을 자를 수도 없습니다. 겨우 청동으로 장식이나 소도구 정도를 만들고 사용하였지 공구로 사용하지 못했습니다. 지금도 그렇습니다. 과거에 콘센트 같은 것이 합선되었을 때 갈아 끼우는 것을 동선銅線으로 연결했습니다. 합금이 덜 된 순동 같은 것을 주물럭 주물럭하게 되면 연해집니다. 그것에 주석이나 납 같은 것을 넣으면 단단해지는데 그래도 철보다 단단하지는 않습니다. 지금도 불가사의입니다. 그 당시 철이 나오기 전인데, 이것은 요즘 강철로도 자르지 못합니다. 그래서 삶아도 봤습니다. 삶아보면 될 수 있을까 시도해 보았습니다. 삶으면 뼈다귀만 우러나게 됩니다. 오히려 삶으면 삶을수록 단단해집니다. 지금도 불가사의한 일입니다. 그렇게 단단한 것이지만, 지금 이런 정도의 사슴 뼈를 말합니다. 이것은 얇습니다. 이것은 거의 안 해도 됩니다. 불로 지지는 것을 작灼이라고 하는데 '지질 작灼'자를 씁니다. 작으로 바로 지져도 됩니다. 그러나 이런 멧돼지나 이 정도는 좀 두꺼운 경우입니다. 벌써 이런 경우에 돼지 뼈는 두꺼워집니다. 두꺼워지니까 잘 안 지져집니다. 이렇게 안 지져지는데 어떻게 발전, 발달되냐면, 여기 보이는 뼈에 바로 불을 지지면 터지지 않으니까 구멍을 팝니다. 뼈를 관통하는 구멍을 뚫지 않고 여기다가 약간 뚫습니다. 그래서 불로 지지면 얇아진 뼈가 쉽게 터지기 때문입니다. 이쪽으로 불도 잘 붙고 불이 집중되게 그렇게 불을 붙이는 것입니다. 동그랗게 구멍을 뚫는 것은 용어가 쇠 금 변에 찬 자입니다. '뚫을 찬鑽'자를 씁니다. 이런 동그랗게 파인 것 하나 뚫으면 찬鑽이라고 부릅니다. 그런데 이것에는 두 개가 뚫려져 있습니다. 대추 같이 이렇게 말입니다. 대추 같은 것은 아까 보셨지만 복卜자의 상하 천지(ㅣ)가 잘 터지도록 상하로 대추처럼 하나 더 파게 됩니다. 대체로 소 뼈에 점칠 때 많이 팝니다. 사슴 뼈같이 작은 뼈에는 찬 하나만 해도 잘 터집니다. 소 어깨 뼈에는 둥그렇게 뚫고 찬이라고 그랬습니다. 대추 같은 것을 '조鑿'라고 부릅니다. '뚫을 착'자인데 착이라 부르지 않고 '조'라고 부릅니다. 길게 대추 같이 하나 파고 그 옆에 붙여서 둥그렇게 구멍 하나를 관통하지 않게 반쯤 팝니다. 이 두 구멍을 합쳐서 '찬조鑽鑿'라고 하지요. 여기다가 불을 지지니까 하나만 해도 이렇게 터지는 것입니다. 길거나 옆으로 터지는 것의 조짐이 이 정면에서 잘 보이게 나타나도록 도와주는 것입니다. 방조해준다, 구멍을 뚫는 것을 도와준다는 말입니다. 여기 이 까만 것은 탄 자리입니다. 그렇게 해서 터져나갑니다.

갑골甲骨 재료에 구멍을 뚫는 공구인 동찬銅鑽이 실제로 하남성 정주시 이리강二里崗 유적에서 나왔습니다. 이리강 유적은 은殷 나라 전기 상商나라 유적입니다. 청동 끌을 찬자鑽子라고 합니다. 청동 연장, 청동으로 된 공구입니다. 그런데 이것이 과연 뼈를 뚫을 때 쓰던 연장이었을까? 아까 설명했던 것처럼 독일제 칼로도 안 뚫리는데 어떻게 청동으로 뼈를 뚫을 수 있었을까? 찬자는 불을 달궈서 뼈 판에 대고 지져서 구멍을 낼 때 사용된 것입니다. 파낸 구멍을 찬공鑽孔이라고 그랬습니다. 찬공의 파낸 각도와 깊이를 보면, 그 형태가 삼각형으로 된 것이 있습니다. 어떤 것은 편자 형으로, 어떤 것은 원형으로 된 것도 있습니다. 그것은 시기별로 다릅니다. 점칠 때는 이미 뚫어 놓은 찬공에 돈거焞炬라고 하는 일종의 화봉火棒에 불을 댕겨서 불에 달군 돈거를 찬공에 대고 지져서 뒷면에 복조卜兆가 터지도록 작업했을 것입니다. 이런 작업을 소작燒灼이라고 합니다. 그러나 과연 이런 방법으로 가능했는지는 아직도 불가사의합니다. 이리강 유적에서는 끌(찬자) 이외에 청동 도자刀子가 출토되었는데, 이것도 갑골 재료를 다듬는 데 사용된 것이라고 합니다.

지금은 중국 은허에 가기가 좋아졌습니다. 인천공항에서 정주까지 가는 비행기도 일주일에 세 번 정도 운행합니다. 그러나 옛날에는 정주까지 가는 것이 없었습니다. 1990년대에 중국 은허에 가려면 북경으로 가서, 기차로 안양까지 가든가, 버스로 가야 되는데 이틀 정도 걸렸습니다. 요즘은 비행기가 다니기 때문에 여러분들도 쉽게 가 보실 수가 있습니다. 인천에서 정주까지 가서 그곳에서 차를 대절하면 안양 은허까지 가는데 2시간 정도면 도착합니다. 정주는 하남성의 수도이고 안양 은허도 하남성의 큰 도시이며 중국에서 관광이나 교육이 발달한 도시입니다.

지금까지 제가 갑골에 대한 개황을 말씀드렸습니다. 제가 여러분께 소개하는 이 책(논문 별쇄본을 합친 것)은 1981년에 나온 것입니다. 1980년에는 안 좋은 일이 있었습니다. 왜냐하면 대만대학에서 공부하고 있다가 과정을 마치고 그곳 중앙연구원에 있었는데, 우리 한국에서 1979년에 '10·26사태'가 일어나면서 대만 중앙연구원에서 객원연구원 생활을 하면서 한국의 연구원의 특명으로 대만대학에서 박사코스를 밟고 있던 저한테도 연구생활을 중단하고 급히 귀국하라는 날벼락이 떨어졌습니다. 이 여파로 개인적으로 어려운 일을 당했습니다. 당시 제가 병이 크게 났습니다. 후일 오진으로 밝혀졌지만 당시 대만에서 진료를 받았을 때는 극히 안 좋은 '대장암'이라는 판정을 받았습니다. 대장암이라고 진단이 내려졌습니다. 그때 저는 대만대학에서 수업 중이었습니다. 제 아내는 대만대학 의약대학원에서 공부한 사람인데 사태의 심각성을 잘 알고 있었습니다. 이렇게 갑자기 대장암이 발병했다면 6개월도 못가는 것으로 알고 있었답니다. 아내도 엄청난 충격을 받았습니다. 제 아이는 태어난지 막 1년이 지난 핏덩이인데 정말 하늘이 노랬습니다. 그런데 그 당시 많은 일이 있었지만 아직도 기억나는 것으로, 당장 내일(1월 30일) 수술하라는 것을 논문을 써야 된다고 의사한테 1주일만 시간을 달라고 말하니까 담당의사가 저를 비웃는 듯 쳐다봤습니다. 당시 집사람도 의사가 수술해야 된다고 하는데 무슨 소리냐며 논문이 목숨보다 중요하냐고 정말로 난리였습니다. 오히려 나는 논문 완성한다고 1주일 말미를 달라고 부탁해 놓고 책상머리에 쳐박혀 있는데, 아내는 그 기간 동안에 백척간두에 선 마당에 일단 수술을 해야 되기 때문에 더 나은 병원에서 후회없이 해 준다고 대만대학 교수님들에게 다른 병원도 알아봐달라고 부탁하고, 아내는 당장 수술비도 마련해야 하고 혹시 무슨 일이 있을지도 모르니 마음 준비를 해야 하기 때문에 이런 사실들을 친정과 시댁에도 알려야 했답니다. 그래도 저는 무슨 귀신에 홀린 것처럼 아랑곳 않고 밤낮으로 논문을 쓰고 있었습니다.

2월 2일, 초진 날짜가 잡히고 구정舊正이 걸렸는데 대만은 춘절春節이라고 하여 전후로 보통 1주일씩 휴가입니다. 더군다나 당시는 치료도 받아야 하고 병원에 가서 정확한 촬영을 해서 결과가 나와야 하는 상황이었습니다. 구정 휴가기간이기 때문에 재진 날짜가 잡힌 2월 10일 전날 9일까지 꼭 12일 정도의 시간이 남아 있었습니다. 당시 12일간은 나한테 '유예猶豫된 생명'인 것 같았습니다. 아내는 갓 돌 지난 애기를 안고 울 사이도 없이 수술비 마련하랴 '뒤처리'도 걱정하랴 동분서주하였습니다. 나는 논문 쓰는 데만 매달려서 꼬박 12일 동안 밤낮으로 책 한 권 분량의 논문을 썼습니다. 그것도 중국어로 말입니다. 제가 그 당시 왜 그렇게 매달렸는지 저도 모릅니다. 그 당시 저를 걱정하던 사람들이 저보고 "이형구 선생 신들렸나 보다"고 그랬습니다. 사실 당시에 대장암 선고를 받고 그 몸으로 신들리지 않고서는 어떻게 외국어로, 그것도 중국어로 책 한 권 분량의 논문을 12일 만에 쓸 수 있는가 지금 생각해봐도 정말 꿈같은 일이었습니다. 그때는 제가 이형구가 아니었습니다. 더군다나 한국말로 쓴 것도 아니고 중국말로 쓴 논문입니다. 물론 인용된 자료들이 아프기 전부터 수집한 것이라고 하지만 중국어로 12일 만에 책 한 권 분량의 논문을 쓴다는 것은 지금 생각해도 불가능한 일을 한 것 같습니다. 그것은 학위논문도 아니고 대만대학 대학원에서 김상항金祥恒 교수의 갑골학 강좌에 제출할 리포

트였습니다. 지금 생각하면 그래도 생전에 유작遺作이라도 하나 남겨 놓고 죽어야 하지 않나 하는 그런 절체절명絶體絶命의 시간 앞에 있다고 생각하고 있었던 것인지 아직도 잘 모르겠습니다. 아마 당시에는 갑자기 죽어야 될 운명인지 살아야 될 운명인지 아무런 분간도 못하는, 그저 숙명이라 생각되니까 그런 초인적인 행동을 했는지도 모릅니다. 당시 투병일지를 보니까 바로 2월 9일까지 12일 만에 초고를 완성했습니다. 아내한테 감사하고 미안한 마음을 금할 수 없습니다.

실제로 12일 동안에 완성한 것입니다. 물론 학술 발표할 때나 학술지에 낼 때 다시 수정하고 김상항 교수님한테서 교정받고 동료들하고 토론하고, 새로운 자료를 집어넣고 보완하고 그랬습니다. 김상항 교수님은 대만대학 중문연구소 원로교수로 갑골문자학의 대가입니다. 초고를 보완하는 것은 당연한 수순이지요. 그렇게 해서 그해 4월에 몸이 회복되지도 않은 상태에서 대만 중앙연구원 미국연구소에서 일단락된 논문을 구두발표했습니다. 사회는 대만대학 역사연구소 진첩선陳捷先 교수가 맡아 주시고, 논평과 논문 심열審閱은 고거심高去尋 교수가 직접 맡아 주셨습니다. 고거심 교수님은 저의 석사·박사논문을 직접 지도해 주신 지도교수입니다. 고거심 교수님은 은사 석장여 선생님보다 연세가 조금 낮으시지만 중국 북경대학 역사학과를 마치고 중앙연구원 역사어언연구소에 들어가 석장여 선생님과 같이 은허 발굴을 직접 참가하신 분입니다.

대만 중앙연구원은 세계적인 학술기관입니다. 1970년대에 중국(중공)에는 문화혁명의 와중에 대학들이 학생을 안 뽑을 때입니다. 그 당시 중국학이라는 것은 대만이 세계적인 중심이었습니다. 중앙연구원에서 구두발표한 논문 「발해연안조기무자복골지연구-겸론고대동북아제민족지복골문화渤海沿岸早期無字卜骨之研究-兼論古代東北亞諸民族之卜骨文化」는 대만국립고궁박물원의 세계적인 학술지인 『고궁계간故宮季刊』 제16권에 상, 중, 하 3편으로 게재했습니다. 제가 12일 동안 와병 중에 쓴 논문입니다. 그것이 바로 갑골문화의 기원에 관한 글인데, 그 말미 '후기後記'에 다음과 같이 적혀있습니다. 본문은 1980년부터 1981년 정월에 쓰여졌는데, 대북시台北市 태순가泰順街 거처에서 "대부분 와병 중에 초고를 완성하였다(其大部分於病中完成草稿)"고 적었습니다.

귀국한 후, 이 논문은 한국정신문화연구원 정재각鄭在覺 원장의 특별 초대로 1982년 11월 19일 연구원 강당에서 열린 학술연찬에서 단독 발표하였습니다. 이 학술연찬에는 서울대학교 김원룡金元龍 교수님의 사회로 이형구가 「갑골문화의 기원과 한국의 갑골문화」라는 제목으로 발표하고, 이어서 토론자로 성균관대학교 류승국柳承國 교수님과 동아대학교 정중환丁仲煥 교수님이 나오셔서 논평을 맡아 주셨습니다.

정재각 박사님은 개회사에서,

■『故宮季刊』16-3 별쇄(1982) 표지

본 세미나는 지금까지 학계에서 받아들여 온 갑골문화에 대한 견해와는 달리, 각종 고대사 관계 문헌의 분석과 출토 유물의 고증을 통하여 갑골문화의 한국 고대문화와의 관계를 규명하고, 그 타당성을 검토하며, 나아가 한국고대사 연구의 방향을 보다 종합적으로 논의하기 위해 마련된 것입니다.

라고 한 인사말을 통해서 이 자리가 한국학계에 새로운 학문을 소개하는 장소를 마련하게 된 것이란 것을 참석자의 면면을 보고 느낄 수 있었습니다.

앞의 네 분 선생님 외에 김광언, 김병모, 김삼용, 김성준, 김성호, 김위현, 김응현, 김재선, 민덕식, 박성봉, 박용숙, 서경요, 성주탁, 심봉근, 심우준, 안병주, 윤내현, 윤용진, 이용희, 이은창, 이춘식, 전영래, 지건길, 최무장, 최순우, 최인학 교수 등 국내 저명한 학자들이 운집했습니다.

그 중 영원한 은사이신 최순우崔淳雨 선생님은 1975년 12월에 저의 내외가 대만대학 유학길에 오를 때 따님(수정)과 같이 김포공항에서 배웅해 주셨는데, 귀국 후 첫 학술발표를 잘 하나 하고 시험하러 오신 것 같았습니다. 그리고 동주東洲(이용희李用熙) 선생님께서 나오시어 경청해 주신 것을 잊을 수 없습니다. 아마 이형구의 이 단독 학술세미나는 제 필생에 최고의 '학술 세레모니ceremony'였습니다.

대우재단을 맡고 계시던 이용희 선생님이 아마 이 세미나를 참석한 것이 인연이 되어 동작빈董作賓 선생의 『갑골학60년甲骨學六十年』을 저에게 번역해 보라고 맡기신 듯합니다. 누차 저보다 더 훌륭하신 분한테 의뢰하시라고 극구 사양하는데도 저의 학문에 대한 신뢰와 노재봉 교수의 권고로 제가 번역에 매달려 겨우 1991년에야 비로소 민음사에서 『갑골학60년』을 출판하였습니다. 그해 한국출판문화상 번역부문 차석에까지 올랐지만 그만큼이나마 오른 것이 요행인 것 같습니다. 동작빈 선생의 『갑골학60년甲骨學六十年』(대만, 예문인서관, 1974)은 중국 갑골학의 명저에 속합니다. 동작빈(1895~1963) 선생은 호는 언당彥堂으로 유명하고, 북경대학을 나오시고 근 20년이나 은허殷墟 발굴을 하시고, 1949년 대만으로 오신 후에는 대만대학 교수를 오랫동안 하셨습니다. 동작빈 선생은 저의 은사이신 석장여石璋如 교수님의 은사님이시니 제게는 대부되시는 분이십니다. 석장여 선생도 은사인 동작빈 선생이 은허 발굴 단장으로 계실 때에 참여하여 많은 갑골문자편을 발굴하셨습니다. 석장여 교수님이 『갑골학60년』 한국판 출간을 축하하는 축서祝序를 써주시고, 동작빈 선생의 장자이신 동옥경董玉京 박사가 갑골문 축서祝書를 써 주셨습니다. 이 책은 1991년도에 나왔습니다. 이것은 국내에 처음으로 갑골학을 소개한 책이기도 합니다. 우리나라에 갑골학을 최초로 도입한 책이지만 출판 당시 국내에서 갑골학 책을

■ 『갑골학 60년』(이형구 번역, 1991) 표지

■ 동옥경董玉京 선생의 갑골문 축서

보는 사람이 없으니까 금방 절판이 되어 버렸습니다. 초판 한 번 나오고 팔리지 않으면 출판사에서는 절판을 할 수밖에 없습니다. 갑골학이 그만큼 우리에게는 생소한 학문이었습니다.

제가 와병중에 「발해연안조기무자복골지연구」 논문을 발표한 2년 후인 1984년, 캐나다 토론토대학의 허진웅許進雄 교수는 "The Written Word in Ancient China"(Hsu Chin Hsiung, Toronto University)에서 제가 『고궁계간』에 발표한 논문을 적극 인용하였습니다. 그리고 1988년에는 대만의 상무인서관에서 『중국고대사회中國古代社會』라는 이름으로 중국어판이 나왔으며, 국내에서는 1991년에 대진대 홍희 교수가 번역하여 『중국고대사회』라는 이름으로 동문선에서 출판되었습니다. 이렇듯 제 논문은 국내에서보다 대만을 비롯해서 중국, 홍콩, 일본, 미국, 캐나다 등지에서 널리 알려져 있고 적극 활용되고 있습니다.

그리고 1988년에 대만국립편역관에서 편찬한 『갑골문과 갑골학』에 소개되었습니다. 저자는 장병권張秉權 선생이라고 대만의 저명한 원로 갑골학자이십니다. 국립편역관은 우리나라의 국사편찬위원회와 같은 국립기관으로 대만의 대학 교과서격인 『갑골문과 갑골학』에서 장 선생은 청년학자 이형구가 쓴 갑골의 기원론이 현재까지는 가장 믿을 만한 학설(一位韓國的年輕學者李亨求寫了一篇很好的文章. … 他認爲骨卜的習俗, 是從東北傳入中原的. 以目前的材料來說, 這一結論是可信的.)이라고 언급하고 있습니다. 이 논문은 중국학이나 동양학계에 잘 알려져 있습니다.

1992년 9월, 중국사회과학원 선진사先秦史연구소(소장:이학근 교수) 초청으로 갑골학연구실에서 왕우신王宇信(현 중국갑골학회장) 교수의 주재로「발해연안조기무자복골지연구渤海沿岸早期無字卜骨之研究」를 발표했습니다. 그 후로 지금까지 계속 선진사先秦史연구소와 학술 교류를 해 오고 있습니다. 제가 선문대학교 고고연구소장을 맡고 있을 때인 2002년 5월, 왕우신 교수를 초청하여「중국 안양 은허 고고의 중대 발견」이라는 제목으로 학술강연회를 가졌습니다.

2008년 10월, 은허에서 열린 국제갑골학학술회의에 참가해서 중국사회과학원 고고연구소 당제근唐際根 연구원으로부터 중국 과학출판사에서 출판한『다유시역多維視域-상왕조여중국조기문명연구商王朝與中國早期文明研究-』라고 하는 정장본으로 잘 정리된 책 한 권을 받았습니다. 그 안에 2005년 카나다 콜럼비아대학에서 개최된 'Workshop of Chinese Civilization'에서 발표한 미국 하버드대학 프레드(傅羅文, Rowan K·Flad) 교수의「정인貞人 : 관어조기중국시작점복기원여발전적일차사고關于早期中國施灼占卜起源與發展的一此思考, Divination and Power-A Multiregional Vien of the Development of Oracle Bone Divination in Eovrly China-, *Current Anthropology*, Volume 49, Number 3, June, 2008.」라는 논문이 게재되었는데, 그 논문 안에는 이형구가 1981년 대만 고궁박물원『고궁계간』에 발표한 논문「발해연안조기무자복골지연구-겸론고대동북아제민족지복골문화」(상, 중, 하)를 십 수차례나 인용한 것을 보고 깜짝 놀랐던 적이 있었습니다. 미국 하버드대학 프레드 교수가 중국 초기 점복占卜(갑골甲骨)의 기원을 밝히는 데 제 논문을 십여 차례나 인용했다는 것은 그만큼 제 논문을 중시했다는 얘기가 아니겠습니까?

그리고 중국사회과학원 역사연구소 이학근李學勤 소장의『비교고고학수필比較考古學隨筆』은 중국에서 100대 권장도서 중의 하나입니다. 저자 이학근 소장은 지금 중국 청화대학교 역사학과 종신교수입니다. 이분은 중국역사학회의 이사장이기도 합니다. 이학근 교수는 우리나라에도 많이 알려져 있는 분입니다. 이 분은 1992년 9월, 중국사회과학원 역사연구소 갑골학연구실에서 제가 「발해연안조기무자복골지연구」를 발표했을 때 참석하셨던 분입니다. 자신의 책에 갑골을 얘기하면서 이형구를 '독특한 혜안을 가진 학자(獨具慧眼的學者)'라고 했습니다. 제가 말씀을 드리는 것이 자화자찬을 하는 것 같아 쑥스럽지만 절대 공치사는 아닌 것 같습니다.

중국의 세계적인 학자이면서 중국 역사학계의 태두인 이학근 교수가 저와 저의 학설에 대해 한 평가를 사실 그대로 말씀드리는 것입니다. 이학근 선생은 지금 80이 다 되셨는데, 이 책에서 갑골학을 얘기

■ 북경대학 개교 백주년 기념 국제 학술대회에 참가한 후 이학근李學勤 청화대 교수(중앙), 이백겸李伯謙 북경대 교수(좌)와 함께 한 필자(1998.7)

하면서 이형구의 논문을 3페이지 정도를 할애하면서 서술했습니다. 문자 없는 갑골에 대해서는 제 은사님인 석장여 교수 외에는 별로 깊은 연구를 안 했습니다. 주로 갑골문자만을 치중해서 연구했습니다. 수백 명이 넘을 수 있는 석·박사학위 논문 중에서 아무도 갑골문화의 기원에 대해서는 이야기 하지 않고 있습니다. 지금도 별로 안 합니다. 오랫동안 갑골 관련 문자학에만 매달려 있었기 때문에 이학근 선생은 이형구에 의한 갑골연구에서 밝힌 갑골의 기원문제는 혜안이라고 평하고 있습니다. 그리고 앞에서 말씀드린 바 있는 장병권 선생은 "지금까지의 자료로 말할 것 같으면 이형구의 학설을 믿을 수밖에 없다(以目前的材料來說, 這一結論是可信的)"고 말하였습니다.

장시간 여러분들한테 갑골甲骨에 대해서 말씀을 드렸습니다. 갑골이라는 학문은 사실 우리나라에 들어온지 얼마 되지 않았습니다. 제가 중국의 갑골학 대가 동작빈 선생의 『갑골학60년』(민음사)을 번역해서 출판한 책도 1991년에 처음으로 나왔습니다. 지금은 중국과가 있어서 여러 대학에서 갑골학을 많이 가르치고 있습니다. 그런데 대체로 문자학입니다. 문자학 위주로 가르치고 있습니다.

갑골이 우리 민족과 생소하고 우리와 무관하다고 생각해왔지만 이 갑골을 구체적으로 보면 다음과 같습니다. 갑골의 출토 위치를 지도에서 본다면 발해연안에서 주로 이른 시기에 발견되고 있습니다. 은殷에서 문자가 나옵니다. 은殷에서 초기 한문 문자가 발생한다 말입니다. 물론 한문이 나오면서 한문 전에는 효라고 해서 사인 같은 것이 있긴 있었습니다. 도편문자라고 해서 토기에다가 이런 상징적인 것인 휘호 같은 것이 있지만 그래도 '문장sentence화化'하고, 문자로서 발생한 것은 은허시기의 갑골문자에서부터입니다.

은殷은 누차 말씀드렸지만 여기 홍산문화와 하가점하층문화와 밀접하게 관계되어 있습니다. 하가점하층문화는 발해연안 북쪽에 분포돼 있는 청동기시대 문화로 홍산문화의 전통을 갖추고 있는 동이족의 문화입니다. 그런 사람들이 황하 유역에 내려와서 은을 건국하고, 은이 망한 뒤에는 은의 동북쪽인 발해연안 북쪽으로 돌아가기도 합니다. 이 은에서, 갑골문자(초기 한문)와 갑골신앙이라든가 하는 갑골은 고대정치의 전형적인 행태인 '제정일치祭政一致'의 제사와 정치의 도구로 사용되었습니다. 제일 중요한 것은 초기 한문인 문자가 형성되고 그러한 문자를 발전시킨 것은 여기 은허에서 이루어지고 있다는 사실입니다.

지금이야 중국과 이곳 한반도로 해서 그곳이 중국이고 이곳은 한국으로 갈라져 있습니다. 그러나 국경이 없던 고대사회에서는 대체로 발해연안은 거의 인간의 흐름이 자유로웠던 것 같습니다. 그곳은 더군다나 한민족의 원류인 동이족의 지역이었습니다. 발해연안에서는 상당히 유사하고 비슷한 문화들이 공통적으로 발견됩니다. 그렇다면 제 생각으로는 공통적인 문화를 가지고 있는 민족들은 유사한 민족들이라고 생각합니다. 민족의 공통성을 가지고 있다는 생각을 가지고 있습니다.

문화의 공통성은 곧, 민족의 공통성과 통한다고 봅니다. 그래서 저는 갑골문화를 영유했던 사람들도 발해연안 사람들이고, 문자를 만든 사람들도 이 발해연안에 있던 사람들이었다고 생각합니다. 그렇기 때문에 우리 한민족이 한글을 창제했고 현재 우리들의 언어로 사용하고 있는 민족이지만, 고대사회에서 갑골문화나 갑골문자(한문漢文)를 창제했을 때 중요한 역할을 한 민족도 동이족이었다는 생각을 가지고 있습니다. 여러분들 모두 잘 아시는 은殷은 동이족이 세운 나라입니다. 동이족 중에 왜 우리 한민족이 강하냐 하면, 많은 동이족 중에서 실제로 현재까지 세계에 자랑할 수 있는 세계 10대 민족이 되고, 세계 10대 경제대국이 된 민족은 우리 한민족 밖에 없었습니다. 많은 동이족이 명멸해서 없어졌습니다.

그렇다면 고대사에서의 한문이나 갑골문화를 창제할 때 동이족이 주인공이 아닐지라도 갑골문화를 창제하는 데 주도적인 역할을 했을 것이라는 말입니다. 저는 그것이 우리 고대사에서 중요하다고 생각합니다. 우리 민족사든 고대사든 가장 중요하다는 것입니다. 저 한문을 우리 민족이 만들어 냈다, 이렇게 극단적으로 말하는 게 아닙니다. 저 한문을 만들어 내는 데 우리도 적극적으로 동참하였으며 중요한 역할을 했을 것이라는 것입니다. 저 한문이 탄생할 때까지 동이족의 역할이 우리가 생각했던 것보다 엄청나게 컸다는 것입니다. 우리도 주인공이 될 수 있다는 것입니다. 그 주인공들 중에서 지금 중국화 된 사람이 중국민족의 60~70% 되었다 하더라도, 그 중에서 30%가 되었더라도 그건 만들 때 30%의 역할은 대단히 컸다는 것입니다. 그래서 저 중국 갑골문화나 한자의 주인공도 우리 동이였다는 것을 여러분들이 명심해 주셨으면 좋겠습니다.

앞의 강좌에서도 그랬지만 여러 가지 문화들이 동이민족의 역할에 의해서 이루어지고 있습니다. 그렇다고 중국 역사인 은 나라 역사가 한국사다라고 생각하는 건 절대로 아닙니다. 당연히 은 나라 역사는 중국역사입니다. 그 당시 은 나라의 민족도 많은 수가 중국 토착민족으로 이루어졌습니다. 총체적 의미의 그리고 그곳은 현재의 지정학적으로, 역사적으로 본다면, 의심할 여지없이 중국 땅입니다. 그러나 기원전 1500년, 지금으로부터 3,500년 전 우리가 갑골을 사용할 때, 그리고 갑골문화에서 한자가 탄생할 때, 갑골신앙이 발생해서 형성될 때 그때의 주인공은 바로 동이민족이었습니다. 그것을 보면 우리 민족과 깊은 관계가 있습니다. 그때의 동이민족 중에서 지금까지 살아남아있는 동이민족인 우리 한민족이 가장 강성한 민족입니다. 청나라도 없어지고, 몽고도 오랫동안 거의 다 없어지고, 공자시대의 그 많은 동이들이 다 어디로 가고 없어졌습니다. 물론 대부분이 중국에 동화되어 버렸단 말입니다. 우리 민족만 살아남았습니다.

우리 민족은 중국이라는 '용광로鎔鑛爐'에서 살아남을 수 있었고 앞으로도 천년, 만년을 살아남아 갈 겁니다. 그것이 바로 우리 민족입니다. 그러니까 우리는 중국 은殷 나라가 우리 문화다, 우리 역사다, 이렇게 생각하시면 안 되는 것입니다. 우리 민족은 고대에 발해연안을 중심으로 활동영역을 넓혔고 많은 세계적인 문화를 창출해 냈으며 그것을 형성 발전시켜서 오늘까지 이어오고 있습니다. 이 점을 여러분들이 주로 관심을 가지고 이해해 주셨으면 좋겠습니다.

감사합니다.

6강

'발해연안문명'과
한국 청동기 문화 연구

안녕하세요. 이형구입니다.

오늘 제가 이 강좌를 위해서 어제 잠도 설쳤습니다. 오늘이 '발해연 안문명' 강좌의 마지막 날이고 해서 한국 고대문화의 기원 문제를 어 떻게 마무리해야 할까 많은 생각을 하였습니다. 크게 쟁점화되어 있 는 부분이 가장 중점적으로 강의 내용에 집중되어 있습니다. 왜냐하 면 오늘은 다름이 아니고 앞의 강좌에서 신석기시대의 특징인 빗살무 늬토기가 동북아시아의 발해연안에 분포돼 있는 흐름과 그것의 발전 과정을 여러분들에게 말씀드렸습니다. 저는 빗살무늬토기가 발해연 안을 중심으로 해서 한반도와 요동반도에서 그 당시 수천 년 동안 유 행했던 하나의 신석기시대 대표적인 문화라고 봤습니다. 그런데 과거 에는 빗살무늬토기가 시베리아에서 건너왔고 문화뿐만 아니라 인류 도 시베리아에서 한반도에 이주해 왔다고 봤습니다.

첫 번째 강좌 자료를 보신 분이나 강의에 참석하신 분들은 기억이 나실 것입니다. 동북아시아의 발해연안에는 공통된 문화적 특징이 있 고, 그 문화를 창조한 인류는 우리가 말하는 '동이東夷민족'이라고 말씀드렸습니다. 그들은 우리 한민족과 가까운 민족이며, 그렇기 때문에 동이민족이 창조해 낸 독특한 문화는 우리와 관계가 있다는 것을 말씀드렸습니다. 또 그 시대 사람들의 죽음, 삶과 생활에 관해 언급했습니다. 그 사람들이 죽음에 대해서 얼마나 알고 죽음을 어떤 형태로 생각하고 그것을 맞이하고, 이미 죽은 자를 모셨는가 하는 것은 대단히 중요한 것이라고 생각합니다. 우리 인생에서도 대단히 중요한 일들인데, 동이족은 대체로 그 당시 돌을 사용해서 무덤을 만들었다고 말씀을 드렸습니다. 그래서 그 돌무덤(석묘石墓)은 보편적으로 산동반도나 요동반도, 한반도의 발해연안에서 사용되었고, 돌무덤은 우리 동이민족의 대표적인 묘제墓制라고 말씀드렸습니다.

그러나 교과서나 참고서에서 얼마 전까지 돌무덤은 시베리아에서 전래되었다고 가르쳐 왔습니다. 신석기시대 빗살무늬토기를 사용했던 사람들이 시베리아에서 왔다고 했으며 이와 마찬가지로 죽은 자를 묻었던 돌무덤도 시베리아에서 왔다고 했습니다.

그런데 실제 시베리아는 그런 돌무덤이 있다고 하더라도 발해연안의 돌무덤보다 훨씬 늦은 시기에 돌무덤들을 사용했다고 말씀드렸습니다. 당시 신석기시대 사람들의 돌무덤을 보면 발해연안에 살던 동이민족의 공통된 무덤의 형태입니다. 그런 돌무덤을 축조하는 묘제가 시베리아의 묘제라기보다는 그것은 우리 동북아시아의 발해연안에 분포하고 있는 묘제로서 동이민족의 독특한 무덤형태라고 말씀드렸습니다.

중국 화북華北 평원은 주로 충적층沖積層으로 이루어졌습니다. 중국의 충적층은 황하나 양자강에는 퇴적된 흙이 많아서 토광묘가 많습니다.

돌이 없기 때문에 흙무덤들이 많습니다. 산동지방에는 산악이 있어서 돌무덤을 쓰고 있습니다. 산동반도는 우리와 같은 동이민족이지만 자연조건이 비슷하기 때문에 돌무덤을 쓰고 있습니다.

그러면 청동기시대의 예를 들어봅시다. 중국의 청동기시대는 대체적으로 기원전 2000년 정도입니다. 요즘 와서는 기원전 3000년 전까지도 올라가는 경향이 있습니다. 그러나 아직 정설화되지는 않았습니다. 동북아시아의 청동기시대의 편년과 관련해서도 홍산문화는 매우 중요합니다. 최근 연구에 의하면 기원전 3500~3000년, 지금으로부터 5,500~5,000년 전쯤에 홍산문화에서 이미 청동기가 나왔을 가능성이 농후해지고 있습니다.

최근까지만 해도 우리 고등학교 『국사』교과서는 청동기가 기원전 500년, 지금으로부터 2500년 전에 시베리아에서 왔다고 했습니다. 제가 말씀드렸던 신석기시대 유물인 빗살무늬토기도 시베리아에서 왔다고 했습니다. 신석기시대에 시베리아에서 인간들이 빗살무늬토기를 가지고 한반도에 왔고, 기원전 500년, 그러니까 지금으로부터 2,500년 전, 많이 올라가서 3,000년 전에 시베리아 사람들이 청동기를 가지고 한반도로 왔다는 것입니다. 그래서 이전에 한반도로 이주해서 3,000년~5,000년 동안 살았던 신석기시대 사람들을 '몰아내고' 이들이 살았다는 것입니다. 가능한 일입니까? 그 많은 사람들을 몰아낼 수는 없습니다. 그런데 우리 일부 학자들은 지금도 사람들을 몰아냈다고 주장하고 있습니다. 사실 지금도 그렇게 생각하는 사람이 많습니다. 여러분들에게 제가 이렇게 말씀드리면 충분히 이형구 교수가 좀 지나친 추측을 하는 게 아닌가 생각하실 수도 있습니다. 그리고 다른 학자들의 주장을 일방적으로 비판하는 게 아닌가 하고 의심하실 것입니다. 그렇게 생각하실 수도 있겠습니다만 저는 지금 하루 이틀제 학설을 발표하고 주장하는 것이 아닙니다.

제가 대만대학에 유학을 떠날 때가 1970년대 초입니다. 1971년, 미국이 중공中共을 유일한 중국으로 승인하고, 이 해에 중공이 UN에 가입하고 대만은 유엔으로부터 추방당했습니다. 1972년에는 일본이 중공과 국교를 맺고 대만과 단교했습니다. 1970년대 전반기의 대만은 전쟁이 일어날 수도 있는 아주 위험한 시기였습니다. 대만이 국제적으로 외면당하고 있어서 대만에 있었던 몇 안 되는 한국 사람들도 그 시기는 대부분 철수할 때입니다. 일반인이든 학생이든, 거기서 생활하던 사람들이 대만을 떠날 때 저는 대만으로 공부하러 들어갔습니다. 당시는 전쟁이 일어날 수도 있는 아주 위험한 시기였습니다. 저는 그곳에 가야만 문제를 해결할 수가 있다고 생각했습니다. '내 학문적 문제를 해결할 곳은 중국밖에 없다'고 생각하였습니다. 국제한국연구원 최서면崔書勉 원장님은 그 당시의 긴박한 정세에도 불구하고 저희 부부의 이런 의지와 용기를 높이 여기시고 지금도 잊지 않고 늘 얘기하십니다. 그만큼 어려운 결정이었어요. 물론 대만의 지인들도 그때의 고마움을 잊지 않고 있지요.

그때 중국 북경대학은 학생을 아예 안 뽑았습니다. 문화혁명 10년 동안 북경 대학이나 교육기관은 폐쇄돼 있었습니다. 그 당시 체계적으로 동양학이나 중국학을 제대로 할 수 있는 곳은 세계적으로도 대만만이 가능했습니다. 그 중에서 국립대만대학은 당시 중국 최고의 국립대학입니다. 당시 저에게 미국이나 일본과 같은 조건과 환경이 좋은 다른 국가로 유학갈 수 있었던 여건이 조성되어 있었지만 저는 전쟁바닥과 같은 대만으로 유학을 떠났습니다. 대만대학에 가서 유학을 했습니다. 그때 이미 각오를 했었습니다. 정말 마음을 굳게 먹고 간 것입니다. 왜냐하면 당시 저는 우리 고대사 문제를 해결하려면 중국과 만주滿洲에 대한 지식이 없어서는 안 된다, 그 두 지역에 대한 이해를 빼놓고는 우리 고대사를 연구할 수 없다는 것이 당시 제 생각이었습니다. 사실 지금도 마찬가지 생각입니다.

지금 우리 텔레비전이나 신문 등 언론에 자주 언급되는 중국의 '동북공정東北工程,' 그들이 만주의 우리 역사를 뺏으려고 하는 이런 국가정책들을 보면 알 수가 있습니다. 만주지방에서 활동하던 고조선이나 고구려, 발해의 역사를 중국 사람들이 자기네 역사로 편입하는 것이 바로 '동북공정'의 목적입니다. 그렇기 때문에 지금 우리 정부와 학자들도 동북공정을 정치적으로나 사회적으로 반대하는 것입니다. 저는 지금부터 40년 이전에 전쟁바닥 같은 대만으로 우리 고대사 관련 연구를 하러 유학갔습니다. 우리는 무얼 찾으려면 호랑이 굴이 아니라 전쟁바닥이라도 들어가야 합니다. 사실 그 당시부터 저는 우리나라에서 우리 민족문화의 기원 문제가 잘못 서술되어 있고 잘못 가르쳐지고 있다는 것을 절감했습니다. 이것들도 제가 실제로 거기 가서 그 사람들하고 지금까지 공부를 한 것입니다. 지금 정년을 하고 나서 여러분들한테 강의하고 있습니다만 지금도 공부하고 연구해 오고 있습니다.

저는 교수로서 평생을 우리 고대사와 관련된 공부를 해왔고 지금까지도 하고 있습니다. 제가 이 자리에 서서 강의하는 것이 선배 교수 몇 사람과 그분들의 주장을 비방하기 위해서 지적하는 것이 결코 아닙니다. 여러분들한테 이야기했던 것처럼 여러분들도 교과서를 다 보셨겠지만 아마 여기 계신 여러분들께서는 중·고등학교 때 교과서에 실린 '시베리아 기원설'을 기억하실 겁니다.

제가 실제 예를 들며 자료들을 보여드리는 것은 제 말씀이 선배 학자들이나 기존 학설을 무조건 비판하고 비방하는 것이 아니라 여러분한테 잘못된 것은 잘못되었다고 말씀드리기 위해서입니다. 지금도 제가 몇 개 자료를 가지고 왔습니다. 말씀으로만 드리면 이해가 안 가실 것 같아서 근거 자료들을 가지고 왔습니다. 이것이 여러분 잘 아시는 고등학교 『국사』 책입니다. 그 당시 우리나라 문교부에서 발행한 1978년 판하고 1982년 판 국정교과서인 『국사』 책입니다. 고등학교 『국사』 교과서의 내용은 1970년대 판이나 1980년대 판 내용이 거의 비슷합니다. 문교부가 1978년에 발행한 고등학교 『국사』 교과서의 '신석기 문화'항을 보면,

서기전 4000여 년부터 시베리아·몽고 지역의 신석기 문화와 같은 계통인 빗살무늬토기 제작인製作人들이 들어오기 시작하였는데, 이들의 한 갈래는 랴오둥 반도에서 두 갈래로 갈라져 한반도 지역으로 들어와 남해안 지역까지 퍼졌고, 한 갈래는 두만강 하류를 거쳐 동해안으로 내려와서 부산시 동삼동 패총에 이르기까지 저지대에서 살았다.

고 하였습니다. 제가 또 가지고 나온 고등학교 『국사』 교과서는 1982

년 판입니다. 이것이 당시 문교부 국사편찬위원회에서 편찬한 고등학교 『국사』교과서입니다. 여기서 보시는 신석기는 제가 지난 강의에서 누차 강조했기 때문에 더 말씀드리기도 그렇지만 잠깐 다시 말씀드리겠습니다. 여기 1982년 판 『국사』책의 '신석기 문화'항을 보면,

빗살무늬토기를 만들어 쓰던 사람들은 시베리아·몽고 지역의 신석기 문화를 폭넓게 받아 들이면서 각지에 문화를 발전시켰다.

라고 기록하고 있습니다.

이것들이 바로 우리 1970년대와 1980년대의 고등학교 『국사』교과서의 신석기 문화에 대한 내용입니다. 1978년 판 고등학교 『국사』교과서에서 "서기전 4000여 년부터 시베리아·몽고지역의 신석기 문화와 같은 계통인 빗살무늬토기 제작인人들이 들어오기 시작하였다"고 하였습니다. 신석기시대에 시베리아Siberia 사람들이 빗살무늬토기를 가지고 한반도에 왔다는 겁니다. 다시 말해서 시베리아Siberia의 빗살무늬토기 제작인制作人들이 한반도에 이주移住 해 왔다고 기술했습니다.

김원룡 교수는 『한국고고학개설』의 밑그림이라고 할 수 있는 「한국문화의 고고학적 연구」(『한국문화사대계』, 고려대 민족문화연구소, 1963년 초판, 1970년 재판) '신석기 문화'조에서,

필자가 핀랜드나 스웨덴의 박물관에서 실견한 바에 의하면, 피토彼土의 즐문토기櫛紋土器 중에도 우리나라 것과 같은 심선문沈線紋으로 된 것이 있고, 또 우리나라 것에도 유럽의 그것처럼 압날押捺된 즐치

열문櫛齒列紋이 있으며, 유럽 즐문토기의 시베리아 전파로 보아도 비록 우리나라 즐문토기가 북구北歐의 바로 그것이 아니라 하더라도 양자가 계통적으로 서로 연결되고 있음은 거의 틀림없다고 믿어지는 바이다.

라고, 김원룡 교수는 우리나라 즐문토기 즉, 빗살무늬토기가 유럽-시베리아에서 전파된 것이 '틀림없다'고 하였습니다. 그리고 김원룡 교수는 『한국고고학개설』1판(일지사, 1973)에서,

그들(한민족)은 즐문토기인人과 같은 어로 위주의 주민이었으며, 시베리아에서 퍼져 내려 온 고古시베리아족族의 일파一派였을 것이다.… 한반도에 출현하고 있는 토기는 역시 시베리아로 퍼져 들어온 동종同種토기의 아류亞流 또는 일지방一地方 형식이라고 보는 것이 타당할 듯하다.

고 하였습니다. 우리나라의 즐문토기(일명 빗살무늬토기)가 즐문토기인人과 함께 시베리아에서 내려왔다고 하였습니다. 우리의 고대 인류와 고대 문화가 시베리아에서 왔다는 것입니다.

이와 같은 '시베리아 인人의 한반도 이주移住설'은 청동기시대로까지 계속 이어지고 있는데, 고등학교 『국사』 교과서 역시 우리 청동기 문화가 시베리아에서 왔다고 하였습니다. 1978년판 고등학교 『국사』 교과서의 '청동기 문화' 항에는,

한국의 청동기는 아연이 함유되어 있고 비파형 동검 등이 있는 것으로 보아서, 중국의 영향을 받은 것이 아니라 북방 계통의 청동기 문화를 받아들인 것으로 보인다. 그렇기 때문에 청동기 장식에 스키토-시베리아 계통의 동물 양식이 섞여 있다.

고 서술되어 있습니다. 그러면서 "신석기시대 사람들이 그대로 농사 기술을 익혀서 청동기시대로 넘어 온 것이 아니라, 새로이 청동기를 가지고 농경을 하는 종족이 북방으로부터 우리나라에 들어와서 청동기시대가 시작되었다"고 서술하였습니다. 1982년 판 교과서에도 이와 비슷한 내용으로 서술되었습니다. 우리나라의 청동기시대 인류와 문화도 시베리아에서 왔다는 것입니다. 신석기시대 인류와 문화도 시베리아에서 왔고, 청동기시대 인류와 문화도 북방 시베리아에서 왔다는 겁니다. 우리 민족이 시베리아에서 이주移住해 왔다고 합니다.

고등학교 『국사』 교과서의 '청동기 문화의 시베리아 기원설'은 『한국고고학개설』(김원룡)과 『한국민족문화의 기원』(김정배)이라고 하는 책을 거론하지 않을 수 없습니다. 『한국고고학개설』은 우리가 잘 아는 서울대학교 김원룡 교수의 대표적인 저작입니다. 김원룡 교수는 『한국고고학개설』이 나오기 전인 1964년에 고려대학교 민족문화연구소에서 나온 『한국문화사대계 I』 「한국문화의 고고학적 연구」 '청동기 문화'조에서,

(무문토기無文土器) 유적에서 나오는 소위 단추형 동장식銅裝飾이나 연주형連珠形 동장식은 장성 밖의 소위 오르도스(수원綏遠) 동기나 미

누신스크의 카라스크Karasuk 동기에서 볼 수 있고, 또 김해 무계리의 지석묘支石墓에서 나온 청동촉 역시 미누신스크계系의 양익촉兩翼鏃이라는 점 등으로 보나, 혹은 석상분石箱墳이 시베리아의 그것과 연결되는 것 등을 고려하면, 이 소위 청동기 문화는 근본적으로 비중국계인 북방계문화의 남하한 것이라고 말할 수 있을 것 같다.

고 하였습니다.

김원룡 교수는 청동기 문화에 대해서도 시베리아 미누신스크와 연관된, 근본적으로 비중국계인 북방계 문화가 남하南下한 것이라고 밝힌 바 있었습니다. 거의 같은 내용입니다.

김원룡 교수는 『한국고고학개설』1986년 제3판에서,

우리나라의 청동기 편년을 B.C. 5세기 이전으로 올라간다고 단언할 수 없는 것이다. … 우리나라의 청동기 문화는 요녕遼寧 지방 청동기 문화를 통해서 오르도스Ordos 그리고 다시 시베리아 미누신스크Minussinsk 스키트Scyth 청동기 문화를 받아들이고 있다

라고, 우리나라 청동기가 시베리아의 청동기 문화로부터 받아들인 것이라고 계속 주장하고 있습니다.

다음은 고려대학교 김정배 교수가 쓴 『한국민족문화의 기원』입니다. 1973년에 고려대학교 출판부에서 낸 책인데, 우리나라의 신석기 문화가 시베리아에서 왔다하는 견해를 가지고 있습니다. 우리나라의 신석기 문화가 북방 시베리아에서 왔다고 주장하는 대표적인 또 한

분입니다. 이 책도 초판은 1973년에 나왔습니다. 앞에서 언급한 『한
국고고학개설』과 비슷한 시기에 나왔습니다. 김정배 교수는 『한국민
족문화의 기원』(고려대 출판부, 1973)이라는 책에서,

　　한국의 청동기에는 아연亞鉛을 함유한 것이 특징으로 지적되고 있
　　다. 이것은 중국의 청동기와 달리 한국의 청동기 문화가 시베리아
　　Siberia 등지와 관련된다는 앞에서의 문화사적 고찰과도 상통하는
　　점이다.

고 하였습니다.

　　지금 우리가 바로 여기에서 보시는 것은 우리나라의 청동기가 아연
亞鉛Zn이 함유됐으며, 동물무늬 장식을 사용했기 때문에 시베리아의
청동기 문화를 받아들였다는 것입니다. 그런데 지금 여기 고등학교
『국사』 교과서에서 보신 것처럼 청동기 문화에 대한 서술은 김정배 교
수가 서술한 내용과 매우 유사합니다. 김정배 교수가 1973년에 발표
한 논문에 아연이 들어가 있기 때문에 우리 청동기 문화는 중국하고
다르고 시베리아와 같다, 또 동물무늬도 시베리아와 같다, 이 구절이
앞에서 본(본문 P.284) 1978년 판 『국사』 교과서의 구절과 거의 상통하
고 있습니다. 1982년 판도 이와 비슷합니다. 공교롭게도 1982년 판
『국사』 교과서의 판권란에 보면, ‘연구진’에 김정배 교수가 참여하고
있습니다. 이 해에 그 자신이 문교부 국사편찬위원회 위원에 위촉됩
니다. 국사편찬위원이 집필 활동과 편찬 활동을 함께하고 있었던 사
실을 알 수 있습니다. 이로 미루어 보아 자기의 주장을 국정 『국사』 교

과서에 기술한 것이라고 밖에 생각하지 않을 수 없습니다. 우리가 의아하게 생각하는 사실은 1982년도 고등학교 『국사』 교과서 집필자는 편찬 당시 연구진으로 활동하였고, 실제로 교과서 편찬에 막강한 영향력을 갖고 있는 국사편찬위원이었다는 사실입니다. 어느 누구라도 그래서 되느냐라고 생각하지 않을 수 없을 것입니다. 국정 『국사』 교과서는 국사의 '국정國定 간행물'이므로 국가기관인 문교부나 교육부가 직할하여 편찬한 간행물이면 좀 더 객관적이고 보편적인 학설을 기술해야 된다고 생각합니다. 예를 들어서 꼭 시베리아 기원설을 주장하고자 하면 시베리아 기원이 아닌 설도 동시에 기술하여 독자로 하여금 다양한 주장을 참고할 수 있도록 해야 한다는 것입니다. 시베리아설 말고 다른 설도 있다면 그런 설이 있다고 상반된 주장도 같이 실어줘야 되는데 그러질 못하고 일방적으로 개인 주장만 하고 있다는 것입니다. 비록 그때는 1972~73년으로 당시 우리의 고고학 수준, 학문적 수준이 여기까지 밖에 못 미쳤다고 한다면 그렇게 이해할 수 있습니다. 그런데 문제는 10년, 20년, 계속해서 1990년대까지도 시베리아 기원설이 우리 전국 중·고등학교 학생들이 배우는 국정교과서인 국정 『국사』 교과서에 사용되어 왔다고 하는 그것이 문제란 말입니다. 교과서라는 것은 매우 중요합니다. 1년에 고등학생이 50만 명, 60만 명이 나옵니다. 그렇다면 5, 60만 명이 되는 학생들이 전부 다 이 국정교과서를 가지고 배우며 내용을 외워야 됩니다. 결국 수십 년 동안을 우리 민족 문화의 시베리아 기원설 밖에 모르게 됩니다. 여기 계신 여러분들께서도 그렇게 배우셨을 것입니다. 일반 대학에서 사용된 참고서의 내용도 그랬습니다.

그것은 국정교과서 뿐만 아니라 이에 준하는 국립중앙박물관에서 사회교육을 위해 1977년에 개설한 박물관특설강좌의 교재로 사용하기 위하여 발행한 『한국전통문화』에서도 시베리아 기원설을 계속 가르치고 있습니다. 그리고 국립중앙박물관에서 1992년에 특별전을 개최하고 발행한 『한국의 청동기 문화』에 수록된 개인논고 「한국청동기의 제작기술」이란 논문(집필자는 당시 국립중앙박물관 이건무 고고부장)에서는 "정문경精鉄鏡에도 아연의 함량이 많은 것으로 확인되어 아연이 거의 들어 있지 않은 중국 청동기와는 달랐던 것이 아닌가 생각된다"고 하였습니다. 이 논문이 나왔을 때는 이미 고등학교 『국사』 교과서에는 '시베리아 기원설'이 삭제된 뒤입니다. 이렇듯 국가기관이나 국가공무원이 국가간행물을 통해 검증이 불충분한 가설을 유포하고 있습니다.

사실 그 당시 시베리아 기원설이라는 것을 반대한다든가 비판한다는 것은 정말 속담이나 속어로 '계란으로 바위치기' 밖에 안 되는 것이었습니다. 정말 우스개소리 밖에 안 되겠습니다만 제가 무모하게 계란으로 바위치기를 시작했습니다. 저는 우리 민족 문화와 그 기원이 엄동설한인 시베리아나 사막으로 이루어진 몽고라고 보이지는 않는다고 생각했습니다. 그건 상식적으로 이해할 수 없다고 그랬습니다. 아주 어렸을 때부터 그렇게 생각했습니다.

계란으로 바위치기를 하면서 제가 그랬었습니다. 오랜 시간 동안 그것을 학문적으로, 논리적으로, 증거를 대면서 주장을 했지만 철옹성 같은 기존 학설은 털끝만큼 개선될 조짐을 보이지 않았습니다. 그래도 저는 포기하지 않았습니다. 계란으로 바위를 치면 깨지기밖에 안

겠지만, 그것보다 그놈의 계란을 부화孵化시켜 병아리가 되게 하고, 그 것을 다시 큰 닭이 되게 해서 수백 마리 수천 마리 수만 마리가 바위를 쪼아대면 언젠가는 바위도 쪼개지지 않겠느냐라고 생각했습니다. 계 란으로 바위를 친다면 계란이 깨지고 말겠지만 그 많은 닭이 한 점의 돌 부스러기라도 쪼아내기를 시작한다면 언젠가는 바위도 쪼개질 거 라는 생각을 갖고 있었습니다. 우공이산愚公移山과 같은 어리석음이라 고 비웃겠지만 요즘 같은 세상에는 앞산 아니라 뒷산까지도 하루아침 에 없어지지 않습니까? 바로 '세르반데스Cervantes 정신'과도 같은 생 각이었습니다. 국가라는 힘으로 일반 순수학문하는 학자의 학문을 짓 밟는 일이 있습니다. 무모하게도 그것은 횡포라고 생각하며 잘못됐다 고 생각하고 도전했습니다.

제가 국립대만대학에서 유학을 마치고 1981년에 귀국한 후에도 계 속 같은 학문적 견해를 견지해 왔습니다. 가장 핵심적인 연구대상은 바로 여기에서 말하는 국정 『국사』 교과서의 우리나라 고대 민족과 문 화의 기원에 관한 문제입니다. 그 중에 하나가 청동기 문화의 '아연亞鉛 Zn 함유설含有說'에 관해서입니다. 우리나라 청동기에는 아연이 함유되 어 있으니까 시베리아가 기원이랍니다. 저는 인문학자입니다. 하지만 자연과학의 화학 성분분석에 대해서 공부하고, 물론 제가 직접 실험 을 한 것은 아니지만, 결과물을 가지고 연구를 해서 자연과학의 화학 성분분석을 천착해서 논문을 썼습니다.

우리나라 고대 민족 문화의 기원 문제를 해결하려면 우선 아연 문 제를 해결해야 했습니다. 아연 함유 때문에 시베리아 기원설이 나온 것 인데, 그렇다면 도대체 아연은 어떤 것이고 청동에는 아연이 얼마나 함유되어 있기 때문에 그런 결과가 나왔나 궁금했습니다. 실제로 김정배 교수가 '아연 함유설'을 주장했었기 때문에 아연 함유 문제를 『국사』교과서에 삽입했는데, 여기 소개된 아연에 관한 자료를 검토해 보면 북한의 최상준이라는 사람이 오래 전에 쓴 글을 인용한 것입니다. 김정배 교수가 인용한 북한 자료의 원문을 찾아 봤습니다. 여기에는 아연이 20% 정도 들어간 게 있고, 7%들어간 것도 있었습니다. 데이터가 3개가 있었습니다. 제가 알기로 아연은 우리 몸에 위험한 것입니다. 생명에도 위험하고 해로운 것입니다. 금속으로는 꼭 필요한 요소지만 인체에 직접 닿으면 위험한 것입니다. 그런데 정말 이 아연을 가지고 청동을 만들어냈는가 궁금했습니다. 일반적으로 청동이라고 하는 것은 구리와 주석, 납을 합금한 것을 말합니다. 대체로 구리가 60~70%고, 주석이 10%, 납이 8~7% 정도 그리고 불순물이 좀 들어가 있습니다. 북한 것 말고는 국내에는 아연이 포함되어 있다고 하는 데이터가 없었습니다. 최상준이 이야기하는 북한 것 이외에는 없었습니다. 그 후 북한의 강승남이란 사람이 「기원 2~3세기 평양부근의 벽돌무덤에서 나온 청동거울에 대한 고찰」(『조선고고연구』 1991-1)이란 글에서 19개 사례의 청동거울의 화학성분표를 공개하였는데, 그 중 18개의 예가 아연의 함량은 0.04~0.05%에 불과했습니다. 중국은 제가 잘 아는 지역이고 그 당시 제가 대만 고궁박물원에서 7년 동안 객원연구원으로 있으면서 청동기와 갑골문화를 공부했습니다. 국립대만대학 대학원에 학적을 두고 있으면서 고궁박물원의 청동기연구실에서 공부를 했습니다. 그곳의 성분 분석을 하는 과학기술실도 제가 잘 아는 곳이고 잘 드나드는 곳이었습니다. 우리의 청동기가 아연이 없는 것처럼, 고궁박물원의 청동기 분석자료를 보면 중국 청동기도 아연이 없었습니다. 북경에서 간접적으로 나오는 분석자료를 봐도 아연이 없었습니다. 고등학교 『국사』 교과서에는 우리 청동기는 아연이 함유되어 있기 때문에 시베리아에 가깝다고 했습니다. 그렇다면 시베리아에는 아연이 있는지 궁금했습니다.

시베리아에 관해서는 저는 러시아어를 모르기 때문에 제2, 제3 언어로 번역된 화학분석 자료들을 찾아봤습니다. 일본어로 되어 있는 것도 열심히 찾아봤습니다. 그런데 시베리아에는 근본적으로 성분 분석 자료가 없었습니다. 제가 논문을 쓸 당시는 성분 분석한 것이 없었습니다. 앞에서 언급한 북한의 강승남의 글(『조선고고연구』1991-1)에 인용된 '씨비리와 그 주변 지역들에서 드러난 청동거울의 화학조성표'에 15개의 사례가 실려 있으며, 또 하나 '연해주 지역에서 나온 청동거울의 화학조성표'에는 25개의 예가 실려 있는데, 씨비리(시베리아)의 15개 청동기의 예시 가운데 0.04% 함량의 1예와 0.009% 함량의 1예만 검출되고, 다른 것은 모두 아연이 검출되지 않았습니다. 그리고 연해주의 25개 청동기 예시 가운데 1.1% 1개, 1.3% 1개 이외에 모두 0.1% 이하로 아연이 검출되었습니다. 이들 자료에 나타난 분석 결과에서 아연이 1% 미만으로 나타나는 것은 청동기 합금에 임의로 아연을 첨가한 것이 아니라 우연의 결과라고 볼 수밖에 없습니다. 아니면 함께 들어간 불순물不純物에서 극미량極微量으로 아연이 검출된 것으로 볼 수 있을 것입니다. 이로 미루어 보아 우리나라를 포함해서 발해연안의 고대 청동기에는 아연이 고의적으로 첨가된 예가 없다고 볼 수 있습니다. 물론 중국 청동기에도 아연이 포함된 예가 거의 없습니다. 우리나라 청동기의 동, 주석, 납으로 구성된 성분 비율이 중국 청동기와 매우 유사한 성분 비율을 확인할 수 있었습니다.

우리나라 청동기의 시베리아 기원설을 주장하는 사람들은 실제로 성분 분석 자료를 제대로 검토하지도 않았습니다. 북한의 아연 함유설亞鉛含有說에 따라 우리 것에는 아연이 함유되어 있고 중국은 아연이 없으니까 우리 청동기를 시베리아와 연결된다고 억지로 연계시키고 있었습니다. 이것은 문장도 학문도 아니라고 그랬습니다. 이건 간접 화법을 사용하는 문장도 아닙니다. 솔직히 문장도 아니고 아무것도 아니란 말입니다. 여러분도 보시면 아실 것입니다. 우리나라 청동기에 아연이 함유되어 있기 때문에 중국 청동기와는 다르고 시베리아와 가깝다는 것은 귀납적으로 말이 되지 않습니다. 문장도 안 된다고 생각합니다. 저는 유치원 아이들 문장도 아니라고 그랬습니다. 그런데 이런 내용이 어떻게 고등학교 국정 교과서에 수록되느냐 그 말입니다.

제가 분명히 아연 함유에 관한 문장에 의문을 던졌습니다. 국사편찬위원회에는 편찬위원도 많이 있고 심사위원도 있었을 텐데 왜 문장도 아닌 잘못된 가설을 교과서에 수록했는지 궁금합니다. 이것은 학문은 고사하고 문장이 성립되지 않습니다. 그리고 그 당시는 근본적으로 시베리아나 러시아 쪽에서는 분석자료가 없었습니다. 지금은 좀 나와 있지만, 그 후로 나왔습니다. 제가 과분한 탓으로 제가 볼 수 있는 자료로는 아무 것도 없었습니다. 그런데 1990년대 후반에 러시아 쪽으로 우리 학자들이 왔다갔다 하면서 러시아에서도 성분 분석이 나오기 시작했습니다. 러시아 것이 있어야 우리 것과 같은지 비교가 됩니다. 그런데 러시아 것은 아연이 없었습니다. 다시 말하면 근본적으로 청동은 아연이 들어가면 안 된다는 것입니다. 아연이 들어가면 안 된다, 저도 당시에 그랬습니다. 아연이 첨가되면 600~700℃에서 용해돼 버립니다. 청동은 1,200℃까지 가야 용해되는데 아연을 합금하려니까 안 되는 것입니다. 이미 다 날아가 버립니다. 1,200℃에 주석이나 납이 구리하고 용해해서 합금이 돼서 청동이 되지만 아연이 들어가면 이미 녹아서 없어져 버립니다. 다 날아간다 말입니다. 그러니까 전부 조사해 보니까 아무 것도 없습니다. 중국에도 아무리 봐도 없습니다. 언제 나오느냐 하면, 중국 송宋나라 때 나옵니다.

그러니까 아연은 청동이나 납을 적게 쓰면서 다른 합금을 더 쓰고, 아연이 10~20% 들어갈 수 있는 것은 유기鍮器입니다. 바로 황동黃銅이라고 하는 것인데, 중국 송나라 때 송응성宋應星의 『천공개물天工開物』14권 오금五金편에 보면 지금의 황동이 나옵니다. 이것은 한 천년밖에 안 됐습니다. 그래서 저는 귀국하자마자 1981년에 청동기 문제를 논문으로 써서 국사편찬위원회에서 편찬한 『한국사론』에 상재한 바 있습니다. 고등학교 『국사』 교과서가 문제라고 생각했습니다. 『국사』 책에, 우리나라 청동기에 아연이 함유되어 있기 때문에 중국 청동기와는 다르고 시베리아와 가깝다고 기술되어 있으니까 이것을 논증하는 논문을 국사편찬위원회에서 간행한 학술지 『한국사론』 제13집 '한국의 고고학' 특집호에 실었습니다. 그 당시 저에게 기회를 주었던 국사편찬위원회 관계자분들에게 늘 감사하게 생각을 하고 있는데, 그 당시 상당한 분량으로 상·하 두 편을 썼습니다. 상편은 「청동기 문화의 비교 I (동북아와의 비교)-동경을 중심으로 한 중국(중원) 지방과 시베리아와의 관계-」이고, 하편은 「청동기 문화의 비교 II (중국과의 비교)-동경을 중심으로 본 우리나라 청동기의 기원-」인데, 이들 논문이 1983년에 『한국사론』 제13집 '한국의 고고학' 특집호로 실렸습니다. 그리고 1984년에 『한국사론』 제13집이 시중본으로 재판되었습니다. 이 책은 굉장히 중요한 책입니다. 고고학자든 역사학자든 웬만한 사람들은 모두 볼 수 있는 책이라고 생각합니다. 국사편찬위원회에서 출판한 학술지입니다. 『한국사론』 시리즈의 특집호로 나온 한국 고고학 편입니다. 고고학도나 고고학자가 이 책을 안 봤다면 학자가 아니지요. 고고학도도 많이 보는 책입니다.

제가 왜 이 말씀을 강조해서 드리느냐 하면 앞으로 전개되는 일들을 미리 짐작하시라고 말씀드리는 것입니다. 당시 국사편찬위원회에서 이렇게 장편의 청동기 관계 논문, 동물문이라던가 화학 성분 분석이라든가 바로 고등학교 『국사』 교과서에서 중점적으로 거론된 두 가지 문제를 언급했기 때문입니다. 지금 여기서는 아연과 동물문을 말씀드렸습니다. 그런데 아연과 동물문이 도대체 어떻기에 그것이 북방 시베리아와 관련이 있는 것인가가 문제였습니다. 저의 상식으로는 이것은 시베리아와는 관계가 없을 것이라고 생각했습니다. 제가 대학교 학생 때부터 실제로 선생님이 시베리아 기원설을 말씀을 하실 때 '이건 아닌데'라는 의심을 가졌습니다. 선생님은 고고학 전문은 아니셨으니까 여러 가지 자료를 인용해서 말씀하셨을 것입니다. 그때 제가 가졌던 그 의문이 지금까지 온 것입니다. 평생, 죽을 때까지 가는 것입니다. 우리 선생님께서는 돌아가시면서도 "제대로 하는구나. 끝까지 그렇게 하라"고 그러셨습니다. 벌써 선생님이 돌아가신 지 30년이 되었습니다.

국사편찬위원회에서 발행하는 『한국사론』에 제가 논문 두 편을 실었습니다. '청동기 문화의 비교'라고 했습니다. 한 편은 시베리아와 비교했고, 한 편은 중국하고 비교했습니다. 지금 펼쳐 보이는 이 논문인데 하나는 중국과 시베리아 관계, 그 다음 편은 「동경을 중심으로 한 우리나라 청동기의 기원」입니다.

시베리아와 중국을 비교 연구하고, 결론에서 우리나라 청동기 기원 문제를 다루고 있습니다. 이것은 제가 그동안 공부했던 것 중에서도 아주 정말 중요한 부분이었습니다. 갑골은 지난번 강연했던 갑골문화라는 것으로 하나의 정치형태를 논한 것입니다. 청동기시대 연구는 제 본령이었습니다. 그래서 이것은 정말로 심혈을 기울였는데, 석사논문 그 이전부터 계속 추구하고 연구해왔던 것이기 때문입니다. 여기서 발표한 것을 보면 가장 중요한 것 중 하나가 화학 성분 분석이었습니다.

이 책에서 중요한 것은 성분 분석이었습니다. 그래도 아연이 문제가 됐기 때문에 성분 분석이 나온 북한 것, 남한 것을 도표로 작성하고 중국·대만·일본에서 나온 청동기의 성분이 어떻게 구성돼 있는가, 성분 분석을 전부 모아가지고 연구를 했기 때문입니다. 그렇게 해서 비교해 보니까 아연과 우리 문화의 기원과는 아무 상관이 없다는 것을 알게 되었습니다. 왜냐하면 오히려 중국은 아연이 없고 시베리아에도 아연이 없다는 것은 그 당시 청동기시대에는 아연을 안 썼다는 것을 말하는 것입니다. 실제로 일제강점기에 조사한 것도 있었습니다. 일본 사람들은 만리장성이나 일본 점령지에서 조사했던 것을 금상학金相學 연구라고 해서 성분 분석한 것이 있지만 그 자료에도 아연은 없었습니다. 그렇기 때문에 아연 문제로 인해서 우리나라 청동기 문화가 북방 시베리아로부터 온 것이라고 하는 것은 잘못됐다고 결론을 내렸습니다.

동물문動物紋Animal stgle을 보면, 여러분도 모두 기억이 나실 것입니다. 왜냐하면 이 동물 문양은 교과서에 어김없이 나오는 것입니다. 지금이든 옛날이든 중·고등학교『국사』교과서에 동물문양 얘기가 나와 있습니다. 교과서에는 우리나라 청동기시대에 동물문양을 즐겨 쓴 점으로 보아 북방계통의 것을 받아들인 것으로 보인다고 하였습니다. 교과서에는 동물모양이 실려 있습니다. 교과서에 실린 '시베리아 기원설'을 동물모양 혁대고리 청동장식이 무엇을 대표하느냐고 하면 동물문을 대표하는 것입니다. 이 청동장식은 일명 대구帶鉤라고 하는 띠고리 장식입니다. 경상북도 영천 어은동에서 발견되었습니다. 그런데 이 동물모양 청동 유물은 1930년대 일제강점기에 영천永川에서 농부 4명이 산사태가 난 금호강 유역에서 논두렁을 정리하다가 이것을 발견하면서 4명이 각자 허겁지겁 주워서 집으로 가져갔습니다.

그런데 그게 몇 년 후에 영천주재소에 보고가 된 것입니다. 농민들이 서로 골동품으로 팔려고 하다가 일본 순사한테 들켰습니다. 그것을 영천주재소 순사가 보니까, 영천에서 나왔지만 보통 물건이 아니라고 생각했습니다. 바로 총독부 내무국에 올라갔습니다. 당시 내무국에서 수습된지 4년 후에 조선총독부 박물관에 이것이 올라간 것입니다. 그래서 조선총독부 박물관, 그 당시 경복궁에 있던 조선총독부 박물관에서 관리들, 말하자면 오늘의 학예사들을 그곳 영천으로 몇 사람을 보냈습니다. 발견된 유물이 심상치 않았기 때문에 학예직 관리들을 영천으로 파견보낸 것입니다. 당시 발견한 네 사람을 다 불러

■ 경북 영천 어은동 출토 청동 대구(상; 마형, 하; 호형)

■ 영천 어은동 출토 동한경東漢鏡, 방제경倣製鏡
(신라, 2세기)

■ 영천 어은동 출토 동물 장식

■ 천안 청당동 출토 마형 대구(백제, 3세기)

들였습니다. 그리고 발견된 유물을 가지고 고고학적으로 역추적을 한 것입니다. 우리가 퍼즐 끼워 맞추듯 역추적하는 것입니다. 이것은 고고학이고 뭐고 아무 것도 아닙니다. 골동품 장사들이 출처를 묻는 것도 아니고 학술 조사도 아니었습니다. 단순히 출토 경위를 따지기 위한 것이었습니다.

한 사람이 어디 구덩이 한 개에서 모두 수습했다면 그래도 이해가 가지만 네 사람이 수습한 곳이 서로 달라서 한 사람은 이 구석에서 줍고, 다른 한 사람은 조금 떨어진 저 곳에서 줍고, 서로 훔치다시피 자기 집에 가지고 가서 꽁꽁 숨겨둔 건데, 주재소에서 그러니까 허겁지겁 다 이실직고하고 다 내놨단 말입니다. 그래서 결국 다 수습하기는 했습니다. 실제로 그 사람들의 얘기가 조선총독부 관리들의 현장보고에 기록된 것입니다. 보고기록을 보니까 이 물건들은 '동한東漢 시대' 것이라고 했습니다. 이것이 같이 나온 겁니다. 지금 이 사람은 당시 파견된 총독부 관리 중 한 명으로, 나중에 경도대학 교수가 된 우메하라梅原末治도 거기에 갔습니다. 그 사람이 보고서를 썼는데, 이것은 동물모양 띠고리 장식입니다. 이것은 호랑이고, 말이고, 사슴머리도 있습니다. 이것이 동물문입니다. 이것들이 동한경東漢鏡하고 같이 나온 것입니다. 그런데 동한경 이외에 이 방제한경倣製漢鏡은 현지에서 만든 것인데, 이 두 점도 모두 동한시기에 해당한다고 그랬습니다. 우메하라가 작성한 보고서를 보면 동한 때 것이라고 그랬습니다. 동한 시기면 기원 1~3세기입니다. 저는 2세기에 현지에서 제작된 것으로 보았습니다. 왜냐하면 다른 방제한경도 나오기 때문입니다. 이 시기는 초기 신라시기이고, 이 지역은 초기신라의 강역입니다. 1996년 봄, 경주 사라리舍羅里 130호 목곽묘에서 출토된 청동제 호형 띠고리 장식虎形帶鉤은 영천 어은동 호형대구와 매우 비슷합니다. 제작시기는 기원 2세기 초로 보고 있습니다. 이런 동물모양 띠고리 장식은 초기신라에서만 나오는 것이 아니고, 충청남도 천안에서도 나왔습니다. 1990년대 초 천안 청당동이라고, 천안삼거리 옆에 있는 청당동 유적에서 동물모양 띠 고리 장식(마형대구馬形帶鉤)이 나왔습니다. 발굴보고자는 이 청당동 것은 3~4세기 마한馬韓 것이라고 합니다만 이 시기의 이 지역은 일찍이 한성백제의 강역이었습니다. 『삼국사기』 「백제본기」 '온조왕조'에 보면, "온조왕 36년(A.D. 18)에 탕정성湯井城(지금의 아산 탕정)을 쌓았으며, 온조왕 43(A.D. 25)년에는 왕이 5일 동안 아산원牙山原에서 전렵田獵을 했다"고 하는 기록이 있는데, 그렇다면 지금의 충청남도 천안·아산 지방은 온조왕 때 이미 백제의 강역이었음을 알 수 있기 때문입니다. 그리고 1993년에는 경남 김해 대성동 유적에서 청동제 마형 대

▪ 김해 대성동 출토 마형 대구(가야, 3~4세기)

구馬形帶鉤가 출토되었습니다. 이 유물도 3세기 말~4세기 전반으로 보는, 가야伽耶시대의 금속유물입니다. 이것들은 모두 삼국시대의 유물들입니다.

영천 어은동의 신라 것은 기원 2세기 것이고, 천안 청당동 백제 것과 김해 가야 것은 서기 3~4세기 것이라고 합니다. 그렇다면 서기 2~4세기가 청동기시대입니까? 이것은 상식적으로 생각해도 잘못된 것입니다. 여러분! 청동기시대에 우리의 대표적인 유물이 이것입니까? 그러니까 우리 역사를 우리가 왜곡하고 있다는 말입니다. 중국 사람이 '동북공정'으로 왜곡하는 것이 아닙니다. 우리가 우리의 역사를 왜곡하고 있습니다. 어은동 것은 분명 신라시대 것이요, 청당동 것은 백제시대 것입니다. 그런데 우리 학계에서는 이것이 청동기시대 동물문이고, 저것은 마한시대 동물문이라고 합니다. 서기 2세기가 어떻게 청동기시대이고, 3~4세기가 왜 마한인지 궁금합니다. 백제는 한강에서 기원전 18년에 건국했습니다. 천안에서 출토되었는데 이것이 마한 것이라고 합니다. 3~4세기가 마한이라면 4세기에 백제를 건국했다는 얘기인데, 그렇다면 일본사람들이 주장하는 백제 건국 연대하고 똑같은 얘기가 됩니다. 일본의 주장을 지금도 그대로 사용하고 있는데, 그게 아니고 무엇입니까? 일제강점기에 청동 대구를 2세기라고 그랬지만, 우리나라 사람들은 이것을 청동기시대의 대표적인 유물이라고 하고 있습니다. 제가 증거 없는 말은 하지 않습니다. 저는 '실사구시實事求是'를 학문하는 데 제일의 덕목으로 삼고 있습니다.

이 많은 증거물들을 여러분들한테 보여드리기 위해 증빙자료를 가지고 왔습니다. 우선 『한국의 청동기 문화』라는 책입니다. 이 표지를 보시면 압니다. 1992년에 국립중앙박물관에서 만들었습니다. 국립중앙박물관에서 바로 이 영천 어은동에서 수습된 신라시기 청동기를 표지 사진으로 실었습니다. 우리 청동기 문화와 관련된 특별전을 개최한 건데 국립중앙박물관에서 청동제품에 동물 모양이 있다고 신라시기의 '호랑이 모양 띠고리 청동장식'을 표지에 실었단 말입니다. 제가 지나친 주장인지 궁금합니다.

국가 정신에도 문제가 있다고 생각합니다. 저 이형구 역시 내가 꾸며낸 얘기는 없습니다. 그 유명한 한나라 사관 사마천司馬遷은 자기가 한 말은 증거와 자료에 의해서 한 말이라고 했습니다. 저 이형구도 역시 증거와 자료에 의해서 말을 할 뿐입니다. 추호도 꾸며낸 얘기가 없습니다. 감정에 의해서 한 말도 아니고 누구를 비방하는 얘기도 아닙니다. 내가 비록 현직 공무원 누구를 이 자리에서 운운했다고 하더라도 추호도 그 사람과 감정이 있어서 그런 것이 아닙니다. 우리 모두 같은 학자입니다. 그래서 국가는 이래서는 안 된다고 생각합니다. 여러분 저는 이런 식이면 국가가 잘못을 하는 것이라고 생각합니다.

바로 기원 2세기 것인데, 이게 왜 우리나라 청동기시대 문화를 대표하는 것인지 이해가 안 갑니다. 그런데도 이를 근거로 우리나라의 청동기 문화가 시베리아에서 왔다고 하는 것입니다. 사슴머리, 말 모양, 호랑이 모양으로 된 띠고리 청동장식이 바로 그

■ 『한국의 청동기 문화』(국립중앙박물관, 1992) 표지 : 신라시대의 금속장식(위)을 청동기시대 유물로 잘못 알려주고 있다.

것이랍니다. 이것을 국립중앙박물관에서는 우리나라 청동기시대에 만든 것-청동기 문화 소산-이라고 항상 청동기시대의 표준標準 유물로 내놓고 있습니다. 이것들이 제작된 시기는 동한 시기입니다. 이는 초기신라 시기에 해당하는 것입니다. 초기신라 시기의 금속金屬(청동)제품이라고 보면 됩니다. 현지에서 방제한경倣製漢鏡이 함께 수습된 것을 보면 현지 제조일 가능성도 있다고 보입니다. 문제는 아직까지 이에 대한 기술사적인 분석도 시도해 보지 않은 것 같습니다. 그런데도 국립중앙박물관이 초기신라 시기의 금속제품으로 된 동물모양 혁대장식을 가지고 우리나라 청동기시대의 기원을 논하는데 금과옥조金科玉條처럼 표준 유물로 삼는 고정관념을 가지고 있다는 것입니다.

이 책을 직접 보시면 압니다. 왜냐하면 근거 자료로 이것을 보여주지 않으면 저는 지금 공직에 있는 사람을 비방하는 것 밖에 안 되기 때문에 그렇습니다. 이 당시에도 공직에 있었습니다. 국가 공무원들이었습니다. 한편, 한국 청동기의 특징으로 동물문과 아연Zn 함유 문제를 내세워 왔는데, 아연 함유설에 대해서 이건무 선생은 『한국의 청동기 문화』(p. 139)에서,

한국에서는 아연-청동이 일찍부터 제작되었던 모양이다.…… 아연 함량이 많은 것으로 확인되어 아연이 거의 들어있지 않은 중국 청동기와는(한국 청동기가) 계통이 달랐던 것이 아닐까 생각한다.

라고 주장하고 있습니다. 이와 같이 이건무 선생도 김정배 선생과 똑같은 주장을 하고 있는 것입니다. 중국 청동기에 아연이 함유되지 않

앉기 때문에 중국 청동기와는 다르다고 보고 있습니다.

우리나라 청동기에 아연Zn 함량이 많이 첨가됐다고 하는 주장은 1960년대에 북한에서 잘못 분석 조사된 초기자료를 인용한 결과입니다. 저는 북한에서 발표한 아연 함유에 관한 자료는 어디엔가 문제가 있다고 그랬습니다. 북한의 성분 분석이 잘못됐을지도 모르고 관련 기계가 잘못됐을 수도 있다고 보고 있습니다. 저는 근본적으로 학문 자체를 불신한 것이 아니라 무엇인가 착오 내지 실수가 발생해서 분석이 잘못됐다 그랬습니다. 왜냐하면 전 세계적으로 봐도 그 시기에 아연을 청동주조에 첨가시킬 수가 없었습니다. 지금은 이들 성분 분석 자료가 불충분한 자료로 폐기되어 북한에서도 인용되지 않고 있는 사료死料가 됐습니다.

국립중앙박물관에서 간행한 『한국의 청동기 문화』는 제가 1983년에 처음 시베리아 기원설을 반론한 논문을 내놓은지 10년 후인 1992년에 발간된 책입니다. 이 '특별전 도록' 안에 3편의 개인個人논문이 수록돼 있습니다. 집필자가 당시 국립중앙박물관 고고학부장인 이건무 선생으로 되어 있습니다. 집필자가 한국 청동기 문화와 관련된 3편의 개인 논문을 수록했습니다. 거기에 보면 우리나라 청동기는 끊임없이 북방(시베리아)으로부터 이입移入됐다고 주장을 하고 있습니다.

이 3편의 논문 안에 다른 자료들을 많이 인용하고 논문 뒤에는 참고문헌을 달았으면서도 제가 그동안 청동기 관련 논문을 발표한 문헌은 단 한 군데도 보이지 않았습니다. 국가의 간행물은 국비를 받아서 사용하는 것입니다. 그런데 이형구가 국사편찬위원회의 학술지에 발표한 논문은 지금까지 제대로 인용도 한번 안 하고 있습니다. 국가기관의 학예연구원이 특정한 주장만을 참고한다는 것은 편견이라고 밖에 할 수 없습니다. 국사편찬위원회에서 간행하는 대표적인 학술지인『한국사론』을 안 봤다면 말이 안 되지요. 물론 안 볼 수도 있습니다. 보지 않았으니 몰랐다고 할 수도 있습니다. 그러나 학생들도 분명히 궁금해 할 것입니다. 그것도, 국사편찬위원회에서 만든『한국사론』13집은 '한국의 고고학' 특집인데, 국가학술기관인 국립중앙박물관에서 간행한『한국의 청동기 문화』에 이건무 선생이 3편의 개인적인 청동기 관계 논고를 발표하면서 이들 논고에 많은 주註와 참고문헌을 달았는데, 그 가운데 국사편찬위원회의『한국사론』13집(1983) '한국의 고고학' 특집호에 실린 「청동기 문화의 비교Ⅱ(중국과의 비교)-동경銅鏡을 중심으로 본 우리나라 청동기의 기원-」이 없다니 제 눈을 의심했습니다. 이『한국사론』13집 '한국의 고고학' 특집호에는 제가 쓴 2편의 청동기 관계 논문이 실렸습니다. 다른 한 편인 「청동기 문화의 비교Ⅰ(동북아와의 비교)-동경을 중심으로 한 중국 중원 지방과 시베리아와의 관계-」 역시 청동기 관계 논문입니다. 물론 보지 않았다고 할 수 있겠지요. 그러나 국가학술기관에서는 이 정도의 학술지는 구비하고 있지 않았겠습니까? 국가학술기관에서는 모든 것을 공정하게 다뤄야 한다고 생각합니다.

특히 국가학술기관의 '특별전 전시도록'과 같은 공공간행물에는 전시 개요나 작품 해설을 상세하게 기술해서 관람자나 독자가 쉽게 이해할 수 있도록 도움을 주는 것을 목적으로 하는 간행물이어야 하지, 한 개인이 자기 주장을 기술한다든가 개인의 논문을 발표해서는 안 된다고 생각합니다. 공공간행물에 개인의 주장과 개인의 논문을 신는 것을 지양止揚하고 대신 학술논문집이나 학술지에 자유롭게 발표하고 토론하는 것이 정상적인 국가학술기관 연구자의 본분이라고 생각합니다. 국가학술기관의 "특별전 전시도록"과 같은 국가간행물에 개인의 주장과 개인의 논문을 아무 거리낌 없이 게재揭載하고 발표한다는 것은 공정하지 못하다고 생각합니다. 공무원이란 신분으로 온갖 혜택을 다 누립니다. 그런데 누구는 평생을 자기 돈으로 공부하고 자료를 수집하고 자비로 외국에 나가서 세미나에 참석해야 합니다. 개인 연구자에게는 국가로부터 지원받을 기회를 한 번도 안 주면서 오히려 평생을 통해서 힘들게 이루어 놓은 학문 성과를 못 본 척하고 무시하면 이것은 공공의식에 문제가 있고 도의적으로 안 된다고 생각합니다. 국가기관의 간행물에 개인논문을 3편씩이나 게재揭載하면서 개인 주장을 발표하는 것은 공정성과 객관성에 문제가 있다고 봅니다. 이러한 불공정한 관행은 우리가 꼭 타파해야 합니다. 국가도 국민을 위해서 존재한다면 모든 사람에게 기회를 균등·공평하게 나누어 주고 서로 같이 공존하면서 공부하고 연구하고 발표하도록 해 주어야 합니다. 개인이 열심히 이루어 놓은 성과를 국가 중심으로 만든다면 그것은 국가가 할 일이 아닙니다. 국민에게 참여할 기회를 베풀고 함께 공유하고 성과를 올리도록 하는 것이 국가기관이 할 일이라고 생각합니다.

1992년에는 원광대학교에서 〈동북아 고대문화의 기원문제〉를 주제로 개최된 국제세미나에서 동북아 고대문화에 대해 많은 논문들이 발표됐고, 많은 쟁점을 토론한 학술대회였습니다. 한국은 물론 미국, 러시아, 중국, 일본 등지에서 고고학자들이 참가한 비교적 규모가 큰 국제학술대회였습니다. 저는 우리나라 청동기 문화의 '아연 함유설'이 아주 중요한 문제라고 생각했기 때문에 「화학성분을 통해서 본 발해연안 청동기 문화의 기원문제」를 발표하였습니다. 저의 논문은 원광대학교의 『마한·백제문화』 제13집에 실렸습니다. 그런데 이것도 안봤다고 하면 할 말이 없습니다. 물론 편의대로 보는 것이 우리나라 기존 학계의 관행이라는 것이 사실입니다.

국립중앙박물관의 학술 정보력이 그것 밖에 안 돼서 국내에서 개최된 국제학술회의에서 발표된 논문을 안 보고 국내 학술지도 안 봤다고 변명하면 그것으로 면피가 된다고 생각하는지 모르겠습니다. 중국의 '동북공정'에 대응한다고 하면서 국립중앙박물관이 국내 학술지도 제대로 안 보고 어떻게 외국과 학술적으로 대응할 수 있겠습니까?

1970년대 초 대만이 UN에서 쫓겨날 때 우리 국내학자 중에 중국(대만)에서 공부를 계속 할 수 있었던 사람은 많지 않았습니다. 그런데 민간인 학자가 나름대로 꾸준하게 준비해왔고 논리가 있는 중국 '동북공정' 관련 개인 연구를 국가가 무시한다는 것은 국가 학술기관이 해서는 안 되는 일이라고 생각합니다. 국가는 그렇게 편협하게 하면 안됩니다. 제가 국가를 비방하는 것이 절대로 아닙니다. 저는 이 땅을 사랑하고 있습니다. 누구보다도 국가를 사랑합니다. 우리 문화를 사랑하고 우리 민족도 사랑합니다. 우리 모두가 반성하지 않으면 우리 정부에서 하는 '동북공정'에 대한 대응이나 연구도 별로 소용이 없습니다. 왜냐하면 국내의 중요 국책학술기관에서 국내 학자의 연구 성과들이 공정하게 평가되지 않고 특수 집단만의 '자축적自祝的이고 친선적親善的인 행사'로 일관되는 경우가 많기 때문입니다.

제가 앞에서 말씀드린 바 있는 청동기의 화학 분석에 관한 논문을 1983년 국사편찬위원회에서 나온 『한국사론』 13집 '한국의 고고학' 특집호에 2편의 청동기 관계 논문을 실었습니다. 그리고 대만의 국립 고궁박물원에서 발행하는 『고궁학술계간故宮學術季刊』(1984)에 중국어로 2차에 걸쳐 번역 소개되었습니다. 첫 번째는 시베리아 기원설에 대한 반론이고, 두 번째 글은 청동기의 동물무늬와 화학 성분 분석에 대한 글입니다. 이 논문을 보시면 여기 한국 청동기 문화의 성분 분석에 대한 것이 있습니다. 이 화학성분에 대한 것이 국사편찬위원회에서 낸 그 화학성분 분석 내용에 그대로 상·하에 실려 있습니다. 이것을 국내에서 국사편찬위원회에서 간행하는 학술지에 발표했을 뿐만 아니라 제가 중국말로 번역해서 대만 현지에서 실제로 구두발표하고 학술지에 게재도 했습니다. 대만의 국립고궁박물원은 세계적인 박물관입니다. 이 국립고궁박물원의 『고궁학술계간』은 세계적인 학술지입니다. 우리나라 국립중앙박물관과 같은 데서 이 학술지가 없다면 문제가 있고, 만일 이 학술지가 있는데도 안 봤다면 이 방면 관련학자로서 더욱 문제가 있다고 봅니다. 더군다나 국립중앙박물관은 정규적으로 외국과 문화 교류를 하는 국제적인 학술기관으로 알고 있습니다. 대만의 국립고궁박물원도 같은 평가를 받고 있습니다.

　또한 한·중 수교 훨씬 이전인 1986년에 중공中共의 북경도서관에서 발행한 학술지인 『중국역사연구中國歷史硏究』 6집과 7집에도 위의 『고궁학술계간』에 실린 저의 논문이 그대로 전재轉載 됐습니다. 1986년에 북경도서관 문헌정보센터에서 대만 및 해외에서 중국어로 발표되는 중요 논문들을 중공(중국) 국내에 소개하는 학술지 『중국역사연구』

를 간행한 것입니다. 1984년에 대만의 국립고궁박물원에서 발행한 『고궁학술계간』 3-2와 2-4에 수록된 저의 논문이 1986년에 중국 북경 중앙도서관에서 발행한 『중국역사연구』 6집과 7집에 그대로 전재됐습니다. 중공(中國)측에서 대만의 국립고궁박물원에서 나온 저의 논문을 보고 중국 고고학 연구에 가치가 있다고 평가되어 전재했다고 하면서 편집자 후기에 "비교적 높은 학술적 가치를 구비한 논문으로 한번 꼭 보아야 할 가치가 있는 논문으로, 이것은 중국의 고고학자가 안 보면 안 되는 논문(具有較高的學術價值, 値得一讀)"이라고 강조했습니다. 그리고 이 논문은 동경銅鏡에 대해 비교방법을 운용하여 중국과 시베리아와의 기원 문제를 고증해 나갔다고 하면서 저자의 결론은 중국 고고학자들의 주목을 끌만한 가치가 있는 논문이라고 높이 평가했습니다.

1990년, 대만 연경출판사에서 편찬한 『중국사연구지남中國史研究指南 I』에서 왕중부王仲孚 교수가 책임 집필한 「상고사」의 '과기科技'편에 제가 1984년에 『고궁학술계간』에 발표한 2편의 논문을 중국사 연구의 지침서가 될만한 논문으로 추천하였습니다.

그리고 중국의 청화대학 이학근李學勤 교수는 『비교고고학수필比較考古學隨筆』(1997)에서 저의 갑골문화에 관한 논문은 "우리들의 사고의 방향을 개척하였다(可以開拓我們的思路)"고 평가한 바 있는데, 또 이학근 교수는 저의 『동경의 원류-중국 청동기 문화와 시베리아 청동기 문화의 비교연구』를 함께 소개하고 있습니다.

한편, 한국과학기술연구원 최주崔炷 선생은 1986년에 『한국사론』 13에 실린 제 논문을 보고 우리나라 청동기의 화학성분에 관한 기술사적 분석을 시도했답니다. 그 결과를 『대한금속학회지』 1986-4에 게재했는데, 한국과학기술연구원에서 청동기 성분 분석한 결과를 가지고 비교한 것을 보면,

　　이에 대해서는 상세한 반론이 이미 제기된 바 있으며, 본 저자 또한 상기 정설에 대하여 강한 의문을 품고 있는 것 또한 사실이다.

라고 적고, 이형구의 논문(국사편찬위원회:『한국사론』 13집)을 주된 참고문헌으로 소개하고 있습니다. 거기에 "이형구 선생의 의견이 옳다." 이렇게 적고 있습니다. 그리고 최주 선생이 회갑을 기념해서 편찬한 『상헌 최주 박사 회갑기념 논문집』에 자신의 연구사를 쓰면서 다음과 같이 회고하고 있습니다.

－『한국사론』 13-한국의 고고학 Ⅱ 표지

－『중국역사연구』(북경도서관) 표지

1986년, 대한금속학회지에 '청동기에 대한 소고'라는 제목으로 발표하였다. 이 논문에서는 당시 고등학교 국사교과서에 우리나라 청동기의 특징으로 아연을 첨가한 것도 있다는 기술에 대하여 잘못되었다고 강조하였다. 이것이 계기가 되어 교과서의 수정이 이루어졌다. 나보다 앞서 한국정신문화연구원의 이형구李亨求 교수가 문헌조사로 이미 반론을 제기한 바가 있고 나는 과학적으로 증명하였다고나 할까.

라고 회고하고 있습니다.

　　1990년대에 와서 마침내 『국사』 교과서가 수정되기에 이르게 됩니다. 제가 일찍이 1970~80년대에 주장한 것이 1990년대에 와서 『국사』 교과서에서 '우리나라 청동기 문화의 시베리아 기원설'이 완전 삭제削除되고 수정해서 새로 발행됩니다. 1990년 3월, 교육부가 편찬한 고등학교 『국사』 교과서의 '청동기의 보급' 조에,

　　신석기 시대에 이어, 한반도에서는 B.C. 10세기경에, 만주에서는 이보다 앞서서 청동기 시대가 시작되었다.

라고 서술되었습니다. 감히 '혁명적 변혁變革'이라고 하지 않을 수 없습니다.

　　고등학교 『국사』 교과서에 "우리나라의 청동기는 아연이 함유된 것도 있는 점과 장식으로 스키토-시베리안Scytho-Siberian 계통의 동물문양을 즐겨 쓴 점으로 보아, 중국의 영향을 받았다고 보기보다는 북방

계통의 것을 받아들인 것으로 보인다."고 서술되어 있었습니다. 여기서 동물문양을 즐겨 쓴 점으로 제시한 것이 바로 경북 영천 어은동에서 수습된 띠고리 장식으로 쓰이는 '청동 대구靑銅帶鉤'입니다. 그것이 서기 2세기의 유물인 것은 그동안 여러 논거를 통해서 말씀드렸기 때문에 우리나라의 청동기 문화의 기원을 밝히는 데 조금도 도움이 되지 않는다고 하는 사실을 인식하셨을 겁니다.

저는 1993년 5월 28~30일 북경대학 세클러Sackler 고고예술박물관 개관 기념 국제학술토론회에 참석하여 「한국청동기 문화동물문식기원문제상각韓國靑銅器文化動物文飾起源問題商榷」이란 제목으로 우리나라의 청동기시대에 자주 보이는 동물문은 시베리아 계통이 아니라 발해연안에서 유행하고 있던 동물문 양식으로, 청동기시대에 해당하는 은殷 나

■ 북경대학 고고예술박물관 개관 기념 전례典禮 및 국제학술회의 참석 후 중국의 대표적인 고고학자들과 함께한 일우日隅.(1993.5) 우측부터 전광금田廣金 내몽고고고연구소장, 필자, 곽대순郭大淳 요영성고고연구소장, 임운林澐 길림대 교수, 공상성孔祥星 중국 역사박물관 부관장, 오은烏恩 사회과학원 고고연구소 부소장.

라에서 옥기에 동물문이 많이 애용되고 있는 양식으로 청동기에는 흔히 동물문이 표현되고 있기 때문에 굳이 시베리아에서 받아들이지는 않았을 것이라고 하는 의견을 제시하였습니다. 당시 많은 학자들의 공감을 얻었던 적이 있습니다. 그후 북경대학 고고학과에서 발행한 『영접21세기적중국고고학迎接21世紀的中國考古學』논문집(1998)에 게재되었습니다. 21세기에 들어와서는 우리나라의 울산 반구대암각화의 동물문이 이보다 훨씬 이른 신석기시대 것이라는 사실을 알게 되었습니다. 이에 대해서는 저의『한국고대문화의 비밀』에서 자주 논의하였습니다.

■ 은허 부호묘 출토 옥마玉馬

■ 은허 부호묘 출토 옥록玉鹿

■ 은허 부호묘 출토 옥호玉虎

2000년대에 들어와서 고등학교『국사』교과서에 그 아연 함유 관련 설과 동물문 관련설이 모두 빠졌습니다. 이것은 하나의 사건입니다. 그런데 2002년판『국사』교과서의 '청동기·철기시대의 예술'란에는 경상북도 영천 어은동에서 수습된 '호랑이 모양과 말 모양의 띠고리 장식' 사진을 게재하고 있습니다. 이것은 2011년 판『국사』교과서입니다. 이 띠고리 장식은 서기 2세기 경의 초기신라 시기 것입니다. 이런 것을 아직도 그대로 싣고 있습니다.(p.31) 발해연안에서 신석기시대나 청동기시대에 고래든 사슴이든 모두 동물문을 많이 썼습니다. 그런데 우리는 예를 들어서 청동기에 이것 말고 다른 것은 없습니다. 그런데 교과서에 영천 어은동 청동제품을 쓰고 있습니다. 무엇인가 크게 잘못된 것 아닙니까? 물론 북방 양식이 있었다고 하지만 이미 이런 동물문을 동북아시아와 우리 한반도에서도 일찍부터 사용했습니다. 여

▪ 울산 반구대 암각화 동물문군群(신석기시대 후기)

러분은 울산 반구대암각화를 잘 알고 계실 것입니다. 반구대암각화는 신석기시대나 청동기시대에 우리 민족이 활동했던 모습을 그림으로 보여주는 대서사화大敍事畵입니다. 그리고 여기에는 동물의 세계가 있습니다. 이것은 영천 어은동의 띠고리 장식의 호랑이와 말보다 훨씬 앞서는 시기의 것입니다.

지금 고등학교 교사들이 실제로 교육 현장에서 사용하는, 교육인적자원부 국사편찬위원회가 편찬한 〈『국사』 교사용 지도서〉에는 아직도 시베리아 기원설 관련 자료와 설명이 존재하고 있습니다. 2000년대 초의 〈교사용 지도서〉에, 『국사』 교과서에서는 이미 1990년대에 삭제된 신석기시대 빗살무늬토기의 시베리아 기원설과 청동기시대의 시베리아 기원설을 그대로 천착하고 있습니다. 앞으로 고등학교 학생용의 『국사』 교과서뿐만 아니라 고등학교 〈교사용 지도서〉도 함께 우리 민족 문화의 기원에 대해서 올바로 서술되도록 정부와 학계가 모두 노력해야 할 것입니다.

2005년 국립중앙박물관이 신청사를 용산으로 옮기면서 『국립중앙박물관』 도록(국배판 P. 384)을 『선사 유물과 유적』을 출판한 '솔출판사'에서 발행하였는데, 이 도록의 「청동기 문화」 조에,

우리나라의 청동기시대(기원전 10세기~기원전 4세기)는 중국 동북지방을 비롯하여 북방 문화의 영향을 받아 시작되었다.

라고 하여 아직까지도 '북방문화'에 대한 미련을 못 버리고 있습니다.

요동반도 여순旅順, 후목성역後牧城驛 루상樓上 유적은 우리 고대사 연

구에 매우 중요한 고조선시대의 유적입니다. 1960년대 초에, '조·중 합동고고조사대'에 의해 발굴된 적석묘(M3)에서 비파형 청동단검(일명 발해연안식청동단검)이 수습되었는데, 인근(M1)에서 수습된 명도전明刀 錢이 잘못 섞여 들어간 것을 기화로 전형적인 비파형청동단검을 전국시대 후기로 분류했었습니다. 저는 출토 유물을 재론하여, 이를 기원전 8~7세기의 것으로 바로 편년한 논문이 중국 사회과학원 고고연구소에서 간행한 『고고考古』 2002년 2기(총421기)에 「여순후목성역루상3호묘출토비파형청동단검적년대상각」이란 이름으로 게재揭載하였습니다. 이는 『고고』에 게재된 한국인 초유의 논문입니다.

최근(2009)에 숭실대학교 한국기독교박물관이 『다뉴세문경多鈕細紋鏡 종합조사연구』를 발간하였습니다. 한국기독교박물관에 소장하고 있는 '다뉴세문경'이라고 하는 청동거울(동경銅鏡)은 우리 고대문화의 대표적인 청동기입니다. 전체 지름이 21.1cm이고 외연外緣 안의 지름이 불과 18cm인데, 그 안에 선線이 13,300여 개가 들어가 있습니다. 중국

-『다뉴세문경 종합조사연구』
(숭실대 박물관, 2009) 표지

-『한국고대문화의 비밀』
(김영사, 2004) 표지

-『한국고대문화의 비밀』
(새녘, 2012) 표지

청동기가 조형적造型的인 면에서 우수하다면 우리나라의 청동기는 선線의 극치라고 생각합니다. 그래서 저는 여러 논문이나 저서에서 이 청동거울을 우리나라의 대표적인 청동기라고 주장해왔고 세계적으로 자랑해 왔습니다. 제가 집필하여 2004년에 김영사에서 출판한 『발해연안에서 찾은 한국고대문화의 비밀』, 그리고 2012년에 새녘출판사에서 출판한 『한국고대문화의 비밀-발해연안문명의 여명을 밝히다』에서 '다뉴세문경'을 표지 그림으로 사용하는 등 제가 가장 소중하게 다루고 있는 소재입니다. 1991년의 『한국고대문화의 기원』 초판에서 「기하무늬 동경의 세공」이란 소제목으로 문제의 다뉴세문경을 언급하면서 자주 다루었던 테마입니다. 1994년 제가 중국 북경대학에서 1학기 동안 강의할 때 『한국고대문화적 기원』이란 제목으로 중국어로 번역 출판하여 교재로 사용했습니다. 1995년에는 일본에서도 『조선고대문화의 기원』이라는 이름으로 웅산각雄山閣에서 일본어로 번역 간

■『韓國古代文化的起源』
(중국 북경대학, 1994) 표지

■『朝鮮古代文化の起源』
(일본 웅산각 발행, 1995) 표지

행되었습니다.

저는 그동안 '다뉴세문경'의 비파괴분석이든 시료분석이든 성분 분석이 꼭 나왔으면 하는 생각을 가져왔습니다. 그러던 차에 국립중앙박물관 보존과학실에서 다뉴세문경의 성분 분석이 나와 오랜 동안의 기대가 해결되어 매우 반가웠습니다. 제가 관심을 가지고 있던 다뉴세문경의 화학성분 분석을 다뤘다는 『국보 제141호 다뉴세문경 종합조사연구』가 숭실대학 박물관에서 출판되었다는 소식을 듣고 어렵게 한 권 구해 봤습니다. 호화장정에 묵직한 책이었습니다. 이 책의 실제 저자는 국립중앙박물관 보존과학팀입니다. 조사자와 집필자들은 대부분 국립중앙박물관의 보존과학실에 있는 사람들로 구성되어 있습니다. 다뉴세문경에 대한 제작, 분석, 실측, 보존처리 등 이런 것들을 모두 국립중앙박물관 보존과학실에서 했습니다. 국가가 보존처리하고 성분 분석을 국립중앙박물관 보존과학실에서 전담했습니다. 그런데 제가 이 『다뉴세문경 종합조사연구』를 자세히 살펴보고 나서 이 책이 과연 다뉴세문경 종합조사연구의 종합조사연구서인가 하는 의구심을 떨칠 수가 없었습니다. 솔직히 말해서 종합연구가 아니라 '합종合縱연구' 같은 감을 버릴 수가 없었습니다.

고대하던 국보 제141호 다뉴세문경의 성분 분석 조사결과가 나왔습니다. 그동안 국립중앙박물관의 우리나라 동경에 대한 인식은 "(우리나라의) 정문경精紋鏡에도 아연의 함량이 많은 것으로 확인되어 아연이 거의 들어 있지 않은 중국 청동기와는 달랐던 것"이라고, 국립중앙박물관이 1992년에 발행한 『한국의 청동기 문화』의 한 논문(「한국청동기의 제작기술」, P.139)에서 주장했습니다. 정문경精紋鏡은 세문경細紋鏡이라고도 하는데, 고리(뉴鈕)가 여럿이라고 하여 일명 다뉴多鈕세문경이라고 합니다. 그런데 최근 국립중앙박물관 보존과학팀이 성분 분석한 결과는 놀라운 결과가 나왔습니다. 중국의 주대周代 동경銅鏡 제작기법과 일치하다고 하였습니다.

> 『주례周禮』「고공기考工記」에 보이는 동과 주석의 합금비율이 우리나라 청동기의 금속학적 분석과 어떤 영향 관계가 있는가에 대해서는 더 많은 연구가 수행되어야 하겠지만 당시로서는 용도에 적합한 청동기물을 만들기 위한 최상의 배합비율이었을 것이다.

라고, 우리나라의 청동기 합금비율과 중국 주周 나라의 청동기 합금비율이 '최상最上의 배합비율配合比率'이라고 『다뉴세문경 종합조사연구』의 「국보 제141호 다뉴세문경 성분 조성에 관한 연구」(p.119)에서 분명하게 밝히고 있습니다. 이는 우리나라의 청동기 제작 기술이 중국 주 나라의 청동기 제작 기술과 일치한다는 것입니다. 충격적인 변화입니다. 앞서 국립중앙박물관의『한국의 청동기 문화』에서 '우리나라의 청동기는 아연이 많이 함유되어 있는데 반해 아연이 함유되지 않은 중국 청동기와는 무관하다'고 주장했던 것과는 전혀 상반되게 우리나라 청동기에 아연이 합금되지 않았다고 하는 분석 결과를 발표하였습니다.

국립중앙박물관 보존과학팀의 다뉴세문경의 성분 분석 결과는 놀랍게도 제가 1983년 국사편찬위원회에서 나온『한국사론』13집「한국의 고고학 Ⅱ」에 발표한「청동기 문화의 비교 Ⅱ(중국과의 비교)-동경

銅鏡을 중심으로 본 우리나라 청동기의 기원-」이란 논문의 'Ⅳ발해연안지구의 청동기에 관한 화학분석 비교'(P.446)의 "기왕에 과학기술사적科學技術史的인 면에서 청동기의 화학분석을 가지고 「시베리아」와 연결시키려는 노력이 흔히 있었지만 본론을 통해 이와 같은 증거를 찾아볼 수 없었다. 이는 오히려 중국中國 「중원中原」 지방과 더욱 밀접해 가고 있음을 알게 된다"와 일치하고 있었습니다. 이는 다시 말해서 우리 청동기 제작 기술은 시베리아 청동기와는 달리 발해연안 은주殷周 청동기의 주조기법과 밀접한 관계가 있다는 것입니다. 중국 청동기의 화학분석에 대한 비교 연구는 처음 국내에 발표된 것입니다. 그러나 국립중앙박물관 보존과학실은 이와 같은 기존의 연구결과는 무시하고 마치 이 논문이 처음으로 밝혀낸 것처럼 발표하여 매우 충격이었습니다.

국립중앙박물관 보존과학실이 중심이 되어 성분 분석을 해서 얻어낸 조사보고서의 성격을 띠고 있으면서 간간히 기왕의 조사보고나 연구물을 다루고 있습니다. 그런데 다뉴세문경이나 기타 동경과 관련된 각주脚註나 참고문헌을 보면, 한쪽으로 치우친 감이 없지 않아 의아해했습니다. 저는 그동안 국내는 물론 대만·홍콩·중국·일본 등지에서 이에 대한 논문을 발표해 왔습니다. 그러나 여기『다뉴세문경 종합조사연구』라는 책에서는 각주나 참고문헌을 봐도 그런 내용이 없습니다. 그것에 대한 주를 안 달았습니다. 참고문헌에도 안 달았습니다. 일본의 참고자료는 많이 달았습니다.

제가 처음 발표한 청동기의 화학분석 비교연구는 1983년 국사편찬위원회에서 발행한『한국사론』제13집 「한국의 고고학 Ⅱ」에 게재 됐습니다. 그리고 1984년에는 대만 고궁박물원에서 발행한 『고궁학술계간故宮學術季刊』에 상·하로 2차에 걸쳐 전재됐습니다. 그뿐만 아니라 한·중수교 훨씬 이전인 1986년에는 중국의 북경도서관에서 발행하는 학술지인 『중국역사연구』 제6집과 제7집에 중국어로 번역된 논문이 전재됐습니다. 이 두 편의 논문은 우리나라 청동기 문화의 기원을 밝히는 데 매우 중요한 논문으로 특히, 동북아시아 청동기의 화학성분 분석에 대한 비교 연구가 관심의 대상이었습니다.

제 논문이 나온 후 1986년, 한국과학기술원 야금연구실의 최주崔鉒 박사가 발표한 「옛 한국청동기에 대한 소고」(『대한금속학회지』1986-4)에서, 1983년 국사편찬위원회가 발행한 『한국사론』 제13집 「한국의 고고학 Ⅱ」에 제가 실은 '청동기 문화의 비교' 논문에서 우리나라 청동기의 화학성분 문제를 다룬 연구결과를 인용하면서 "이형구李亨求가 우리나라 청동기의 화학성분 문제를 이론적으로 연구를 해왔다"고 여러 번 강조했습니다.

저는 1992년에 열린 원광대학교 국제세미나에서, 「화학성분을 통해 본 발해연안 청동기 문화의 기원문제」라는 논문(『마한·백제문화』13, 1993)에서 우리나라 청동기의 화학분석에 관한 것을 발표하고, 일부 학자들리 잘못된 화학성분 분석자료 때문에 우리나라 청동기가 시베리아 청동기와 같은 계통으로 보는 것은 제고돼야 하고, 오히려 발해 연안의 은주殷周 청동기의 주조鑄造기술과 밀접한 관계가 있다는 것을 주장했습니다.

국사편찬위원회가 2007년에 발간한 『한국사』 제3권 「청동기 문화」에는 최주 선생이 '청동기시대의 유적과 유물'란의 집필자로 참여하고 있으며, 저는 같은 책 '주변지역 청동기 문화의 비교'란의 집필자로 참여하여 우리나라 청동기와 중국과의 화학성분 분석을 비교하는 논문을 실었습니다. 그런데 『다뉴세문경 종합조사연구』라는 책에는 7편의 '논고'가 실렸지만 저의 기왕의 논문은 보이지 않았습니다. 이 책에는 최주 선생의 분석보고는 언급하면서 그보다 일찍 이 문제를 가장 먼저 제기한 제 논문은 배제돼 있었습니다. 『다뉴세문경 종합조사연구』에 수록된 「국보 제141호 다뉴세문경 성분 조성에 관한 연구」에는 국사편찬위원회의 『한국사』 제3집 「청동기시대」 편에 실린 논문들을 인용하고 있습니다. 이 책 안의 '청동기시대' 편에는 최주 선생의 논문과 이형구의 논문이 함께 실려 있습니다. 그런데 국립중앙박물관 보존과학팀은 최주 선생의 「야금술의 발달과 청동유물의 특징」은 인용하면서, 저의 「주변지역 청동기 문화의 비교-중국」은 동경銅鏡의 화학성분 분석을 통하여 중국과 비교연구한 논문인데도 『다뉴세문경 종합조사연구』에서 배제하였습니다. 『다뉴세문경 종합조사연구』는 결과적으로 제 논문의 주제와 똑같이 '동경의 화학성분 분석을 중국과 비교연구' 하면서 같은 책 『한국사』 제3집에 함께 실려 있는 최주 선생의 논문은 보고, 이형구의 논문은 보지 않고 그냥 지나치고 넘어갔다는 말입니까? 무엇인가 이해가 안 됩니다.

　『다뉴세문경 종합조사연구』가 다뉴세문경을 성분 분석한 내용과 주변 지역(중국) 청동기 문화 리포트Report의 비교가 주요 논의 대상인 것 같은데, 바로 같은 책에서 같은 문제를 다룬 논문을 하나는 보고, 하나는 보지 않았다면 왠지 의도적이라고 밖에 생각할 수 없지 않겠습니까? 아니면 '기술사적技術史的'인 분석만을 인용하고 인문과학적

연구는 배제했다는 것인지 궁금합니다. 중요한 것은 지금까지 동경銅鏡의 화학성분은 중국 청동기의 화학성분과 일치하는 것이 아니라고 주창해 왔던 국립중앙박물관의 견해(『한국의 청동기 문화』, 1992)와 달리 최근에 국립중앙박물관이 실시한 다뉴세문경의 성분 분석의 결과가 중국의 주대周代 동경의 제작 기법과 동일하다는 사실을 밝혀 냈다는 사실입니다.

이와 같은 국립중앙박물관의 다뉴세문경의 성분 분석 결과가, 일찍이 제가 국사편찬위원회의 학술지『한국사론』제13집 '한국의 고고학 Ⅱ'(1983)와 역시 국사편찬위원회의 『한국사』제3권 「청동기시대」편(2007)에서 발해연안의 청동기(한국 청동기 포함) 제조 기술이 은주殷周 시대 청동기의 화학성분과 일치하다고 하는 연구결과를 발표했는데도, 국립중앙박물관 보존과학팀은 이런 선험적 연구를 도외시하고 마치 새로 밝혀낸 것처럼 『다뉴세문경 종합조사연구』에 게재하고 있다고 하는 것은 문제가 있다고 봅니다. 이 경우는 국립중앙박물관의 보존과학팀의 '과학'적인 명칭답게, 본연의 말 그대로 과학적이어야 하는데, 『다뉴세문경 종합조사연구』는 비과학적이라고 밖에 할 수 없을 것입니다.

저는 2009년 5월 9일에 국립민속박물관 강당에서 개최된 '고조선 단군학회 제49회 학술발표회'에서 「최근 학계의 청동기시대 서술 태도-숭실대 박물관 발행 다뉴세문경연구를 중심으로-」라는 제목으로 장문의 논문(미간고未刊稿)을 발표했습니다. 이를 통해 국립중앙박물관 보존과학팀의 『다뉴세문경 종합조사연구』에 대한 조사내용에 대해서 제가 30년 전에 『한국사론』제13집 '한국의 고고학 Ⅱ'(1983)와 역시 국사편찬위원회의 『한국사』 전집 제3권 「청동기시대」 편에 발표한 논문과 비교 분석하여 발표하였습니다. 이 발표장에는 보존과학팀의 한 멤버가 참석해서 경청하였고 발표요지도 전달되었습니다. 그러나 그 후 아무런 코멘트도 없었습니다.

30년 전에 이론적으로 연구한 결과와 똑같은 기술사적 분석결과가 30년 후에 똑같이 나왔다면, 30년 전의 연구결과를 재확인 해준 것만으로도 의미있는 일이라고 생각할 수 있습니다. 그런데 30년 전의 선험적인 연구 결과와 똑같은 화학성분 분석결과를 얻어냈는데도 마치 새로운 연구인 것처럼 특별히 '치상致賞'했다는 뉴스를 학술발표회가 끝난 지 1달 후에 듣고, 국립학술기관이 한 일로는 밝아보이지 않은 느낌이 들었다는 게 솔직한 심정입니다. 30년 전에 아무런 지원도 없이 국내·외에서 '불온문서不穩文書'로 분류된 이른바 적성국가의 자료들을 찾아 헤매면서 얻어낸 연구 성과에 대해서는 못 봤다, 아니면 못 본 척 하고 철저히 배제하고 넘어 간 국립학술기관의 자폐성이 낳은 자만적인 처사라고 밖에 볼 수 없습니다.

국사편찬위원회에서 발간한 『한국사론』 13집 「한국의 고고학 Ⅱ」(1983)와 『한국사』 제3권(2007) 「청동기시대」 편에 실린 논문들은 학계의 대표적인 논문인데도 유독 『다뉴세문경 종합조사연구』팀 사람들만은 보지 못했다고 한다면 삼척동자도 웃을 겁니다. 국내뿐만 아니라 홍콩이나 대만과 북경 그리고 일본에서도 발표하고 인용하고 있습니다. 뿐만아니라 일본이나 미국에서도 인용하고 있습니다. 제 논문이 발표된 국내·외의 학술지는 모두가 세계적으로 배포되고 인정하는 학술지들로서 마음만 먹으면 누구든지 쉽게 찾아 볼 수 있고 인용할 수 있는 것들입니다. 그런데 유독 한국의 국립중앙박물관 내에서만 못 봤다, 아니면 모르는 척, 안 본 척 한 것인지, 한국의 국립중앙박물관에는 그런 국내 학술지는 들어오지 않는다면 더 할 말이 없지만, 왜 국내학자가 어렵게 성취한 학술논문으로 국내나 대만, 중국, 일본, 홍콩, 미국, 캐나다 등지의 유명 학술지에 발표된 저의 청동기 문화의 비교 연구 논문은 도외시하고 일본사람들의 글은 수없이 인용하고 있습니까? 한국학이나 동양학으로, 대만·일본·중국·홍콩·미국·캐나다에서 학술활동하고 북한에서까지도 학문적으로 인용하고 있다면 그것이 곧 동양적이고, 동양학으로 동양적이면 그것이 바로 국제적이고 세계적이지 않겠습니까? 우리 학문은 국내에서, 동양에서 열심히 연구해야 세계화가 된다는 사실은 여러 가지 사례로 증명됩니다.

외국 학술 기관이나 관련 학계의 비중이 있는 학자들도 인정한 선험적先驗的인 연구 성과인데도 우리나라의 대표적인 국가학술기관인 국립중앙박물관에서 같은 테마의 중요한 연구결과를 간과했다면 문제가 있다고 생각합니다. 벌써 30년 전에 모두 개인적으로 그렇게 죽어라 연구하고 국내는 물론 대만, 중국, 일본, 홍콩 등지에서 발표했습니다. 국가나 국가 관련기관은 민간인의 연구를 지원하고 공조해야 하는데, 지금까지 오히려 개인의 연구 논문을 방기하고 인용하지 않고, 더욱이 국사편찬위원회에서 나온 것을 보지도 않았다면 이것은 학문의 기본이 아닙니다. 저는 그렇게 생각합니다.

학문은 선험적인 연구를 바탕으로 다시 쌓아 가는 것이라고 생각합니다. 제가 지금까지 인문과학을 연구하면서 이 정신만은 꼭 지키도록 노력하였습니다. 내가 꾸며낸 얘기는 없습니다. 그 유명한 사마천

司馬遷은 『사기史記』 「태사공자서太史公自序」에서 "내가 지금 쓴 이 역사 이야기는 예로부터 전해오는 이야기를 기술한 것을 모아서 엮었을 뿐이지 결코 내가 꾸며낸 이야기가 아니다.(余所謂述故事, 整齊其世傳, 非所謂作也)"라고 말했습니다.

저 이형구도 역시 증거와 앞선 사료에 근거해서 말할 뿐입니다. 추호도 꾸며낸 얘기가 없습니다. 감정에 의해서 한 말도 아니고, 누구를 비방하는 얘기는 더욱 아닙니다. 내가 비록 누구의 논문이나 논조의 시시비비를 운운했다고 하더라도 추호도 감정이 있어서 그런 것이 아닙니다. 우리 모두 같은 학자입니다. 그래서 국가는 이래서는 안 된다고 생각하는 겁니다. 여러분, 저의 지나친 주장인지 모르겠습니다만 이런 식이면 국가정신에도 위배된다고 생각합니다. 민간이 성취한 성과를 국가 학술기관이 '탈취'한다면 그것은 국가가 '죄'를 짓는 것이나 마찬가지라고 생각합니다. 국가 학술기관이, 한 학자가 평생 동안 자력으로 일궈낸 학문과 업적을 무시하는 것은 국가기관의 편협성을 드러내는 일이라고 생각합니다. 국가 학술기관이 어느 한 개인의 순수한 학문적 성과를 도외시한다면 국내 학술교류는 물론 국제적인 학문 교류를 원활하게 하는 것도 힘들 것입니다.

제가 이미 앞서서 연구했다는 것을 강조하려는 것이 아니라 똑같은 책에서 어느 누구 것은 보고, 어느 누구 것은 안 보고, 어느 누구 것은 보고도 못 본 척해서는 안 된다고 생각합니다. 적어도 한 번쯤은 본 척은 했어야 한다고 생각합니다. 그것이 인문이든 기술이든, 앞선 관련 논문은 관심을 가지고 존중하는 것이 바로 과학이고 학문의 기본 정신이라고 생각합니다. 그것이 곧 공자의 정신이고 묵자의 사상이고 사마천의 사관입니다.

진리眞理라는 것이 어디 완전한 것이 있겠습니까만 적어도 진리에 가깝게 다가가려고 하는 노력이 곧 진리 탐구가 아니겠습니까? 저는 진리에 가까이 가기 위해 전력투구해 왔습니다. 진정한 학문일수록 남이 한 것을 서로 인정해 주고 그것을 바탕으로 자기계발自己啓發을 해 나가야 된다고 생각합니다.

선고先考 목은牧隱 이색李穡 선생은 '학문이 다다르지 못함을 상심하며 自傷學之未至也'라는 시제詩題(『목은시고牧隱詩藁』권6)에서 "문장출폐부文章出肺腑 교사도자기矯詐徒自欺"라고 하셨습니다. "문장은 폐부에서 나오는 것이니 거짓은 자신을 속인 것일 뿐이네"라고 후학들에게 학문하는 자세를 말씀하셨습니다. 저 또한 실로 무엇 하나 폐부肺腑에서 우러나오지 않은 말(문장文章)이 없습니다.

여러분! 제가 한 말 중에 중언부언한 말이 있고 부드럽지 못한 말들이 있을 것입니다. 그것은 어떤 사실을 강조하기 위한 말들이니 양해해 주십시오.

이로써 저의 '발해연안문명' 6강을 모두 마치겠습니다. 앞으로도 항상 공부하고 연구하면서 발해연안문명론을 완성해 나가겠습니다. 많이 지적해 주시고 좋은 말씀 해주시길 부탁드립니다.

감사합니다.

이형구 석좌교수의
'발해연안문명' 탐색을 위한 연구 성과

이형구李亨求 : 충남 서천 출생(본관 한산韓山)

대학	홍익대학교 졸업
최종학력	국립대만대학교 대학원 문학석사·문학박사
전공분야	한·중고고학, 한국고대사
경력	대만 고궁박물관 객원 연구원, 대만중앙연구원 객원 연구원, 중국 북경대학 고고학과 객좌교수, 한국정신문화연구원(현 한국학중앙연구원) 역사연구실 교수·자료조사실 실장·한국학대학원 교수, 선문대학교 역사학과 교수·고고연구소장·중앙도서관장·선문대학교 대학원장, 경기도 문화재위원, 인천시문화재위원·문화재위원장, 문화재청 문화재전문위원·문화재위원, 서울문화사학회 부회장, 고조선단군학회 회장
현재	선문대학교 석좌교수, 동양고고학연구소 소장, 서울문화사학회 부회장, 고조선단군학회 명예회장

저서(한국어)

1. 『광개토대왕릉비 신연구』(박노희 공저), 동화출판공사, 1986.
2. 『한국고대문화의 기원』, 까치, 1991.
3. 『강화도 고인돌무덤[지석묘] 조사연구』, 한국정신문화연구원, 1992.
   『강화도 고인돌무덤[지석묘] 조사연구』, 춘추각(재판), 2006.
4. 『갑골학60년』(동작빈 저, 번역), 민음사, 1993.
5. 『단군을 찾아서』(편저), 살림터, 1994.
6. 『단군과 단군조선』(편저), 살림터, 1999.
7. 『단군과 고조선』(편저), 살림터, 1999.

8. 『한국의 암각화』(공저), 한길사, 1996.

9. 『고조선문화 연구』(공저), 한국정신문화연구원, 1999.

10. 『발해연안에서 찾은 한국고대문화의 비밀』, 김영사, 2004.

11. 『삼족오』(공저), 학연문화사, 2007.

12. 『코리안 루트를 찾아서』(공저), 성안당, 2009.

13. 『단군과 고조선』(공저), 지식산업사, 2005.

14. 『고려왕조의 꿈 강화 눈 뜨다』(공저), 이너스, 2011.

15. 『한국고대문화의 비밀-발해연안문명의 여명을 밝히다-』, 새녘, 2012.

16. 『광개토대왕릉비』(박노희 공저), 새녘, 2014.

저서(중국어)

17. 『중국동북신석기시대 및 청동기시대의 문화』, 국립대만대학 대학원 고고인류학과(석사논문), 1978.

18. 『발해연안 고대문화의 연구』, 국립대만대학 대학원 역사학과(박사논문), 1987,

19. 『중·한고대문화의 관계』, 북경대학 고고학과 강의 교재, 1994,

20. 『한국고대문화의 기원』, 북경대학 고고학과 강의 교재, 1994.

저서(일본어)

21. 『조선고대문화의 기원』, 웅산각, 1995.

22. 『고분시대연구13』 동아시아의 고분문화(공저), 웅산각, 1993.

논문(한국어)

1. 「갑골문화의 기원과 한국의 갑골문화」, 『정신문화연구』15, 한국정신문화연구원, 1982.

2. 「갑골학연구개략」, 『대우재단소식』 5, 대우재단, 1982.

3. 「문헌자료상으로 본 우리나라의 갑골문화」, 『유승국박사화갑논문집』, 1983.

4. 「청동기 문화의 비교 I (동북아의 비교)」, 『한국사론』 13, 국사편찬위원회, 1983.

5. 「청동기 문화의 비교 II(동북아의 비교)」, 『한국사론』 13, 국사편찬위원회, 1983.

6. 「고고시대의 한국문자」, 『한국학론집』 6, 한양대학교, 1984.

7. 「한국선사시대의 도문」, 『김삼룡박사화갑논문집』, 1985.

8. 「발해연안북·동부지구(만주) 구석기문화」, 『동방학지』 52, 연세대학교, 1986.

9. 「발해연안 석묘문화의 원류」, 『한국학보』 50, 일지사, 1988.

10. 「동북아 석묘문화의 분포와 그 기원」, 『한국학 과제와 전망』, 한국정신문화연구원, 1988.

11. 「발해연안 빗살무늬토기 문화의 연구」, 『한국사학』 10. 한국정신문화연구원, 1989.

12. 「묘후산-요령성본계시구석기문화유지(번역)」, 『동방학지』 64, 연세대학교, 1989.

13. 「한국민족문화의 시베리아 기원설에 대한 재고(再考)」, 『동방학지』 69, 연세대학교, 1990.

14. 「발해연안 청동기 문화와 기자조선」, 『한국사상사대계』 1, 한국정신문화연구원, 1990.

15. 「여순 후목성역 루상3호묘 발해연안식청동단검 연대 검증」, 『한국상고사학보』 10. 한국상고사학회, 1992

16. 「화학분석을 통해 본 발해연안 청동기 문화의 기원문제」, 『마한.백제문화』 12. 원광대학교 마한·백제문화연구소, 1993.

17. 「북한의 청동기시대에 대한 연구 성과(1945~1992)」. 『한국사학』 14, 한국정신문화연구원, 1994.

18. 「한국 청동기 문화의 동물문양의 기원에 대한 고찰」, 『한국사학논총』, 1994.

19. 「한국고고학의 현황과 과제」, 『한국사학』 15. 한국정신문화연구원, 1995.

20. 「북한의 고조선연구」, 『통일대비연구』, 한국정신문화연구원, 1995.

21. 「한반도 암각화와 중국 암각화와의 비교」, 『한국암각화』, 한길사, 1996.

22. 「발해연안 대릉하 유역의 기자조선의 유적 유물」, 『고조선과 부여의 제문제』, 신서원, 1996.

23. 「청동기 문화의 동물문의 기원에 대한 고찰」, 『영점21세기적중국고고학 국제학술회의논문집』, 북경대학, 1998.

24. 「논한·중청동기 문화의 관계-발해연안청동기 문화를 중심으로」, 『대만대학학술논총』, 1998.

25. 「고조선시기의 청동기 문화연구」, 『고조선문화연구』, 한국정신문화연구원, 1999.

26. 「한국문화의 시베리아 기원설의 맹점」, 『한국의 미술문화사 논총』, 2002.

27. 「발해연안 고대문화와 고조선시기의 단군」, 『단군학연구』 11, 2004.

28. 「발해연안북부 요서·요동지방의 고조선」, 『단군학연구』 12, 2005.

29. 「요서지방의 고조선-진개 동정 이전의 요서지방의 기자조선」, 『단군학연구』18. 2008.

30. 「발해연안문명과 서산문화」, 『서산의 문화』 5, 서산향토문화연구회, 2010.

31. 「리지린의 『고조선연구』 그 후」, 『한국사시민강좌』 49, 일조각. 2011.

논문(중국어)

32. 「전국시대 중산국 사략」, 『사원 史原』 11, 국립대만대학 역사연구소, 1981.

33. 「발해연안조기무자복골의연구(상)」, 『고궁계간』16-1. 대만고궁박물원, 1981.

34.「발해연안조기무자복골의연구(중)」,『고궁계간』16-2. 대만고궁박물원, 1981.

35.「발해연안조기무자복공의연구(하)」,『고궁계간』16-3. 대만고궁박물원, 1982.

36.「동경의 원류(상)」,『고궁학술계간』1-4, 대만고궁박물원, 1984.

37.「동경의 원류(하)」,『고궁학술계간』2-1, 대만고궁박물원, 1984.

38.「동경의 원류-중국청동문화와 시베리아 청동기 문화 비교연구」,『중국역사연구』6, 중국 북경도서관, 1986.

39.「청동기 문화의 동물문양의 기원에 대한 고찰」,『국제학술회의논문집』, 북경대학 고고학과, 1998.

40.「논한·중청동기 문화의 관계-발해연안청동기 문화를 중심으로」,『대만대학학술논총』, 국립대만대학, 1998.

41.「최근 한국 남강유역 신발견 청동기기시대 옥기공방유적과 한국옥기문화래원문제 논증」,『한학연구국제회의논문집』, 북경대학 중국전통문화연구센터, 2000.

42.「한국진주남강유역옥방유적과 옥기」,『해협양안고옥학회의논문집』, 국립대만대학, 2001.

43.「한성 풍납동 백제왕성 발현 및 그 역사적 인식」,『석장여원사 100세 경축논문집』, 대만 중앙연구원, 2002.

44.「여순후목성역루상3호묘출토 비파형청동단검의 연대논증」,『고고』2002-10, 중국사회과학원 고고학연구소, 2002.

45.「고대조선청동기 문화의 래원과 소위기자 및 기자조선」,『경축안지민(安志敏)선생80수신기념논문집』, 홍콩 중문대학 중국고고예술연구중심, 2004.

46.「한국 최초 발견 신석기시대 옥결의 중요 의의」,『북경대학박물관논총』, 북경대학, 2004.

47.「중국단동호산신만리장성변(辨)」,『두만강학술논단2009논문집』, 연변대학. 2009.

48. 「한성 백제 왕궁지(풍납토성)출토 갑골」, 『갑골학 110년, 회고와 전망』, 중국사회과학출판사, 2009.

논문(일본어)

49. 「고대유구와 조선과의 문화교류」, 『역사관게 논문집』, 유구대학, 1988.
50. 「동아시아 석묘문화에 대해서」, 『고고학논고』 16, 나라현강원고고학연구소, 1992.
51. 「루상3호묘 출토의 발해연안식청동단검 년대검증」, 『고고학논고』18, 일본 나라현강원고고학연구소, 1994.

발표 및 proceedings(한·중·일·미국)

1. 고고시대의 한국문자, "한양대학교 한국학연구소 학술토론회", 1984.
2. 발해연안고대문화-한국 고대문화의 원류에 관한 연구, "한국사연구회 연례발표회", 1987.
3. 동북아석묘문화의 분포와 그 기원, "한국학 과제와 전망 국제학술회의", 한국정신문화연구원, 1988.
4. 한·중청동기 문화의 관계, "대만대학국제학술회의", 국립대만대학, 1989. (중국어).
5. 발해연안 무자복골 연구 적요, "중국사회과학원역사연구소 고대사연구실 초청강연", 1992.(중국어)
6. 화학분석을 통해 본 발해연안 청동기 문화의 기원문제, "마한백제문화국제학술회의", 원광대학교 마한배재문화연구소. 1993.
7. 동아시아 석묘문화에 대해서, "일본 나라현립강원고고학연구소 초청강연", 1993,(일본어)
8. 발해연안 대릉하 유역의 기자조선의 유적 유물, "고조선과 부여의 제 문제 학술회의", 한국고대사연구회,1996.

9. 고조선 연구 서설. "창원박물대학교재", 창원문화원, 1997.

10. 중·한청동기 문화의 관계. "은상문화국제학술회의", 중국사회과학원고고학연구소, 1998.(중국어)

11. 청동기 문화의 동물문양의 기원에 대한 고찰. "북경대학국제학술회의", 1998. (중국어)

12. 논 한·중청동기 문화의 관계-발해연안 청동기 문화를 중심으로-국립대만대학국제학술회의, 1998. (중국어)

13. 한국청동기 문화지내원화소위기자금기자조선, "역사어언연구소전제연강", 대만중앙연구원,1999.6.24

14. 최근 한국 남강유역 신발견 청동기기시대 옥기공방유적과 한국옥기문화래원문제 논증, 북경대학 중국전통문화연구센터, 2000. (중국어)

15. 한국진주남강유역옥방유적과 옥기, "해협양안고옥학회의", 대만대학, 2001. (중국어)

16. 한국 최초 발견 신석기시대 옥결의 중요 의의, "북경대학박물관 국제학술회의", 2004. (중국어)

17. 한국고대문화의 기원, "민속박물관대학강좌", 국립민속박물관회, 2005.

18. "코리아루트를 찾아서", 경향신문, 2007~8,35회 연재.

19. 발해연안과 선사문화, "민속박물관대학강좌", 국립민속박물관회, 2008.

20. 발해연안문명과 한국고대문화, "경남문화제연구원 특별강좌", 2008.

21. 발해연안문명과 한국고대문화, "새얼아침대화", 2008. 4. 16.

22.은 나라의 갑골문화와 한국의 갑골문화, "중국의 역사와 문화 학술포럼", 목포대학교박물관. 2009.

23. 중국단동호산신만리장성변, "두만강학술포럼2009", 연변대학교. 2009. 8. (중국어)

24. "한국고대문화의 뿌리", 6회 연속강좌(60분), STB, 2009.

25. 발해연안문명과 한국고대문화의 기원, "서울교육대학교 교육대학원 강좌", 2009.

26. 최근, 학계의 청동기시대 서술 태도-숭실대 박물관 발행 다뉴세문경연구를

중심으로-, 고조선단군학회 제49회 학술발표회, 2009. (구두발표)

27. 발해연안문명과 서산문화. "서산문화강좌", 서산문화원, 2010. 8.

28. 발해연안문명과 한국고대문화의 뿌리. "CEO를 위한 인문학아카데미", 경기문화재단, 2011.

29. 발해연안문명과 한국고대문화. "중 고교교사를 위한 인문학 강좌" 1. 남원, 2012. 6.

30. 발해연안문명과 한국고대문화. "중 고교교사를 위한 인문학 강좌" 2. 남원, 2013. 2.

31. The *Bohai coast Region* Civlization, South Baylo University, LA. USA. 2014.2

동영상(TV) 강연

1. "발해연안문명과 한국고대문화의 기원"(60분 방영), KBS, 특별초대석, 1995. 3. 26.

2. "용", KBS(전주), 특별기획, 1996. 5. 16.

3. "한국고대문화의 뿌리", 강좌1(60분 방영), STB, 상생방송, 2009.

4. "한국고대문화의 뿌리", 강좌2(60분 방영), STB, 상생방송, 2009.

5. "한국고대문화의 뿌리", 강좌3(60분 방영), STB, 상생방송, 2009.

6. "한국고대문화의 뿌리", 강좌4(60분 방영), STB, 상생방송, 2009.

7. "한국고대문화의 뿌리", 강좌5(60분 방영), STB, 상생방송, 2009.

8. "한국고대문화의 뿌리", 강좌6(60분 방영), STB, 상생방송, 2009.

9. "만주대탐사-제5의 문명-요하를 가다"(60분 방영), KBS, 역사스페셜, 2009. 8. 29.

10. "고구려성 만리장성으로 둔갑하다"(60분 방영), KBS, 역사스페셜, 2010. 5. 15.

11. "책으로 만나는 가을 개벽문화 - 한국고대문화의 기원"(30분 방영), STB, 상생방송 2013.10

찾아보기